现代经济与管理类系列教材
普通高等教育"十三五"系列教材

投资理财概论

主 编 赵自强
副主编 刘 融

清华大学出版社
北京交通大学出版社
·北京·

内 容 简 介

本教程针对当代投资理财的基本概念、重要理论框架和配套案例进行了全面、系统的呈示、解读和评述。在内容编排上，力求客观、原本地呈现投资理财的精髓；在题材甄选上，力求做到理论与实践并重、经典与潮流共析；在写作手法上，紧密融合重要知识点与现实世界中的理财案例。

本教程分为13章，分别从家庭理财、股票、债券投资、基金投资、货币市场理财工具、外汇投资、银行理财、保险理财、房地产投资、信托投资、黄金投资、金融衍生品投资、互联网金融投资等方面详细分析各类投资特点和风险控制。各章节有机结合，使学生既能掌握基本理论和方法，又能灵活运用所学知识，较好地体现了时代发展对学生的新要求。

本教程不仅适用于工商管理相关专业本科生的课堂教学，对相关领域的企业管理者及投资理财相关领域的人士也有较现实的参考价值。

本书封面贴有清华大学出版社防伪标签，无标签者不得销售。
版权所有，侵权必究。侵权举报电话：010-62782989　13501256678　13801310933

图书在版编目（CIP）数据

投资理财概论 / 赵自强主编. —北京：北京交通大学出版社：清华大学出版社，2019.9（2023.8重印）
ISBN 978-7-5121-4074-5

Ⅰ．①投… Ⅱ．①赵… Ⅲ．①投资–基本知识 Ⅳ．① F830.59

中国版本图书馆 CIP 数据核字（2019）第 207058 号

投资理财概论
TOUZI LICAI GAILUN

责任编辑：孙晓萌	
出版发行：清华大学出版社　邮编：100084　电话：010-62776969　http://www.tup.com.cn	
北京交通大学出版社　邮编：100044　电话：010-51686414　http://www.bjtup.com.cn	
印 刷 者：北京虎彩文化传播有限公司	
经　　销：全国新华书店	
开　　本：185 mm×230 mm　印张：12.5　字数：312 千字	
版　　次：2019 年 9 月第 1 版　2023 年 8 月第 3 次印刷	
书　　号：ISBN 978-7-5121-4074-5/F・1911	
定　　价：49.00 元	

本书如有质量问题，请向北京交通大学出版社质监组反映。对您的意见和批评，我们表示欢迎和感谢。
投诉电话：010-51686043，51686008；传真：010-62225406；E-mail：press@bjtu.edu.cn。

前　言

随着经济的快速发展，我国居民的收入不断增长，财富不断得到积累。与此同时，日益丰富的投资工具逐渐改变了社会大众的理财观念，人们已不再满足于传统的银行存款等理财方式，而将目光转向了股票、债券、基金、互联网金融等新兴投资领域。但每种投资都是风险与收益并存的，这就对大众的投资理财能力提出了较高的要求。尽管当前居民的投资理财热潮持续高涨，但是理财能力表现出参差不齐的态势。因此，本书在编写时致力于为高校培养应用型人才，既注重介绍相关理论知识，又注重实用性与可操作性，为选择投资策略提供指导建议。

本教程针对当代投资理财的基本概念、重要理论框架和配套案例进行了全面、系统的呈示、解读和评述。在内容编排上，力求客观、原本地呈现投资理财的精髓；在题材甄选上，力求做到理论与实践并重、经典与潮流共析；在写作手法上，紧密融合重要知识点与现实世界中的理财案例。

本教程分为13章，分别从家庭理财、股票、债券投资、基金投资、货币市场理财工具、外汇投资、银行理财、保险理财、房地产投资、信托投资、黄金投资、金融衍生品投资、互联网金融投资等方面详细分析各类投资特点和风险控制。各章节有机结合，使学生既能掌握基本理论和方法，又能灵活运用所学知识，较好地体现了时代发展对学生的新要求。

具体内容如下：第1章重点介绍了家庭理财的相关概念和理论，对比各种理财工具并分析家庭投资时应考虑的因素；第2章对股票进行详细的介绍，并系统考虑了投资股票时买卖时机的选择策略；第3章主要阐述了债券相关知识，包括政府债券、公司债券、资产证券化产品、货币市场工具和国际债券等，并提供了个人债权投资策略的参考；第4章分别从发展历程、基金分类、投资技巧和风险控制几个方面介绍了证券投资基金；第5章围绕货币市场的运作、计算、工具展开研究与讨论；第6章集中介绍了外汇相关知识，包括外汇交易术语、汇率走势、投资策略等内容；第7章以理财产品的分类、风险等知识为基础，着重讲解了银行理财产品，并且对投资策略进行了介绍；第8章对保险理财的需求进行梳理，并分析了投资保险的需求；第9章介绍了房地产业的发展历程，对影响房地产投资的因素进行系统的讨论；第10章主要从信托机构及其管理、信托业务及其操作流程展开叙述；第11章对黄金投资交易所进行了介绍，并提出了黄金投资策略和风险管理等建议；第12章围绕期货及衍生品展开讨论，介绍了金融衍生品的交易所及投资交易；第13章聚焦于互联网金融投资，介绍了互联网货币、金融中介平台和第三方支付模式。

  本教程不仅适用于工商管理相关专业本科生的课堂教学，对相关领域的企业管理者及投资理财相关领域的人士也有较现实的参考价值。通过理论与案例的结合，能够加深对相关知识的理解，便于教师教学和学生学习。我们衷心希望在本书编写工作中所做的努力，有利于帮助更多的学生掌握这门系统性、理论性和艺术性高度统一的课程，并在企业实践中发挥作用。

  本教程编写是在南京师范大学金陵女子学院赵自强教授和南京工程管理学院经济管理系刘融博士的主持下完成的。该书的完成也得到了南京师范大学研究生的支持，研究生李永奇、刘明珠、曹丽媛、郑郁佳、华爽、何雅茹、朱婕、张爱悦、单一鸣、卢宇健、程悦莹、仇慧雯参与了本教程的编辑、处理工作，在此表示衷心感谢。赵自强教授和刘融博士负责最后的审核和统稿工作。

  由于水平有限，不当之处在所难免，欢迎广大读者批评指正。

编 者

2019 年 6 月

目　　录

第1章　家庭理财 ... 1
1.1　家庭理财的基本概念 ... 1
1.1.1　家庭理财的概念 ... 1
1.1.2　家庭理财的分类 ... 2
1.1.3　家庭理财的必要性 ... 3
1.2　家庭理财的现状 ... 4
1.2.1　国外家庭理财现状 ... 4
1.2.2　国内家庭理财现状 ... 6
1.3　家庭理财的风险分析 ... 6
1.3.1　风险管理的概念 ... 6
1.3.2　风险管理的考虑因素 ... 7
1.3.3　风险管理的办法 ... 7
1.4　家庭理财的技巧 ... 8
1.4.1　家庭理财的误区 ... 8
1.4.2　家庭理财的要素 ... 9
1.4.3　家庭理财的步骤 ... 10
1.5　家庭理财的策略建议 ... 12
1.5.1　家庭理财的建议 ... 12
1.5.2　家庭理财的策略 ... 13

第2章　股票 ... 17
2.1　股票概述 ... 17
2.1.1　股票的起源 ... 17
2.1.2　股票的概念和基本特征 ... 18
2.1.3　股票的种类 ... 19
2.1.4　股票投资收益 ... 19
2.1.5　股票价格指数 ... 20
2.2　股票投资分析 ... 20

2.2.1 基本面分析 ... 20
2.2.2 技术分析 ... 26
2.3 股票投资的操作程序 ... 30
2.3.1 证券经纪关系的确立 ... 30
2.3.2 开户 ... 30
2.3.3 开立证券账户的程序 ... 31
2.3.4 竞价成交 ... 31
2.3.5 清算与交割、交收 ... 32
2.3.6 股权过户 ... 33
2.4 股票投资的策略与技巧 ... 34
2.4.1 股票选择的策略与技巧 ... 34
2.4.2 股票买卖时机选择的策略与技巧 ... 35

第3章 债券投资 ... 36
3.1 债券投资基础 ... 36
3.1.1 债券基本知识 ... 36
3.1.2 债券的种类 ... 38
3.2 债券市场与债券交易 ... 40
3.2.1 债券发行市场 ... 40
3.2.2 债券流通市场 ... 42
3.2.3 债券的交易 ... 42
3.3 债券投资策略和风险防范 ... 44
3.3.1 债券的风险 ... 44
3.3.2 消极的债券投资策略 ... 46
3.3.3 积极的债券投资策略 ... 49
3.3.4 债券投资原则 ... 52

第4章 基金投资 ... 53
4.1 证券投资基金的有关概念 ... 54
4.1.1 证券投资基金的概念 ... 54
4.1.2 证券投资基金的特点 ... 54
4.2 证券投资基金分类概述 ... 55
4.2.1 按投资对象分类 ... 55
4.2.2 按投资目标分类 ... 56
4.2.3 按基金是否可增加或赎回分类 ... 56

4.2.4	按资金来源和用途分类	56
4.2.5	特殊类型基金	57

4.3 证券投资基金的技巧 …… 57
4.3.1 股票基金投资技巧 …… 57
4.3.2 债券基金投资技巧 …… 59
4.3.3 货币基金投资技巧 …… 61
4.3.4 混合基金投资技巧 …… 64

4.4 基金风险控制 …… 65
4.4.1 基金投资的三大风险 …… 65
4.4.2 如何衡量基金的风险 …… 67
4.4.3 基金投资的风险防范 …… 68

第 5 章 货币市场理财工具 …… 71
5.1 货币市场运作概述 …… 71
5.1.1 货币市场的基本内容 …… 71
5.1.2 货币市场运作的构成要素 …… 72
5.1.3 货币市场功能分析 …… 76

5.2 货币市场计算 …… 77
5.2.1 日算规则 …… 77
5.2.2 贴现工具 …… 77
5.2.3 到期付息的票据 …… 78

第 6 章 外汇投资 …… 79
6.1 外汇基本知识 …… 80
6.1.1 外汇 …… 80
6.1.2 汇率 …… 81
6.1.3 外汇市场 …… 82
6.1.4 外汇交易的主要种类 …… 83

6.2 外汇交易术语 …… 88
6.2.1 货币对 …… 88
6.2.2 做多和做空 …… 89
6.2.3 交易规模：手 …… 89
6.2.4 保证金和杠杆 …… 90
6.2.5 对冲 …… 90

6.3 基本面分析 …… 91

  6.3.1 经济学基础 ·· 91
  6.3.2 全球银行的利率 ·· 91
  6.3.3 市场情绪的风险偏好 ·· 92
  6.3.4 预测未来的指示器：经济指标 ·· 93
 6.4 外汇投资理财的基本策略 ·· 94

第7章 银行理财 ·· 96

 7.1 银行理财产品的起源与发展 ·· 96
  7.1.1 个人理财业务及银行理财产品的概念 ······································ 96
  7.1.2 我国银行理财业务的发展 ·· 97
 7.2 银行理财产品的分类与构造 ·· 97
  7.2.1 按风险属性分类 ·· 97
  7.2.2 其他分类 ··· 98
  7.2.3 单一性产品构造和结构性产品构造 ··· 98
 7.3 银行理财产品的风险 ·· 101
  7.3.1 信用风险 ··· 101
  7.3.2 市场风险 ··· 102
  7.3.3 流动性风险 ··· 103
  7.3.4 再投资风险 ··· 104
 7.4 银行理财产品的投资选择 ·· 104
  7.4.1 保证收益理财产品和非保证收益理财产品的选择 ·················· 104
  7.4.2 单一性产品和结构性产品的选择 ··· 107
  7.4.3 货币市场类、资本市场类和产业投资类产品的选择 ··············· 110

第8章 保险理财 ·· 115

 8.1 保险理财概述 ··· 115
  8.1.1 保险理财概念 ··· 115
  8.1.2 保险理财的特点 ·· 116
  8.1.3 保险理财的原则 ·· 116
  8.1.4 保险理财的基本步骤 ··· 117
 8.2 保险需求分析 ··· 119
  8.2.1 生涯规划与保险需求 ··· 119
  8.2.2 保险需求的计算 ·· 120
 8.3 保险理财的误区和策略 ··· 121
  8.3.1 保险理财的七大误区 ··· 121

8.3.2 保险理财策略···122

第9章 房地产投资···124

9.1 房地产投资的基本概念···124
9.1.1 房地产投资的概念···124
9.1.2 房地产投资的特征···125

9.2 房地产价格及其影响因素·······································126
9.2.1 房地产价格···126
9.2.2 影响房地产价格的内部因素·····································127
9.2.3 影响房地产价格的外部因素·····································128

9.3 房地产投资的风险分析···128
9.3.1 房地产投资面临的风险种类·····································128
9.3.2 风险产生的因素分析···129
9.3.3 风险的防范措施···131

第10章 信托投资···132

10.1 信托的基本知识··132
10.1.1 信托的概念··132
10.1.2 信托的职能与作用··133
10.1.3 信托基本原理··134

10.2 信用委托机构··136
10.2.1 信托机构及其管理··136
10.2.2 信托公司业务风险防控··138

10.3 信托投资理财的操作与技巧····································141
10.3.1 信托投资的操作方法··141
10.3.2 信托投资理财的技巧··143

第11章 黄金投资···145

11.1 黄金投资入门··145
11.1.1 黄金投资品种··145
11.1.2 国际黄金市场参与者··146
11.1.3 黄金投资与其他投资的区别····································147

11.2 黄金投资分析··147
11.2.1 黄金投资基本面分析··147
11.2.2 黄金投资技术面分析··150

11.3 黄金投资策略和风险控制······································153

11.3.1 黄金市场的投资风险·················153
　　　11.3.2 黄金投资的风险控制·················153

第12章 金融衍生品投资·················156
12.1 金融衍生品投资入门·················157
　　　12.1.1 期货及相关衍生品·················157
　　　12.1.2 期货及衍生品市场的形成与发展·················158
　　　12.1.3 中国期货及衍生品市场发展概况·················160
12.2 金融衍生品交易所与投资者·················160
　　　12.2.1 期货交易所·················160
　　　12.2.2 结算机构·················161
　　　12.2.3 其他中介与服务机构·················161
　　　12.2.4 期货交易投资者·················162
12.3 金融衍生品投资交易·················162
　　　12.3.1 期货·················162
　　　12.3.2 期权·················167
　　　12.3.3 套期保值·················168
　　　12.3.4 期货投机与套利交易·················170
　　　12.3.5 利率期货及衍生品·················172
12.4 金融衍生品投资分析·················173
　　　12.4.1 基本分析法·················173
　　　12.4.2 计量分析法·················174

第13章 互联网金融投资·················175
13.1 互联网金融发展概述·················175
　　　13.1.1 互联网金融的发展历程·················175
　　　13.1.2 互联网金融的概念内涵·················176
　　　13.1.3 互联网创新发展趋势·················177
13.2 新的货币——互联网货币·················178
13.3 新的金融中介或机构·················180
　　　13.3.1 P2P 网络借贷·················180
　　　13.3.2 众筹融资·················184
　　　13.3.3 互联网理财、互联网保险与互联网证券·················185

参考文献·················187

第1章 家庭理财

 理财小故事

32岁的张先生有一个幸福的家庭,自己办有一家小型进出口贸易公司,太太在一家合资企业做高级职员,儿子刚刚学会走路,孩子的外公外婆都还健在,一家人生活得其乐融融。

张先生的公司虽然小,但一年能有20万~40万元的收入,因为是做外贸,所以不是特别稳定。太太每个月收入6 000元,年终还有2万元奖金。

张先生是专一的生意人,除了做贸易对其他业务似乎都不怎么感兴趣,所以家里积累的闲钱也不少。前几年银行利率高时都是放在银行里。但现在银行利率降低,于是张先生就不知道该拿出这些钱做点什么事了。

本来太太的父亲做过几年股票投资,收益也还不错,但退休后也就没再做了。张先生自己也想过买基金,经银行的朋友介绍买了两只开放式基金,一共5万元。但父亲认为证券市场还是别去碰了,所以也就没再买。国债到目前为止还没买过。房子买来都是自己住的,没做过投资。

如何处置家庭的存款一直困扰着张先生。张先生的目标是10年后可以挣够1千万元的身价富足退休,但朋友似乎有些不以为然,觉得那"1"后面跟着的几个"0"太遥远。幸福的家庭生活和富足的老年生活保障是每个人都梦寐以求的,但不知张先生这个长远目标如何实现。

1.1 家庭理财的基本概念

1.1.1 家庭理财的概念

有句常言叫:"吃不穷,穿不穷,算计不周就受穷。"随着家庭理财的兴起,理财的观念

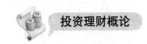

也越来越深入人心,但对于家庭理财的概念,业内并没有一个统一的定义。在不同地域、不同时期,家庭理财有着不同的解释。

中国金融理财标准委员会指出:家庭理财包括个人在生命周期各个阶段的现金流量预算与管理、个人风险管理与保险规划、子女养育及教育规划、居住规划、投资规划、职业生涯规划、资产和负债分析、退休规划、个人税务筹划和遗产规划等内容。美国理财师资格鉴定委员会对于家庭理财的定义为合理利用家庭财务资源、实现人生目标而制定并执行财务策略的过程。

1.1.2 家庭理财的分类

伴随我国金融领域的放开及突飞猛进的发展,作为提升各商业银行获利水平的核心途径之一,家庭理财业务获得了我国商业银行的极度重视。20 世纪 90 年代末期,我国一些商业银行逐渐开发并提供特殊的个人外汇金融及投资顾问等一系列服务。2005 年,我国银监会下发了《商业银行个人理财业务暂行办法》,约束并限定商业银行家庭理财项目的类型,区分标准有两类形式,一类是运行形式,另一类则是获利形式。

1. 根据理财业务运转及管理形式划分

对于商业银行家庭理财业务来说,主要分为个人全面理财服务及理财顾问服务两种类型。所谓理财顾问服务,具体指商业银行给顾客供应财务研究及计划,推进投资咨询,介绍金融品牌及其他特别服务。在这一项服务里面,顾客的基金并非靠银行直接运作,而是靠顾客自行监管家庭基金,取得相匹配的收益及担负相关风险,银行只提供咨询建议。在这一项业务里面,商业银行确保理财规划师提供服务的公正度及诚信度,且获取顾客信息咨询费。基于个人全面理财服务而言,其参加对象大不一样,在这一项业务里面,银行进行了实际投入决断,另外根据提前跟顾客订立的协议分配投资收益,担负投资风险,实际流程如下:顾客掌握银行所提出的理财意见,接下来顾客依照银行的意见允许银行对顾客的各类资金加以监管,银行借助各种投资组合为顾客具体制定财富监管规划。

2. 根据理财规划收益率的差异划分

根据此划分方法,理财规划也能够分为两个类型:保障收益理财规划及非保障收益理财规划。所谓保障收益理财规划具体指顾客向银行供应资金、理财计划,在提前订立协议的限定下,银行根据限定向顾客支付相应的收益率。在这一项理财规划里面,银行担负投资风险,且参与收益的分配。当投资阶段达到超出数额收益的时候,银行根据协议与顾客展开收益的分配,然而当并未实现协议订立的收益的时候,银行需要根据协议要求,向顾客支出较低收益,这一阶段出现的投入风险由银行担负。对于非保障收益理财规划来说,它包括保本及不保本两类,也就是保本浮动收益及非保本浮动收益。不论是哪一类,一般收益均难以获得保障。对于保本浮动收益来说，通常是顾客投入本金，银行确保顾客的本金绝对安全，且向顾客保证到期支付本金及不定收益的某一理财规划。投入阶段顾客只可以确保本金安全，这些投入风险都靠顾客担负，而带来的收益却依照两方提前订立的协议要求来分配。对于非保本浮动收益来说，这一规划存在相当高的预期收益率，然而与高收益率相伴的为高风险，银行一般来说对投资人的本金安全不提供保证。

1.1.3 家庭理财的必要性

1. 通货膨胀高涨，"负利率"将较长时间持续

长远来看，我国城镇居民资产存在贬值风险，他们将大量流动资金用于储蓄，这样不但达不到增值的目的，反而会降低存款本金的购买力。社会安定和经济稳定发展主要体现在城镇居民家庭求稳定、求发展，然而后经济危机时代的持续影响将直接导致通货膨胀加剧，并在较长时间持续这样的现状。"负利率"时代已悄然来到，城镇居民家庭面临财富缩水的危机不可忽视，应采取科学的个人理财策略确保家庭资产的保值增值。

2. 我国逐渐步入老龄化社会

截止到 2016 年 3 月，专门服务老年人的社会福利机构仅有数万个，这些机构合计拥有养老床位约 670 万张，每万名老人仅拥有床位数 177 张。国内快速的老龄化会导致相应劳动力减少、劳动力成本上升、投资率下降等问题，这些问题会直接导致经济增速的下滑甚至出现倒退。同时，社会保障水平会因为过快的社会老龄化而出现跟不上的问题，即"快老慢备"。家庭保障功能急剧弱化也是由老龄化导致的，这也提升了社会保障服务的需求。

3. 社会生活成本增加

1）住房成本

房改是我国经济体制改革的重要内容之一，是对传统的单位分房制度进行改革，通过建立科学的住房体制实现住房的社会化和商品化。改革的成果是显著的，现在已经取消福利分房制度；改用住房公积金、新职工补贴等货币化住房制度。2008 年金融危机结束以来，我国各大城市特别是一、二线城市房价涨幅居高不下，平均每年的涨幅不低于 10%，导致中国的住房支出比远大于世界平均水平。

2）教育费用支出

有调查显示，从直接经济成本看，16 岁以下孩子的抚养成本在 25 万元左右，如果将子女接受高等院校教育的家庭支出也计算在内，这个支出数字将达 48 万元。同时，相对高学历背景的人群更希望将好的教育资源提供给子女，因而支出更多的教育费用，调查表明城镇居民家庭中超过三分之二都有子女高额教育支出的压力。

3）医疗费用

医疗保险制度的建立让个人拥有了医疗保险账户，国家明确实行大病统筹制度，即基本医疗保险制度实行社会统筹与个人账户相结合的模式，由社会、企业和个人分别支出一定比例的费用纳入医保账户。根据《国务院办公厅关于印发深化医药卫生体制改革 2017 年重点工作任务的通知》可知：诊疗试点扩大至 85%以上、居民医保财政补助每人每年提高至 450元、推进全国医保信息联网、实现符合转诊规定的异地就医住院费用直接结算等，其中每一条改革的内容都体现了我国医疗改革的进步。但我们可以看到 30%的医疗费用仍然需要个人承担，并且就医成本的逐年增长趋势没有改变。

4. 高品质生活的预期

随着生活水平的提高，部分城镇居民家庭逐步形成了享乐主义的消费习惯，他们不再仅仅满足于吃饱穿暖这种最基本的物质生活保障，更渴望精神、心灵上的获得感，希望过上高收入阶层的生活，对未来高品质的生活充满了期待。如今很多城镇居民家庭主要的休闲方式是旅游和健身，国庆、春节等长假进行国际旅游，清明、五一等短假进行国内旅游，甚至周末双休都要进行周边的二日游，工作之余还会去健身房进行瑜伽、器械等健身运动；汽车也变成了家庭的必备品，据统计城镇居民平均每百户家庭拥有汽车 32 辆，而且基本定价在 10 万元以上；拥有住房的城镇居民家庭比例占到了 80%以上，但很多家庭希望改善现有居住环境，拥有更好的学区房，住上更大面积的房屋，而仅仅通过基本的工资收入是难以满足这些高品质生活需求的，因此科学的理财是城镇居民家庭所必备的，通过科学理财可以逐步实现家庭财富的保值、增值，进而让高品质生活的预期得以实现。

1.2　家庭理财的现状

1.2.1　国外家庭理财现状

在发达国家，家庭理财规划几乎早已深入每一个家庭，早在 1999 年，美国、日本、英国和德国的人均金融资产数量就分别达到 12.7 万美元、10.4 万美元、7.67 万美元和 4.4 万美元。由此可窥一斑，经过长时间的发展与完善，国外家庭理财业务积累了很多的成功经验，我们应该积极学习和借鉴这些成功经验，大力发展和推进我国家庭理财业务。下面根据不同国家理财业务的优秀理念和先进手段展开具体分析，从中总结我国家庭理财业务与之相较的差距所在。

1. 美国家庭理财状况

美国是全球最具影响力和最发达的金融市场，同时，丰富齐全的投资工具、完善便利的金融服务、全面到位的市场监管也促使美国家庭理财业务飞速发展。因此，美国居民家庭的理财业务处于十分发达的程度。

第一，正确的投资理念。"长期投资、理性投资"是美国家庭从事投资理财活动所尊崇的投资理念。为制定符合自身需求的理财规划方案，很多家庭会聘请和咨询专业的理财机构和理财顾问。理财规划方案主要包括：设定目标、保险评估、现金管理、教育基金、退休计划及财产和税务筹划等多个方面。由于美国金融业发达，所以金融理财品种十分广泛，包括基金、债券、股票、保险、教育和退休基金、房地产等。但基金最受美国家庭的青睐，因为基金具有安全性好、收益性高、风险分散及监管严格的显著优点。

第二，相关的法制健全。美国的金融投资市场之所以投资产品丰富、投资环境良好，主要取决于政府对资本市场的严格监管。美国政府赋予金融行业金融委员会和联邦储备银行相应的监管权力，并对金融市场进行权威性、法治性和强制性的调控、管理及监察，从而使金融投资者的相关合法利益得到全面保障。

第三，理财的基础教育工作。金融投资理财要求投资者具备相应的专业金融知识。因此，美国政府对于投资者的教育和保护工作十分重视，具体表现为：将金融教育纳入中小学教育课程；向普通消费者宣传各种形式的理财知识和投资技巧；建立相关法规条例以保护投资者的投资利益。除此之外，美国对专业理财机构及专业理财咨询师都设有严格的行业准入标准，只有取得理财规划师、特许理财顾问的认证资格，才可以为客户设计理财方案，他们凭借资深的专业知识、丰富的职业经验和较高的职业素养为客户量身制定相对完整的个人理财方案。

2. 韩国家庭理财状况

韩国专家曾表示：经济社会发展的趋势之一是全民理财。培养理性投资者可以促进和保障国民经济的健康发展。换言之，理性投资者愈发壮大，社会的经济发展则愈发健康。

韩国经济学者认为韩国现已逐步形成"理财产业"，几乎每个家庭都表现出前所未有的理财热情，并且均拥有一定的金融理财产品、具备一定的金融理财知识。面对全民高涨的理财需求，韩国政府也积极发挥指导作用。具体表现为正确引导国民进行科学理财、理智投资。例如，韩国人最青睐的房产投资，政府以打击投机炒房行为为目标，对房产市场采取全面、有效的监管，其中"全国不动产交易电子地图"正是一项有力措施。各地区的不动产交易量及价格等详细信息均可以通过电子网络查询，当某一地区投资出现异常时，地图上就会有相应的红色预警显示。同时，韩国政府部门对媒体的宣传也十分重视。在各类报刊上均有理财栏目专刊；电视台则以现身说法或专家访谈形式传授理财之道；出版部门积极推广各类理财相关读物和书籍。

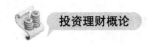

1.2.2 国内家庭理财现状

第一，我国居民家庭存在盲目跟风、投机取巧等非理性动机，缺乏正确、理性的理财观念。大部分家庭的理财更趋向于投机，如通过炒股炒房企图短时间获得暴利；对家庭理财规划缺少正确认识，忽略自身状况和理财目标而盲目照搬媒体宣扬的理财建议，非但不能达到事半功倍的效果，还有遭受风险和损失的可能。

第二，我国居民家庭的风险防范意识淡薄。只重收益忽略风险、盲目进入、慌乱出逃、羊群效应、跟风操作，诸如此类的问题比比皆是，这无不反映出我国投资者缺少风险管理意识。

第三，投资渠道相对单一、简单，投资环境发育不完全，专业人才十分匮乏。目前，国内的投资渠道无法满足居民家庭理财规划中组合产品的需求，且银行等金融机构个人理财业务的专业程度普遍较低，加之真正的专业人才少之又少，均严重制约了我国家庭理财业务的发展。

第四，技术手段尚不发达。居民家庭理财要得到全面的普及和发展，必须依赖先进的电子信息技术。鉴于我国金融产业网络化、信息化程度不高，导致大多数商业银行的运行系统并非建立在客户的基础上，而是以账户为基础，因此，银行只能了解极为有限的客户信息。同时，在我国非柜台操作程度仍然处于较低水平。

第五，投资渠道受限。尽管我国的投资市场得到长足发展，并不断拓宽投资的各种渠道，但某些投资渠道专业性强、风险大，且市场规范性相对较差，对于大多数居民家庭难以涉足。

第六，相关政策法规尚不健全。现阶段，我国政府职能部门对金融市场的监管不够全面有效，因此，在居民理财收益方面无法得到合理保障。

由此可以看出，尽管我国居民家庭的理财需求呈上升趋势，但由于居民理财知识薄弱、投资环境不完善等原因，导致我国居民家庭投资理财行为受到很大程度的抑制。

1.3 家庭理财的风险分析

1.3.1 风险管理的概念

风险在家庭理财过程中是客观存在的。如何进行风险的有效规避，在风险出现时尽可能将损失降至最低程度，这就需要进行有效的风险管理。家庭理财规划的风险管理有别于企业，即家庭资产的保值。它主要考虑的是如何保障家庭当前与未来一段时间内的生活开支，当意外事故发生后，家庭生活怎样免受重大影响。当然，在资产保值的基础上，如何保证投资能够获得更稳定的收益也是风险管理的一个重要方面。

1.3.2 风险管理的考虑因素

1. 风险承受能力的定位

每个家庭的情况不一样，所表现出的风险承受能力也各不相同。

第一，家庭经济状况的评估。家庭经济状况评估要求客观、准确，主要体现在家庭有没有负债，负债的性质如何，家庭资产负债情况分析，有多少投资资产、不动产及流动资产，家庭资产负债比率和流动比率等，只有清楚这些问题后，才能对家庭可以承受的整体风险程度进行有效评估。

第二，家庭消费习惯的定位。对家庭现金流量表或现金流水账进行对比分析，可得出家庭消费的平均水平和上下限范围。明确家庭的消费水准可有效防范局部风险对生活质量的影响。

第三，未来需求的预估。根据家庭理财规划需求的目标，可以预计未来需求，未来需求主要指保障家庭在未来中长期及短期内的基本生活需求。明确未来需求所需的资金量后，就可确定未来生活受风险影响的程度，进而确定家庭所能承受的风险限度。

2. 风险事件的预先分析

一个家庭将面临很多不确定的风险事件，根据风险的不同程度，分为主要事件和次要事件，这些事件发生的可能性大小、风险发生后的严重程度，直接关系家庭生活受到影响的深度。因此，对于家庭来说，要综合考虑管理风险的成本，然后制定相应的风险管控办法，重点防范高概率的风险事件及造成严重风险程度的事件。例如，丈夫的工资收入是整个家庭的主要经济来源，那么防范丈夫发生意外事故就是这个家庭应重点防范的风险事件。

3. 风险事件的有效规避

在家庭理财规划中，有些风险只要稍加理性分析是可预见、可避免的。例如，目前频发的金融诈骗活动和非法集资行为，就是可预见、可规避的风险。当然，对于不可预测的风险，只能采取截止、分散和转移的方式进行合理控制。

1.3.3 风险管理的办法

针对"421"家庭而言，风险的管理是重中之重。风险管理是为家庭这支"财富船"保驾护航的根本，家庭理财规划过程中缺少风险管理，好比家庭这支"财富船"随时处于暗流与漩涡之中，无法获得安全与稳定。下面针对"421"家庭具体分析风险如何有效规避。

第一，转移风险。"421"家庭模式决定了家庭高风险系数主要倾向于年轻夫妻。如果这对年轻夫妻不幸发生意外身故，则对于家庭财务来说就是毁灭性的打击。因此，在家庭理财规划中，一定要善于转移不可预测的风险，比如购买保险就是转移风险的典型方法。将风转移给第三方保险公司,一旦发生意外,也可继续维持家庭现有的生活质量。提升年轻夫妻的全面保障系数,不仅是对个体的保障,更是对家庭持续发展的保障。

第二,分散风险。通常所说的"不要将鸡蛋放在一个篮子里",就是分散风险的意思。分散风险旨在降低每类风险在同一时间发生的概率,从而有效控制发生在同一事件的风险损失程度。在家庭理财规划中,风险管理不仅是单纯地预防规避风险,而且还要根据"高风险、高收益"的投资原理,对资产进行合理配置,以合理的比率获取相匹配的投资收益。分散风险的投资管理方法是投资决策中常用的策略。在风险分散管理中,"421"家庭应坚持二八原则,将用于中长期投资理财本金的八成用于投资基金定投、货币基金或债券等中低风险领域,另外二成投资风险较高、变化波动较大的股票等高风险领域,这样风险系数将被均匀分散,符合"421"家庭资金支出需求大于积累沉淀的财务现状。

第三,截止风险。家庭理财实践中,当风险已经发生且损失不断扩大时,如果无法预测还将继续造成多大的损失,也不能预测风险何时停止,那么果断地截止风险是最好的办法。"421"家庭在投资股票时,应设置合理的止损点,适时进行截止风险。在投资生意时,发现运营不善或已出现亏损但又无法解决时,也应该考虑截止风险,停止或暂停投资。总之,在家庭理财进程中,合理的放弃胜过盲目的坚持,毕竟投资理财不是赌博,保证家庭资产的安全与稳定增长才是家庭理财的根本。

第四,自留风险。自留风险是指风险已经发生并已经造成资产损失,但此时风险损失不会再继续扩大,并且有可能出现转机的前提下,暂不进行风险处理,等待未来时间缩减损失或出现盈利。例如"421"家庭以投资方式购买了房产,但遭遇了房价下跌,致使投资出现亏损,且房价已经下跌至一定程度,如果此时卖出房产,势必造成损失加大。因此,此时应采取风险自留的方式,取消卖房计划或改为出租,待房价回升后再考虑出售,尽可能降低风险所造成的损失。

1.4 家庭理财的技巧

1.4.1 家庭理财的误区

1. 面面俱到型

小沈的投资理念:鸡蛋不能放在一个篮子里,多尝试各种理财产品才能分散投资风险。所谓"东方不亮西方亮",总有一处能赚钱——这也是眼下不少人奉行的理财之道。可是一年下来,小沈的投资成绩却不尽如人意,股市亏了、美金下跌、钱币没得动静,只有开放式基金挣了钱,可惜又买少了。

2. 守株待兔型

小谭的投资理念：每一个基金都不多买，每一个基金也不错过，不同类型的基金可以分散不同程度的风险。结果一年下来，她的平均收益率为10%。10%对于投资者来说，也是比较不错的成绩了。但是考虑到去年开放式基金的整体成绩，小谭的投资不算成功。

3. 短线投机型

至今，股市、汇市甚至期市都留下了小米夫妇的影子。但急于获取丰厚回报的小米夫妇太注重短线投机，听人风传某只股有异动就投进去，不见动静又快速撤出，一年多股市收益不理想；2003年外汇市场、期货市场十分红火，两人又转投汇市、期市。急于求成的投资心态并没有使小米夫妇在汇市、期市有所建树。

4. 盲目跟风型

孙先生把房屋抵押出去购买基金，这个方法很显然不够理性，虽然有几只股票型基金的年收益超过20%，但高收益伴随着高风险，未来基金的收益谁来保证？何况，拿房子作抵押贷款买基金又是短线持有，一旦出现基金形势不好被套牢的现象，必然血本无归。

5. 过分保守型

钱先生很固执，现在夫妻俩做着小生意，除去女儿上学用的钱相对多一些，其他东西家里都不缺，没太大的开销，这样每月省吃俭用还能另外存一点钱给夫妻俩养老。他对夫妻俩的能力有着清醒的认识，认为不大可能有更多的机会挣到大钱。而他能预见到将来最大的开支就是女儿上大学的费用，因此，额外收入是绝对不可以有什么差池的。长期以来固有的保守个性决定了钱先生对待投资的态度就是：放哪里都不如放银行保险。

1.4.2 家庭理财的要素

1. 家庭理财应考虑物价因素及其变化趋势

在投资过程中，只有对未来物价因素及趋势有个比较正确的估计，理财决策才可能获得丰厚的回报。比如说定期储蓄三年，到期后所得利率收益，除去利息税加物价通胀部分所留无几，显然并没有"讨巧"，而应选择其他投资方式。

2. 家庭理财应考虑经济发展的周期性规律

经济发展具有周期性特点，当经济处于上升时期，投资扩张、物价、房价等都大幅度攀升，银行存款和债券的利率也调整频繁；当经济下滑、银根紧缩，情况就有可能反其道而行之。如果看不到这一点，就可能失去"顺势操作"的丰厚回报，也或者在疲软的低谷越陷越深。时常关注宏观形势和经济景气指标就可能避免这一点。

3. 家庭理财应考虑地区间的物价差异

我国地域辽阔，各地的价格水平差别很大，如果生活的地区属于物价上涨幅度较小的地区，就应该选择较好的长期储蓄和国家债券；如果生活的地区属于物价涨幅较高的地区，则应该选择其他高盈利率的投资渠道，或者利用物价的地区价差进行其他商贸活动，否则资金便不能很好地保值、增值。

4. 家庭理财应考虑多品种组合

现代家庭所拥有的资产一般表现为三类：一是债权，二是股权，三是实物。在债权中，除了国家明文规定的增益部分外，其他都可能因通货膨胀的因素而贬值。持有的企业债券股票一般会随着企业资产的升值而增值，但也可能因企业的倒闭而颗粒无收。在实物中，房产、古玩字画、邮票等，如果购买的初始价格适中，因时间的推移而不断升值的可能性也不小。既然三类资产的风险是客观存在的，只有进行组合投资才能避免"鸡蛋放在同一个篮子里的悲剧"。

5. 家庭理财应考虑货币的时间价值和机会成本

货币的时间价值是指货币随着时间的推移而逐渐升值，应尽可能减少资金的闲置，能当时存入银行的不要等到明天，能本月购买的债券勿拖至下月，力求使货币的时间价值最大化。投资机会成本是指因投资某一项目而失去投资其他机会的损失。很多人只顾眼前的利益或只投资自己感兴趣、熟悉的项目，而放任其他更稳定、更高收益的商机流失，此举实为不明智。因此，理财前最好进行可选择项目的潜在收益比较，以求实现理财回报最大化。

1.4.3 家庭理财的步骤

1. 准备

正所谓"知己知彼，百战不殆"，在进行家庭理财之前，一定的准备工作是非常必要的，例如分析自己的能力、精力和财力，了解市场的现状和发展趋势，熟悉投资理财的品种等。然后，针对自己的不足，通过自学、交流和参加培训充实和提高自己。

1）自我了解

财力是理财的前提。如果决定自己理财，那么在理财之前必须要厘清自己的财务状况：有多少家产？平时的总收入是多少？平时的总支出是多少？家庭处于什么样的社会经济地位？自己能承受多大的投资亏损？只有考虑清楚这些问题，才能有效地开展家庭投资理财。要清楚了解自己的财务状况，可以通过填制家庭资产负债表、家庭收支表等家庭财务报表实现。

良好的心理准备是理财的重要保证。如果没有良好的心理准备，在生活和精神的双重压力下就无法充分发挥理财知识和技能的作用，还会阻碍我们在实际理财中做出正确的判断和及时的决定。

2）掌握理财知识

虽然人人都在理财，但每个人的理财效率有天壤之别。其实，理财并不简单，它是一门学问。只有掌握了理财的相关知识和技能之后，才有可能进行持续、高效的理财。

3）熟悉理财渠道

在了解自我并掌握理财知识之后，就应该开始熟悉理财的渠道。理财渠道有很多，如储蓄、基金、股票、外汇等。

2．设定目标

具体来说，理财可以分为个人目标和财务目标。

1）个人目标

① 子女教育。在现代社会，子女的教育越来越成为许多家庭理财计划的一个重要目标。通过理财，在一定时间内积累资金以满足未来教育费用之需。

② 购买住宅。理财者在购买了房屋之后，还必须连续追加资金以应付房屋所产生的相关费用，如装修费用、购置家具的费用等。

③ 提高生活水准。随着社会的发展和进步，人们生活需求也更加多样化。旅游、购房、购车、购买各种保险等渐渐走进人们的日常生活，使生活条件得到改善、生活质量不断提高。

④ 退休养老。随着社会保障体制的改革，人们期望理财会给他们带来合理的长期、稳定收入。通过资产组合，有足够的资金满足退休后的支出。

2）财务目标

理财的财务目标包括资本安全、资本升值、收入的稳定、防止通货膨胀等。

3．拟定策略

例如为了达到买房的目标，你决定要在1年之后支付10万元首付。那么为了实现这个目标，该如何拟定策略呢？

假设预计全年总收入9.7万元，预计全年总支出3.7万元，那么到年终与目标相差4万元。那么这4万元的差额该如何通过理财来获得呢？由于不同的人会有不同的理财风格，所以理财策略也会不同。按照理财风格把他们分为三类：

① 风险型投资者愿意接受高风险以期获得高回报。

② 普通型投资者愿意接受正常的投资风险以期获得一般标准的回报。

③ 保守型投资者几乎不愿意承担风险。这种投资者选择的投资方式一般是储蓄，年收益仅为银行利息。

4．编列预算

拟定理财策略之后，需要更精确地将财务资源配合，即进行预算的编列。预算是控制目标达成的工具，不管是资金流量的累积还是存量的配置，都需要编列预算，让财务目标数量化，然后才可以逐步达成所需的金额，用预算来控制收入及支出。预算大多是以月为单位，以现金形式来显示每个月的收入和支出。

5．执行预算

依照所编列的预算开始执行预算。但是为了谨慎起见，可以再从第一步骤起作个修整，直到符合要求为止。预算开始执行之后，应该按照进度实行，配合计划的进展，这样才不会偏离目标。

计划一旦付诸实施，预算就成为一种工具，应该定期用它跟实际的理财效果和预期结果

进行比较，从而监控计划进展的情况。

如果理财进度的评估结果表明一切正在向它的目标前进，实际结果与预期结果相一致，就不需要对行动计划进行调整。如果一旦发现实际结果与预期结果之间有偏差，那么就要采取修正措施。

6. 总结提高

1）理财评估

理财评估是理财必须定期进行的工作。通过进行理财评估，可以得到第一手的理财数据，为进行自我总结提供客观依据。

2）自我总结

自我总结一般可以通过以下方法进行：

① 检查在投资理论、理财知识方面是否还有欠缺。
② 检查决策与操作是否合理、科学。
③ 检查自己对投资环境走势的判断是否准确。
④ 检查自己的投资理念与现实是否产生偏差。
⑤ 检查自己的心理素质是否健全。

3）策略调整

通过对过去理财效果的评估和自我总结，可以及时发现理财过程中出现的问题和存在的差距。为使以后的投资理财绩效更加出色，应该有针对性地调整一些投资理财的策略和方法。

1.5 家庭理财的策略建议

1.5.1 家庭理财的建议

1. 用丰富的理财知识武装自己，增强风险意识

如今大多数的中产阶层家庭有着本科及以上的学历，但是在理财知识方面还有所欠缺，所以中产阶层家庭应当通过各种渠道了解理财知识，比如通过互联网、书刊等途径，不断提升自己的理财意识，更好地提高自身的投资分析能力，提高理财投资的具体操作能力。

2. 善用理财投资组合，科学分配投资

投资理财组合对于中产阶层家庭投资者是十分必要的，如果在进行家庭理财时，只进行单一品种的理财产品投资，那么其风险就会十分巨大。目前，市场上存在多种理财工具，诸如股票、黄金、期权、期货、房地产、基金、债券等，中产阶层家庭应当充分考虑自身所处的生命周期，根据其自身家庭特征在风险较高的理财产品和风险较低的理财产品之中进行选择，对理财投资组合进行优化。

3. 提高自身心理素质，理性投资理财

良好的心理素质在投资理财中是十分重要的，如果在遇到亏损时患得患失，心理承受不了的话，会在很大程度上影响自身的判断力，使自己做出错误的决策，造成更加不好的后果。只有始终保持理智、乐观、良好的心态，才能够在投资理财时无论遇到什么样的情况都能够稳如泰山，不因为一时的失利而乱了阵脚，也不因为短期的收益而过于满足，将短期投资与长期投资相互结合，权衡利弊，根据市场情况和家庭情况的变化，随时进行理财产品组合的调整，不断适应新的情况，最终才能提升自身的理财投资水平，获得良好的收益。

1.5.2 家庭理财的策略

我们将家庭财务生命周期分为形成、巩固和消耗三个阶段。收入、支出及风险的承受能力在不同的生命阶段呈现出不同的特性。理财目标相差较大，所以不同阶段应采用不同的理财策略。在形成阶段，家庭财富比较单薄，在满足最基本的生活消费之外，所剩无几，此阶段城镇居民若有结余，可用于购买高风险的理财产品以寻求家庭财务的迅速积累。在巩固阶段，家庭财富已经具有一定规模，而且也有了一定的投资理财经验，可适当配置高风险、低风险理财产品的比例。第三个阶段为消耗阶段，在此阶段家庭收入逐渐减少，而医疗保健类支出却不断增加，应减少高风险理财产品配置的比重，确保家庭财富相对安全。生命周期各阶段的家庭理财情况如表 1-1 所示。

表 1-1 生命周期各阶段的家庭理财情况

财务生命周期	收入状况和风险承受能力	理财目标
形成阶段	家庭处于刚刚组合的阶段，支出超过了收入，由于年轻人抗风险能力较强，此时可用少部分闲钱进行风险较大、回报较高的投资，其余以储蓄为主	建立备用资金用于自身教育、结婚等
巩固阶段	随着经验的丰富和能力的提高，收入逐步提高，资产逐步增加，从形成阶段向巩固阶段转化，由于家庭成员的增加，风险承受能力中等	子女学习、购买各种保险、不动产及汽车
消耗阶段	退休后收入大幅减少，需使用以前的积累保障生活水平，由于风险承受能力较弱，宜选择低风险理财产品	休闲娱乐、医疗保障等

1. 青年期家庭理财规划的路径选择

单身期主要指大学毕业后走向社会的初期，处于单身期的青年人充满活力、激情，思维敏捷，好奇心强，头脑灵活，善于学习，有较强的风险偏好，风险承受能力较强。但是由于他们才刚刚步入社会，工作经验不足，实践经验有限，因此收入较低，开支却较大，工作变动较频繁，通常是"月光族"，甚至入不敷出。新生代城镇居民多为独生子女，在结婚前他们的消费欲望很强，储蓄意识较弱。单身人群理财的首要目标是结婚，因此，

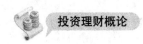

可将收入的一小部分作为定期储蓄或进行一些低风险、低收益的投资,建立一个结婚基金,将一小部分收入用于投资活期储蓄或黄金等流动性高、易变现的产品,以应对生活中的突发性事件,如疾病、事故等,剩下的部分收入可进行一些高风险的激进型投资。单身期的理财投资组合如表1-2所示。

表1-2　单身期的理财投资组合

资产/万元	风险规避型投资组合/%				
	股票	存款	基金	寿险	债券
<10	2	58	11	5	24
10~<40	5	52	12	7	24
40~<80	6	49	12	8	25
80~<200	7	44	14	10	25

随着家庭逐步形成,人们工作也稳定下来、步入正轨,经济收入进一步提高,生活品质也有所提高。一个家庭的大宗消费主要集中在这一时期,需要购房、购车及孕育后代。目前,国内城市房价较高,虽然部分富裕阶层可为子女购买住房提供一定的经济支持,但一般难以支付全款,这就需要子女自己去银行办理按揭贷款。如何保障月供的同时维持正常生活,需要进行合理规划。所以建立买房基金和教育基金是家庭形成期主要的财务计划,着重为家庭的建设和未来子女成长进行储蓄,以减少子女接受教育时的资金压力。

处于家庭形成期的人已经具备了一定的经济基础和投资经验,理财能力日趋提高,具有一定的市场风险把握能力,形成了一套自己的投资思路,不愿为预期的高收益而承担高风险,而是倾向于投资组合的多元化。家庭形成期的人风险承受能力比较高,仅低于单身期,属于积极偏稳健型理财投资者,理财组合中风险资产比重较大,此阶段的最优理财组合应适当提高无风险资产的配置比重。家庭形成期的理财投资组合如表1-3所示。

表1-3　家庭形成期的理财投资组合

资产/万元	风险规避型投资组合/%				
	股票	存款	基金	寿险	债券
<10	2	50	21	9	18
10~<40	4	49	18	9	20
40~<80	6	46	21	10	17
80~<200	8	39	26	10	17

2. 中年期家庭理财规划的路径选择

1）家庭成长期的理财方案推荐

处于成长期的家庭通常是三口之家,家庭成员各方面经验都逐渐丰富起来,生活和工作都会在很长一段时间内平衡地发展。随着家庭成员收入的大幅提高,家庭财富大幅增长,投资理财能力也逐渐提高。但支出也大幅度地增加,如子女教育、父母养老及各类贷款的偿还。因此,这一阶段的理财原则是稳妥投资、积少成多。

这一阶段的人理财经验丰富,理财能力较强。选择理财产品时,除了选择国债、银行储蓄等稳妥的理财产品以外,还应适当考虑收益和风险都较高的基金之类的理财产品。但随着时间的推移,对待风险的态度会更为保守,如果投资失误,将影响全家的生活质量。由于抚养子女和赡养父母的负担,家庭成长期的人风险承受能力低于单身期和家庭形成期的人,属于稳健偏积极的理财投资者,风险承受能力适中,在理财思路上应选择无风险资产和风险资产并重的投资策略。家庭成长期的投资组合如表1-4所示。

表1-4 家庭成长期的投资组合

资产/万元	风险规避型投资组合/%				
	股票	存款	基金	寿险	债券
<10	1	54	14	10	21
10～<40	4	56	16	11	13
40～<80	5	52	16	10	17
80～<200	5	47	21	10	17

2）家庭成熟期的理财方案推荐

在家庭成熟期,子女逐步走出校园,走向工作岗位,经济逐渐独立。这使家庭财富积累速度加快,家庭的银行贷款等各类负债减少,处于生活消费黄金时期,对享受型的商品和服务的需求不断增加,这一时期是人生最幸福的时期,幸福指数基本上达到整个生命周期的最大值。

但随着年龄的增长,家庭成员身体的健康状况开始出现下滑,精力和体力都呈现不同程度的下降,尤其是随着父母年龄的增大,身体状况与日俱下,医药费、保健费等方面的支出逐渐增加。子女进入家庭形成期后,还要考虑为子女购置婚房、汽车等耐用品。而且临近退休,事业进入衰退期,这一时期理财的重点是扩大理财规模,不宜过多选择高风险投资理财产品,而应侧重选择较稳健、安全的投资产品,如国债、银行储蓄等低风险产品,同时考虑购买重大疾病险,并制定合适的养老规划。家庭成熟期的人风险承受能力有所降低,倾向于稳健型投资。鉴于这一阶段的风险承受能力有所降低,理财原则上应坚持高、低风险资产并

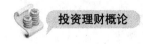

重原则,但更侧重投资低风险资产。家庭成熟期的投资组合推荐如表1-5所示。

表1-5 家庭成熟期的投资组合推荐

资产/万元	风险规避型投资组合/%				
	股票	存款	基金	寿险	债券
<10	1	49	19	11	20
10~<40	4	48	16	11	21
40~<80	6	48	17	10	19
80~<200	6	40	24	10	20

3. 老年期家庭理财规划的路径选择

养老阶段对家庭投资的收益率要求不高,通常把安全性放在第一位,这阶段的理财宜以保守为主,把资产的安全性和流动性放在首位,不再追求财富规模的快速扩大,进一步降低风险资产在理财组合配置中的比例,主要选择低风险且易变现的理财产品,以应对突发事件。这个阶段投资应渐进,因为激进式的投资风险比较高,一旦失败,生活将难以保障。调查数据显示,老年期居民的风险承受能力最弱,作为保守型投资者,他们应尽可能选择低风险的理财产品,以获取稳定可预期的回报,确保资产保值,使晚年的生活质量得以保证。老年期的投资组合推荐如表1-6所示。

表1-6 老年期的投资组合推荐

资产/万元	风险规避型投资组合/%				
	股票	存款	基金	寿险	债券
<10	0	59	9	13	19
10~<40	4	56	8	14	18
40~<80	5	53	12	12	18
80~<200	5	47	17	13	18

第 2 章　股　票

理财小故事

巴菲特有过两段精彩的论述，一段是"荒岛十年"，另一段是"打孔机"。"荒岛十年"是说，在买入股票的时候问自己一个问题，如果你将在一个荒岛上待十年不能卖出股票，那么你还愿意买入吗？"打孔机"是指，如果你一生只能买卖二十次股票，每买卖一次就在一张卡纸上打孔，打满二十次就不能再买卖了，那么你将如何决定你的投资？

2.1　股　票　概　述

2.1.1　股票的起源

股票大概发源于 16 世纪，当时西方探险家发现了新大陆，海外贸易和殖民掠夺成为财富暴增的火山口，但是组建船队需要船只、船员、武器、粮食、药品，这需要巨额的资金。海航还要面对恶劣的海上气候及海盗劫持等各种未知的风险，所以为了筹措资金和分散风险，股票集资便应运而生，人们出资换取股票份额，海航队远航回来之后将本金退还，并且将收益按照股票份额分配给出资者，这就是股票的起源。

当时出资者和经营者的利益紧密联系，出资者之间的股票几乎没有发生流转，投资者获取收益的主要方式就是按照自身的出资比例分配收益，同时承担海航的风险。这一思想直接影响了后来的一些投资者，这就是以格雷厄姆和巴菲特等人为奠基者和集大成者的价值投资派，这些投资者并不期望通过股票流转而是希望通过长期持有股票来获得收益。

从中我们可以看到，股票本质上是一种权益凭证，代表你拥有参与投票和获取收益分配的权利；同时，因为这种权利是可以转让的，所以它又具有交易属性，我们又可以把股票当作一种特殊的商品。

2.1.2 股票的概念和基本特征

1. 收益性

股票的收益性主要表现在股票的持有人可按股份公司的章程从公司领取股息和红利，从而获取购买股票的经济利益。

如我国规定一个公司的股票在证券交易所挂牌前 3 年必须是连续盈利的，这就为上市股票的收益性提供了一定的保障，因为盈利是股票分红的必要条件。

2. 风险性

任何一项投资都伴随着风险存在，股票投资也不例外。股票的风险主要表现在以下两点：

① 影响股份公司经营的因素繁多且变化不定。盈利多，股息红利就可多发；盈利少，股东的收益就少甚至无利可分；若公司破产，则股票持有者可能血本无归。

② 当投资者购买的是二级市场上流通的股票时，股票的价格除受公司的经营业绩影响外，还要受众多其他因素的影响。当股票的价格下跌时，股票持有者会因股票的贬值而蒙受损失。

3. 流通性

经国家证券管理部门或证券交易所同意后，股票可以在证券交易所流通或进行柜台交易，股票的持有者可将股票按照相应的市场价格转让给第三方，将股票所代表的股东身份及各种权益出让给受让者。

当持有的股票是可流通股时，其持有人可在任何一个交易日到市场上将其兑现，这就是股票的流通性。

4. 参与性

根据公司法的规定，股票的持有者就是股份有限公司的股东，他有权出席股东大会、参加公司董事机构的选举及公司的经营决策。

最近几年，上市公司的多起分红方案和配股议案被股东大会所推翻，从而维护了股东的经济利益。虽然股东参与股东大会的权利不受所持股票多寡的限制，但参与经营决策的权利大小是要取决于其持有的股票份额的。

5. 稳定性

股票是一种无期限的法律凭证，它反映的是股东与股份公司之间比较稳定的经济关系。在向股份公司参股投资而取得股票后，任何股东都不能退股，股票的有效存在是与股份有限公司的存续相联系的，即股票是与发行公司共存亡的。对于股票持有者来说，只要其持有股票，其股东身份和股东权益就不能改变。如要改变股东身份，要么将股票转售给第三方，要么等待公司的破产清盘。

2.1.3 股票的种类

1. 按股东的权利划分

普通股是股票中最普通、最重要的股票种类。普通股的收益完全依赖于公司盈利的多少，因此风险较大，但享有优先认股、盈余分配、参与经营表决、股票自由转让等权利。优先股享有优先领取股息和优先得到清偿等优先权利，但股息是事先确定好的，不因公司盈利多少而变化，一般没有投票及表决权，而且公司所有权会在必要的时间收回。优先股还分为参与优先和非参与优先、积累与非积累、可转换与不可转换、可回收与不可回收几大类。

2. 按享受投票权益划分

仅有一份表决权的股票称为单权股票；享有多份表决权的股票称为多权股票；没有表决权的股票称为无权股票。

3. 按发行范围划分

A股是在我国国内发行、供国内居民和单位用人民币购买的普通股票；B股是专供境外投资者在境内以外币买卖的特种普通股票；H股是我国境内注册的公司在中国香港发行并在香港联合交易所上市的普通股票；F股是我国股份公司在海外发行上市流通的普通股票。

2.1.4 股票投资收益

股票投资收益是投资者投资行为的报酬。一般情况下，股票投资的收益主要有两大类：一类是货币收益；另一类是非货币收益。货币收益是投资者购买股票后在一定时期内获得的货币收入。投资者购买股票后成为公司的股东，以股东的身份按照持股的多少从公司获得相应的股利，包括股息、现金红利和红股。衡量一只股票投资收益的多少，一般用投资收益率说明，即投资收益与最初投资额的百分比。由于股票与其他证券的收益不完全一样，因此，其收益率的计算也有较大的差别。计算股票的收益，通常有股票收益率和持有期收益率两种类型。通过这些收益率的计算能够充分把握股票投资收益的具体情况。

股票收益率又称为本期股利收益率，即股份公司以现金派发股利与本期股票价格的比率，用公式表示为：

$$本期股利收益率 = (年现金股利/本期股票价格) \times 100\%$$

公式中，本期股票价格是指证券市场上该股票的当日收盘价，年现金股利是指上一年每一股股票获得的股利，本期股利收益率表明以现行价格购买股票的预期收益。

持有期收益率是指投资者买入股票持有一定时期后又卖出该股票，在投资者持有该股票期间的收益率，用公式表示为：

$$持有期收益率 = \{[(出售价格 - 购买价格)/持有期限 + 现金股利]/购买价格\} \times 100\%$$

投资者要提高股票投资的收益率，关键在于选择购买何种股票，以及在何时买进或抛出股票。

2.1.5 股票价格指数

股票价格指数简称股价指数，是由证券交易所或金融服务机构编制的表明股票行市变动的一种供参考的指示数字。由于股票价格起伏无常，投资者必然面临市场价格风险。对于具体某一种股票的价格变化，投资者容易了解；而对于多种股票的价格变化，要逐一了解，既不容易，也非常麻烦。为了适应这种情况，一些金融服务机构利用自己的业务知识和熟悉市场的优势，编制出股票价格指数作为市场价格变动的指标。投资者据此就可以检验自己投资的效果，并用以预测股票市场的动向。同时，新闻界、公司老板乃至政界领导人等也以此为参考指标观察、预测社会政治和经济发展形势。因此，股票价格指数也是股票投资者从事投资不可缺少的信息，被称为反映经济情况的"晴雨表"。总之，股票价格指数是描述股票市场总体价格水平变化的指标。它是选取有代表性的一组股票，把它们的价格进行加权平均，通过一定的计算得到的。各种指数的具体股票选取和计算方法是不同的。

根据股价指数反映的价格走势所涵盖的范围，一般将股票价格指数划分为综合指数、成分指数和分类指数。综合指数是把所有的股票即刻价格加权平均，比如沪市的上证指数、深市的综合指数。成分指数是把某些有代表性的股票的即刻价格加权平均，比如上证30指数、深市的成分指数。分类指数就是对某个行业的全体股票进行加权平均的指数，比如金融指数、地产指数。投资者不论介入何种股票，都要确定它与股指是同步还是相悖。

世界各地的股票市场都编有各自的股价指数，较有影响的除道琼斯指数外，还有美国的标准普尔股价指数、英国伦敦《金融时报》股价指数、日本的日经指数及中国香港的恒生指数等，这些指数都是成分指数。

我国主要的股价指数包括上证综合指数、上证成分指数、深圳综合指数、深圳成分股指数等。

2.2 股票投资分析

2.2.1 基本面分析

基本面分析是指股票投资分析人员通过对宏观经济指标、经济政策走势、行业发展状况、产品市场状况、公司销售和财务状况等的分析，评估股票价格的涨跌及投资价值。

1. 宏观经济分析

宏观经济分析探讨各经济指标和经济政策对股票价格的影响。

1）宏观经济运行分析

（1）GDP 的影响

理论上说，GDP 是反映一国经济整体实力的宏观指标。当一国经济发展迅速，GDP 增长较快预示着经济前景良好，企业对未来发展充满信心，筹谋扩大规模、增加投资，对资金的需求膨胀，因而股票市场趋向活跃。在股票市场均衡运行、其经济功能不存在严重扭曲的条件下，股票价格与 GDP 同向而动，当 GDP 增加时，股票价格也随之上升；当 GDP 降低时，股票价格也随之下跌。

（2）利率的影响

众所周知，利率是影响股市走势最为敏感的因素之一。根据古典经济理论，利率是货币的价格，是持有货币的机会成本，它取决于资本市场的资金供求。资金的供给来自储蓄，需求来自投资，而投资和储蓄都是利率的函数。利率下调可以降低货币的持有成本，促进储蓄向投资转化，从而增加流通中的现金流和企业贴现率，导致股价上升。

（3）货币供给量的影响

货币供给量对股票市场价格的影响，可以通过预期效应、投资组合效应和股票内在价值增长效应实现。以上三种效应一般来说都是正向的，即货币供给量增加，则股市价格上涨。因此，储蓄的增加在一定程度上意味着货币供给量的减少，而股票价格指数与货币供给量之间又存在正向变动关系，所以，储蓄对股票价格通常构成负向影响。

（4）汇率的影响

汇率又称汇价，是一国货币兑换另一国货币的比率，作为一项重要的经济杠杆，汇率变动对一国股票市场的相互作用体现在多方面，主要有进出口、物价和投资。汇率直接影响资本的国际流动，一个国家的汇率上升，意味着本币贬值，会促进出口、平抑进口，从而增加本国的现金流，提高国内公司的预期收益，会在一定程度上提升股票价格。因此，汇率对股票价格通常构成正向影响。

（5）通货膨胀率的影响

一般来说，通货膨胀不仅直接影响人们的当前决策，还会诱发他们对通货膨胀的预期。在通货膨胀时期，一方面，由于货币贬值所激发的通货膨胀预期促使居民用货币去交换商品以期保值，这些保值工具包括股票，从而扩大了对股票的需求；另一方面，通货膨胀发展到一定阶段后，政府往往会为抑制其发展而采用紧缩的财政和货币政策，促进利率上升。此时，企业为了筹措资金，发行股票是较好的选择，从而使得股票市场的供给相应增加。此时，如果股票市场需求的增长大于供给的增长，则股票市场价格就与通货膨胀之间呈现正的相关关系，如果股票市场需求的增长小于供给的增长，则股票市场价格就与通货膨胀之间呈现负的相关关系。因此，通货膨胀率对股票价格的影响不能确定。

2）宏观经济政策分析

（1）财政政策

财政政策是政府依据客观经济规律制定的指导财政工作和处理财政关系的一系列方针、准则和措施的总称。财政政策的中长期目标是资源的合理配置和收入的公平分配。财政政策手段主要包括国家预算、税收、国债、财政补贴、财政管理体制、转移支付制度等。从紧的财政政策将使得过热的经济受到控制，证券市场也将走弱，而宽松的财政政策刺激经济发展，证券市场走强。财政政策对股票价格的影响主要是对企业利润的影响而导致股息的增减。例如通过调节税率影响企业利润和股息：提高税率，企业税负增加，税后利润下降，股息减少；反之，企业税后利润和股息增加。

（2）货币政策

所谓货币政策，是指政府为实现一定的宏观经济目标所制定的关于货币供应和货币流通组织管理的基本方针和基本准则。

① 货币政策的调控作用。货币政策对经济的调控是全方位的，货币政策的调控作用突出表现在以下几个方面：第一，通过调控货币供应量保持社会总供给与总需求的平衡；第二，通过调控利率和货币总量控制通货膨胀，保持物价总水平的稳定；第三，调节国民收入中消费与储蓄的比例；第四，引导储蓄向投资的转化并实现资源的合理配置。

② 货币政策的目标。货币政策的目标总体上包括稳定币值（物价）、充分就业、经济增长和国际收支平衡。

③ 货币政策的中介指标。中介指标包括货币供应量、信用总量、同业拆借利率和银行备付金率。

④ 货币政策的工具。货币政策的工具又称货币政策手段，是指中央银行为实现货币政策目标所采用的政策手段。一般分为以下三大政策工具：第一，法定存款准备金率；第二，再贴现政策，它是指中央银行对商业银行用持有的未到期票据向中央银行融资所做的政策规定；第三，公开市场业务，是指中央银行在金融市场上公开买卖有价证券，以此调节市场货币量的政策行为。

⑤ 货币政策的作用机理与运作。货币政策的运作主要是指中央银行根据客观经济形势，采取适当的政策措施调控货币量和信用规模，使之达到预定的货币政策目标，并以此影响经济的运行。

⑥ 货币政策对证券市场的影响。从紧的货币政策的主要手段是：减少货币供应量、提高利率、加强信贷控制。宽松的货币政策的主要手段是：增加货币供应量、降低利率、放松信贷控制。从总体上说，宽松的货币政策将使得证券市场价格上扬，从紧的货币政策将使得证券市场价格下跌。对股票市场的影响是，中央银行放松银根、增加货币供应，资金面较为宽松，大量游资需要新的投资机会，股票成为最好的投资对象。一旦资金进入股市，就会引

起对股票需求的增加，立即促使股价上涨；中央银行收紧银根，减少货币供应，资金普遍吃紧，流入股市的资金减少，加上企业抛出持有的股票以获取现金，使股票市场的需求减少，交易萎缩，股价下跌。

（3）收入政策

收入政策是国家为实现宏观调控总目标和总任务在分配方面制定的原则和方针。着眼于短期供求总量均衡的收入总量，调控通过财政、货币政策进行，因而收入总量调控通过财政政策和货币政策的传导对证券市场产生影响。

3）国际金融市场环境分析

① 按照经营业务的种类划分，国际金融市场可以分为货币市场、证券市场、外汇市场、黄金市场和期权期货市场。

② 国际金融市场的剧烈动荡对我国证券市场的影响主要通过人民币汇率预期影响证券市场。一般而言，汇率上浮，即本币升值，不利于出口而有利于进口；汇率下浮，即本币贬值，不利于进口而有利于出口。汇率变化对股价的影响要视对整个经济的影响而定。若汇率变化趋势对本国经济发展较为有利，股价会上升；反之，股价会下降。具体来说，汇率变化对那些在原材料和销售两方面严重依赖国际市场的国家和企业的股票价格影响较大。

2. 行业分析

行业分析是介于宏观经济分析与公司分析之间的中观层次的分析。

所谓行业是这样一个企业群体，这个企业群体的成员由于其产品在很大程度上的可相互替代性而处于一种彼此紧密联系的状态，并且由于产品可替代性的差异而与其他企业群体相区别。

1）行业市场结构分析

行业的市场结构随该行业中企业的数量、产品的性质、价格的制定和其他一些因素的变化而变化。由于市场结构的不同，行业基本上可分为4种市场类型：完全竞争、垄断竞争、寡头垄断和完全垄断。

大多数行业处于完全竞争和完全垄断这两种极端情况之间，往往既有不完全竞争的特征，又有寡头垄断的特征，而且很多行业的产品都有替代品，当一种商品的价格过高时，消费者就会转向价格较低的商品。通常竞争程度越高的行业，其商品价格和企业利润受供求关系影响较大，因此该行业的证券投资风险就越大；而垄断程度较高的行业，其商品价格和企业利润受控制程度较大，证券投资风险就较小。

2）经济周期与行业分析

根据与国民经济总体的周期变动关系的密切程度，可以将行业分为三类：

① 增长型行业。增长型行业的运动状态与经济活动总水平的周期及其振幅无关，经常呈现出增长形态。

② 周期型行业。周期型行业的运动状态直接与经济周期相关。当经济处于上升时期，这些行业会紧随其扩张；当经济衰退时，这些行业也相应跌落。

③ 防御型行业。防御型行业的产品需求相对稳定，并不受经济周期处于衰退阶段的影响。

3）行业生命周期分析

一般而言，行业的生命周期可分为 4 个阶段，即初创阶段（也称幼稚期）、成长阶段、成熟阶段和衰退阶段。

（1）初创阶段

在这一阶段，由于新行业刚刚诞生或初建不久，而只有为数不多的创业公司投资于这个新兴的产业，并且由于初创阶段行业的创立投资和产品的研发费用较高，而产品市场需求狭小，销售收入较低，因此这些创业公司在财务上可能不但没有盈利，反而普遍亏损。

（2）成长阶段

在这一时期，拥有一定市场营销和财务力量的企业逐渐主导市场，这些企业往往是较大的企业，其资本结构比较稳定，因而它们开始定期支付股利并扩大经营。在成长阶段，新行业的产品经过广泛宣传和消费者的试用，逐渐以其自身的特点赢得了大众的欢迎，市场需求开始上升，新行业也随之繁荣起来。与市场需求变化相适应，供给方面相应出现了一系列的变化。由于市场前景良好，投资于新行业的厂商大量增加，产品也逐步从单一、低质、高价向多样、优质和低价方向发展，因而新行业出现了生产厂商和产品相互竞争的局面。这种状况会持续数年或数十年。

（3）成熟阶段

行业的成熟阶段是一个相对较长的时期。在这一时期，在竞争中生存下来的少数大厂商垄断了整个行业的市场，每个厂商都占有一定比例的市场份额。由于彼此势均力敌，市场份额比例发生变化的程度较小。厂商与产品之间的竞争手段逐渐从价格手段转向各种非价格手段，如提高质量、改善性能和加强售后维修服务等。行业的利润由于一定程度的垄断达到了很高的水平，而风险却因市场比例比较稳定，新企业难以打入成熟期市场而较低。因此，新企业往往会由于创业投资无法很快得到补偿或产品销路不畅、资金周转困难而倒闭或转产。

（4）衰退阶段

这一时期出现在较长的稳定阶段后。由于新产品和大量替代品的出现，原行业的市场需求开始逐渐减少，产品的销售量也开始下降，某些厂商开始向其他更有利可图的行业转移资金。因而原行业出现了厂商数目减少、利润下降的萧条景象。至此，整个行业便进入了生命周期的最后阶段。在衰退阶段，厂商的数目逐步减少，市场逐渐萎缩，利润率停滞或不断下降。当正常利润无法维持或现有投资折旧完成后，整个行业便逐渐解体了。

4）行业投资决策原则

① 结合国家经济结构的变迁，选择有发展潜力的行业进行投资。从总体趋势来看，各

国经济结构都沿着由劳动密集型行业占主导向资本密集型、技术密集型行业占主导,由制造初级产品的行业占主导逐渐向制造中间产品、最终产品的行业占主导的方向前行。经济结构的动态变化造成有些行业上升、有些行业衰落。投资者应该根据发展趋势,识别出有发展潜力的行业进行投资。

② 结合投资者的不同类型,选择处于生命周期不同阶段的行业进行投资。风险与收益的"如影相随"造成每一个投资决策都是风险与收益的一种组合,符合不同类型投资者的风险偏好。投机者和风险投资家追求高额利润回报,也有承担更大风险的勇气和能力,而一般的投资者则看重稳定的投资回报率,尽量规避过高的投资风险。行业生命周期的不同阶段风险和收益的特征不同,投资者应结合资金来源的性质、资金可使用的周期及投资理念的差异等具体情况进行行业投资的选择。

③ 结合国家行业政策导向的变化,选择政策重点支持的行业进行投资。国家通过经济政策对某一行业实施扶持,常常意味着这一行业有更快的发展,对某一行业进行限制则意味着该行业未来发展的空间缩小。国家的行业政策往往是在对行业结构发展方向和各行业发展规律深刻认识的基础上制定的,因而具有显著的导向作用。在把握经济结构演进趋势的基础上正确理解国家的行业政策能更好地提高投资收益。

3. 公司分析

公司分析是基本分析的重点,无论什么样的分析报告,最终都要落实在某个公司证券价格(主要是指股票价格)的走势上。

1)公司基本分析

从行业地位分析、区位分析、产品分析及公司的经营管理能力与成长性分析入手。行业地位分析是分析公司在本行业中的地位。区位分析是分析公司的地理位置及经济发展状况。

2)公司财务分析

通过公司的资产负债表、损益表和现金流量表等主要财务报表,对偿债能力、资本结构、经营效率、盈利能力、投资收益和财务结构等进行分析。

其他重要因素分析还有投资项目的创利能力、资产重组的方式,以及对经营和业绩的影响、关联交易的方式及对公司业绩和经营的影响、会计和税收政策的变化,以及对经营业绩的影响。

4. 其他因素分析

1)政治因素

政治因素包括4个方面。第一,战争。战争是最有影响的政治因素。战争会破坏社会生产力,使经济停滞、生产衰弱、收入减少、利润下降。因此,大规模的战争会使股票市场受到致命的打击,使股票的价格长期低迷。第二,政权更迭、领袖更替等政治事件。这些事件的爆发都会影响社会安定,进而影响投资者的心理状态和投资行为,从而引起股票市场的大涨大跌。第三，政府重大经济政策的出台、重要法规的发布等会影响投资者对发展前景的预期，从而引起股票价格的波动。第四，国际社会政治经济的变化。随着社会全球化进程的加快，国家之间、地区之间的政治经济关系更加紧密。因此，国际关系的细微变化都可能导致各国股市敏感的波动。

2）心理因素

投资者的心理变化对股价变动影响很大。大多数投资者在对股市抱乐观态度时，会有意无意地夸大市场有利因素的影响，并忽视一些潜在的不利因素，从而脱离上市公司的实际业绩而纷纷买进股票，促使股价上涨；反之，大多数投资者在对股市前景过于悲观时，会对潜在的有利因素视而不见，而对不利因素特别敏感，甚至不顾发行公司的优良业绩大量抛售股票，使得股价下跌。当大多数投资者对股市持观望态度时，市场交易就会减少，股价往往呈现盘整格局。

2.2.2 技术分析

1. 技术分析的概念与类型

如果说基本面分析是研究市场运动的原因，那么技术分析就是研究市场运动的效果。它主要通过证券市场的交易价格、走势图和历史数据得出对股票市场走向的判断。同时，它是一门建立在实证基础上的市场预测方法，借助心理学、统计学等学科的研究方法和手段，通过研究以往的价格和交易量数据，进而预测股市未来的价格走势。

1）图表分析

图表分析是指使用记录价格的线条和图形来研究市场的力量，辨别股票构成中的显著趋势和形态，测定股价的未来走向。这种研究方法在国际上已有很长的历史了。

2）量化分析

量化分析又称"技术指标分析"，是依据一定的数理统计方法，设计出不同形式的方程式，评估市场价格运动的力量，测定价格的走向。这种方法是对传统图表分析法的创新，随着当代计算机技术的普及和深入，将愈加受到关注，并发展成为技术分析的一个重要派别。

2. 技术分析的前提

技术分析的理论基础是基于三项合理的市场假设：市场行为涵盖一切信息、价格沿趋势移动、历史会重演。

1）市场行为涵盖一切信息

这条假设是进行技术分析的基础。其主要思想是：任何一个影响证券市场的因素，最终都必然体现在股票价格的变动上。外在的、内在的、基础的、政策的和心理的因素，以及其他影响股票价格的所有因素，都已经在市场行为中得到了反映。技术分析人员只需关心这些因素对市场行为的影响效果，而不必关心具体导致这些变化的原因究竟是什么。

2）价格沿趋势移动

这一假设是进行技术分析最根本、最核心的条件。其主要思想是：证券价格的变动是有一定规律的，即保持原来运动方向的惯性，而证券价格的运动方向是由供求关系决定的。技术分析法认为证券价格的运动反映了一定时期内供求关系的变化。供求关系一旦确定，证券价格的变化趋势就会一直持续下去，只要供求关系不发生根本改变，证券价格的走势就不会发生反转。这一假设也有一定的合理性，因为供求关系决定价格在市场经济中是普遍存在的。只有承认证券价格遵循一定的规律变动，运用各种方法发现、揭示这些规律并对股票投资活动进行指导的技术分析法才有存在的价值。

3）历史会重演

这条假设是从人的心理因素方面考虑的。市场中进行具体买卖的是人，是由人决定最终的操作行为。这一行为必然要受到人类心理学中某些规律的制约。在证券市场上，一个人在某种情况下按一种方法进行操作取得成功，那么以后遇到相同或相似的情况，他就会按同一方法进行操作。如果前一次失败了，后面这一次就不会按前一次的方法操作。证券市场的某个市场行为给投资者留下的阴影或快乐是会长期存在的。

3. 技术分析的方法

在价、量历史资料基础上进行的统计、数学计算、绘制图表方法是技术分析方法的主要手段。从这个意义上讲，技术分析方法种类繁多，形式多样。一般来说，可以将技术分析方法分为如下常用的5类：指标类、切线类、形态类、K线类、波浪类。

1）指标类

指标类是根据价、量的历史资料，通过建立一个数学模型，给出数学上的计算公式，得到一个体现证券市场的某个方面内在实质的指标值。指标反映的东西大多是无法从行情报表中直接看到的，它可为投资者的操作行为提供指导方向。常见的指标有相对强弱指标（RSI）、随机指标（KD）、趋向指标（DMI）、异同移动平均线（MACD）、能量潮（OBV）、心理线（PSY）、乖离率（BIAS）等。

2）切线类

切线类是按一定方法和原则在根据股票价格数据所绘制的图表中画出一些直线，然后根据这些直线的情况推测股票价格的未来趋势，为投资者的操作行为提供参考，这些直线就叫切线。切线的画法最为重要，画得好坏直接影响预测的结果。常见的切线有：趋势线、轨道线、黄金分割线、甘氏线、角度线等。

3）形态类

形态类是根据价格图表中过去一段时间走过的轨迹形态来预测股票价格未来趋势的方法。价格走过的形态是市场行为的重要部分，从价格轨迹的形态中可以推测出证券市场处在一个什么样的大环境之中，由此对今后的投资给予一定的指导。

4）K 线类

K 线类是根据若干天的 K 线组合情况，推测证券市场中多空双方力量的对比，进而判断股票市场行情的方法。K 线图是进行各种技术分析的最重要的图表。人们经过不断的总结，发现了一些对股票买卖有指导意义的 K 线组合，而且，新的研究结果也正不断地被发现、被运用。

5）波浪类

波浪理论是把股价的上下变动和不同时期的持续上涨、下跌看成波浪的上下起伏，认为股票的价格运动遵循波浪起伏的规律。波浪理论较之别的技术分析流派，最大的区别就是能提前很长时间预计行情，而别的流派往往要等到新的趋势已经确立之后才能看到。但是，波浪理论又是公认的较难掌握的技术分析方法。

以上 5 类技术分析流派从不同的方面理解和考虑证券市场，有的有相当坚实的理论基础，有的没有很明确的理论基础。在操作上，有的注重长线，有的注重短线；有的注重价格的相对位置，有的注重绝对位置；有的注重时间，有的注重价格。尽管各类分析方法考虑的方式不同，但目的是相同的，彼此并不排斥，在使用上可相互借鉴。

4. 技术分析的主要内容

1）趋势

趋势指股价运行的总体方向，股价分析就是对市场趋势的分析，或者说是股票市场运动的方向。价格的变化是有趋势的，说明趋势在技术分析中占有很重要的地位。

趋势的运行发展不是直线式的，而是一个曲折发展、不断反复的过程。如上升趋势指一个总体向上的趋势，但它包含了"涨、跌、涨、跌、涨"的多个小趋势，只是在上升趋势中下跌幅度总和小于上涨幅度总和，每次下跌仅是上涨过程中的小插曲，即回档、上涨是主要方向。下降趋势则指一个总体向下运行的趋势，包含了"跌、涨、跌、涨、跌"的多个小趋势，上涨幅度总和小于下跌幅度总和，每次上涨仅是下跌过程的插曲，即反弹、下跌是主要方向。所以说市场变动不是向一个方向直来直去，从波峰和波谷的相对高度可以判断趋势的方向。

2）支撑线和压力线

支撑线又称为抵抗线，是指当股价下跌至某个价位附近时，会出现买方增加、卖方减少的情况，从而使股价停止下跌，甚至有可能回升。支撑线起阻止股价继续下跌的作用。这个起着阻止股价继续下跌的价格就是支撑线所在的位置。

压力线又称为阻力线，是指当股价上涨至某价位附近时，会出现卖方增加、买方减少的情况，股价会停止上涨，甚至回落。压力线起阻止股价继续上升的作用。这个起着阻止股价继续上升的价位就是压力线所在的位置。

3）趋势线和轨道线

由于股票价格变化的趋势是有方向的，因而可以用直线将这种趋势表示出来，这样的直线称为趋势线。反映价格向上波动发展的趋势线称为上升趋势线，反映价格向下波动发展的趋势线则称为下降趋势线。

由于股票价格的波动可分为长期趋势、中期趋势及短期趋势三种，因此，描述价格变动的趋势线也分为长期趋势线、中期趋势线与短期趋势线三种。

一般来说，趋势线有两种作用。

① 对价格今后的变动起约束作用，使价格总保持在这条趋势线的上方（上升趋势线）或下方（下降趋势线）。实际上，就是起支撑和压力的作用。

② 趋势线被突破后，就说明股价下一步的走势将要反转。越重要、越有效的趋势线被突破，其转势的信号越强烈。被突破的趋势线原来所起的支撑和压力作用，现在将相互交换角色。

轨道线又称通道线或管道线，是基于趋势线的一种方法。在已经得到了趋势线后，通过第一个峰和谷可以作出这条趋势线的平行线，这条平行线就是轨道线。

两条平行线组成的一个轨道，就是常说的上升和下降轨道。轨道的作用是限制股价的变动范围，让它不能变得太离谱。一个轨道一旦得到确认，那么价格将在这个通道里变动。

4）移动平均线

移动平均线（MA）可以把长、中、短期趋势形象地描绘出来，表现趋势的走向。

股票市场的波动有时是非常剧烈的，短期的震荡使价格差异很大，对研究趋势的走向有干扰作用。为消除这种影响，可以把某个时间段的价格综合起来找一个平均价，则得到一个较为有规律的价格，以日线为例。

如果要计算 5 天的平均价，则取连续 5 个交易日的收盘价（或收盘指数），计算它们的和，再除以 5，得到 5 天的平均价，公式是：

$$5 日平均价 = (C_1 + C_2 + C_3 + C_4 + C_5)/5$$

上式中 C_1、C_2、C_3、C_4、C_5 分别代表第一天到第五天的收盘价。

（1）追踪趋势

MA 能够表示股价的趋势方向，并追踪这个趋势。如果能从股价的图表中找出上升或下降趋势，那么 MA 将与趋势方向保持一致。原始数据的股价图表不具备这种追踪趋势的特性。

（2）滞后性

在股价原有趋势发生反转时，由于 MA 追踪趋势的特征，使其行动往往过于迟缓，调头速度落后于大趋势。这是 MA 一个极大的弱点。

（3）稳定性

根据移动平均线的计算方法，要想较大地改变移动平均的数值，当天的股价必须有很大的变化，因为 MA 是股价几天变动的平均值。这个特点也决定了移动平均线对股价反映的稳定性。这种稳定性有优点，也有缺点，在应用时应多加注意，掌握好分寸。

（4）助涨助跌性

当股价突破移动平均线时，无论是向上还是向下突破，股价都有继续向突破方向发展的愿望。

5）威廉指标

威廉指标（WMS）最早起源于期货市场。该指标通过分析一段时间内股价高低价位和收盘价之间的关系来量度股市的超买超卖状态，以此作为短期投资信号的一种技术指标。目前，它已经成为中国股市中被广泛使用的指标之一。

威廉指标的含义是当天的收盘价在过去的一段时日全部价格范围内所处的相对位置。如果 WMS 的值较小，则当天的价格处在较高的位置，要提防回落；如果 WMS 的值较大，则说明当天的价格处在相对较低的位置，要注意反弹。WMS 的取值范围为 0～100。

6）随机指标

随机指标（KDJ）是分析师乔治·兰德首先提出的技术分析理论。在股票、期货等证券市场中有很好的实战效果。

从实践看，KDJ 的核心原理是平衡的观点，即股价的任何动荡都将向平衡位置回归。KDJ 把一定周期内最高股价和最低股价的中心点作为平衡位置，高于此位置过远将向下回归，低于此位置过远将向上回归。

2.3 股票投资的操作程序

2.3.1 证券经纪关系的确立

投资人自己不能到交易所去买卖股票，必须在证券公司开设的证券交易柜台或通过电话和网络买卖股票。按我国现行的做法，投资者入市进行股票买卖之前必须与证券公司签订证券交易委托代理协议书，这是接受具体委托之前的必要环节，经过这个环节就意味着证券经纪商与投资者之间建立了经纪关系。

2.3.2 开户

所谓开户，就是股票的买卖人在证券公司开立委托买卖的账户。其主要作用在于确定投资者信用，表明该投资者有能力支付买股票的价款或佣金。客户开设账户，是股票投资者委托证券商或经纪人代为买卖股票时与证券商或经纪人签订委托买卖股票的契约，确立双方为委托与受托的关系。

1. 证券账户的种类

证券账户按交易场所可分为上海证券账户和深圳证券账户，两个账户分别用于买卖上海证券交易所和深圳证券交易所挂牌的证券。证券账户按用途可分为人民币普通股票账户、人民币特种股票账户、证券投资基金账户和其他账户。人民币普通股票账户简称 A 账户，其开立者仅限于国家法律法规和行政规章允许买卖 A 股的境内投资者。人民币特种股票账户简称 B 股账户，它是专门用于为投资者买卖人民币特种股票而设置的。证券投资基金账户简称基金账户，是为了方便投资者买卖证券投资基金而专门设置的，该账户也可以用来买卖上市的国债。

2. 开立证券账户的基本原则

第一，合法性。合法性是指只有国家法律允许进行证券交易的自然人和法人才能到指定机构开立证券账户。根据规定，一个自然人或法人可以开立不同类别和用途的证券账户。但是，对于同一类别和用途的证券账户，一个自然人或法人只能开立一个。

第二，真实性。真实性是指投资者开立证券账户时所提供的资料必须真实有效，不得以虚假身份开立证券账户。

2.3.3 开立证券账户的程序

自然人开的账户为个人账户。个人投资者应持有效身份证件先到各地证券登记公司或被授权的开户代理处办理证券账户的开户手续。开户之前，先填写自然人证券账户注册申请表。每个身份证只能开立一个上海证券账户和深圳证券账户，身份证号码与证券账户号码（股东卡号）一一对应，不允许重复开户。代理开户的还需提供代理人的身份证，并需代办人签名。

法人申请开立证券账户时，必须填写机构证券账户注册登记表，并提交有效的法人身份证明文件及复印件或加盖发证机关确认章的复印件、法定代表人证明书、法定代表人的授权委托书、法定代表人的有效身份证明文件及复印件和经办人的有效身份证明文件及复印件等。

证券公司和基金管理公司开户，还需提供中国证监会颁发的证券经营机构营业许可证和证券账户自律管理承诺书。

2.3.4 竞价成交

1. 竞价原则

证券交易所内的证券交易按"价格优先、时间优先"的原则竞价成交。

① 价格优先。价格优先原则表现为：价格较高的买进申报优先于价格较低的买进申报，价格较低的卖出申报优先于价格较高的卖出申报。

② 时间优先。时间优先原则表现为：同价值申报，依照申报时序决定优先顺序，即买

卖双方申报价格相同时，先申报者优先于后申报者。其先后顺序按证券交易所交易主机接受申报的时间确定。

2. 竞价方式

目前，证券交易所一般采用两种竞价方式，即在每日开盘时采用集合竞价方式，在日常交易中采用连续竞价方式。

所谓集合竞价，是在每个交易日的上午 9:25，证券交易所电脑主机对 9:15—9:25 接受的全部有效委托进行一次集中撮合处理的过程。

集合竞价结束、交易时间开始时，即进入连续竞价，直至收盘。目前，我国规定每个交易日 9:30—11:30、13:00—15:00 为连续竞价时间。连续竞价阶段的特点是每一笔买卖委托输入电脑自动撮合系统后，当即判断并进行不同的处理：能成交者予以成交；不能成交者等待机会成交；部分成交者则让剩余部分继续等待。按照我国目前的有关规定，在无撤单的情况下，委托当日有效。

3. 竞价结果

竞价的结果有三种可能：全部成交、部分成交、不成交。

2.3.5 清算与交割、交收

1. 清算与交割、交收的概念

清算与交割、交收是整个证券交易过程中必不可少的两个重要环节。

清算一般有三种解释：一是指一定经济行为引起的货币资金关系的应收、应付的计算；二是指公司或企业结束经营活动、收回债务、处置分配财产等行为的总和；三是指银行同业往来中应收或应付差额的轧计及资金汇划。

证券清算业务，主要是指在每个营业日中每个证券公司成交的证券数量与价款分别予以轧抵，对证券和资金的应收或应付净额进行计算的处理过程。

在证券交易过程中，买卖双方达成交易后，应根据证券清算的结果在事先约定的时间内履行合约，买方需交付一定款项以获得所购证券。卖方需交付一定证券以获得相应价款。在这一钱货两清的过程中，证券的收付称为交割，资金的收付称为交收。

证券清算和交割、交收两个过程统称为证券结算。

2. 清算与交割、交收的原则

证券清算与交割、交收业务主要遵循两条原则，即净额清算原则和钱货两清原则。

3. 清算、交割、交收的联系与区别

1）清算与交割、交收的联系

从时间发生及运作的次序来看，先清算后交割、交收，清算是交割、交收的基础和保证，交割、交收是清算的后续与完成，正确的清算结果能确保交割、交收顺利进行；而只有通过交割、交收，才能最终完成证券或资金收付，从而结束交易总过程。从内容上看，清算与交割、交收都分为证券与价款两项。在清算中，各类证券按券种分别计算应收应付轧抵后的结果，价款则统一以货币单位计算应收应付轧抵净额；交割、交收时，同样分证券与价款两部分，习惯上称证券交割与资金交收。

从处理方式来看，证券公司都通过证券登记结算公司为对手办理清算与交割、交收，即证券登记结算公司作为所有买方的卖方和所有卖方的买方，与之进行清算与交割、交收。投资者一般由证券经纪商代为办理清算与交割、交收，而证券公司之间、各投资者之间，均不存在相互清算与交割、交收问题。

2）清算与交割、交收的区别

两者最根本的区别在于：清算是对应收应付证券及价款的轧抵计算，其结果是确定应收应付净额，并不发生财产实际转移；交割、交收则是对应收应付净额（包括证券与价款）的收付，发生财产实际转移（虽然有时不是实物形式）。

4. 我国目前的交割、交收方式

我国目前的证券交易交割、交收方式有两种，即 T+1 交割、交收与 T+3 交割、交收。

1）T+1 交割、交收

这是指达成交易后，相应的证券交割与资金交收在成交日的下一个营业日完成。这种交割、交收方式目前适用于我国的 A 股、基金、债券、回购交易等。

2）T+3 交割、交收

这是指达成交易后，相应的证券交割与资金交收在成交日的第三个营业日完成。目前，我国对 B 股（人民币特种股票）实行 T+3 交割、交收方式。

2.3.6 股权过户

所谓股权（债权）过户，简言之，即股权（债权）在投资者之间转移。股权过户有交易性过户、非交易性过户及账户挂失转户。

交易性过户是指由于记名证券的交易使股权（债权）从出让人转移至受让人从而完成股权（债权）过户。

股权（债权）非交易性过户，是指符合法律规定和程序的因继承、赠与、财产分割或法院判决等原因而发生的股票、基金、无纸化国债等记名证券的股权（或债权）在出让人、受让人之间的变更。受让人需凭法院、公证处等机关出具的文书到证券登记结算公司或其代理机构申办非交易过户，并根据受让总数按当天收盘价缴纳规定标准的印花税。

账户挂失转户是指由于实行无纸化流通，证券账户一旦遗失，即可按规定办理挂失手续。在约定的转户日，证券登记结算公司主动办理转户手续。

2.4 股票投资的策略与技巧

2.4.1 股票选择的策略与技巧

1. 新股发行时投资的技巧

新股上市一般指的是股份公司发行的股票在证券交易所挂牌买卖。新股上市的时期不同,往往对股市价格走势产生不同的影响,投资者应根据不同的走势恰当地调整投资策略。

当新股在股市好景时上市,往往会使股价节节攀升。因为在大势看好时,新股上市容易激起投资者的投资欲望,使资金进一步围拢股市,刺激股票需求。相反地,如果新股在大跌势中上市,股价往往还呈现进一步下跌的态势。此外,新股上市时,投资者还应密切注意上市股票的价位调整并掌握其调整规律。

一般来讲,新上市股票在挂牌交易前股权较为分散,其发行价格多为按面额发行和中间价发行,即使是绩优股票,其溢价发行价格也往往低于其市场价格,以便股份公司通过发行股票顺利实现其筹款目标。因此,在新股上市后,由于其价格往往偏低和需求量较大,一般都会出现一段价位调整时期。其价位调整的方式如下:

① 股价调整一次进行完毕,然后维持在某一合理价位进行交易,这种调整价位方式,系一口气将行情做足,并维持与其他股票的相对比值关系,逐渐让市场接纳和认同。

② 股价一次调整过后,继而回跌,再维持在某一合理价位进行交易。将行情先做过头,然后让它回跌下来,一旦回落至与其他股票的实质价位相配时,自然会有投资者来承接,然后依据自然供需状况进行交易。

③ 股价调整至合理价位后滑降下来整理筹码,再作第二段行情调整回到原来的合理价位。这种调整方式,有涨有跌,可使申购股票中签的投资者卖出后获利再进,以致造成股市上的热络气氛。

④ 股价先调整至合理价位的一半,即予停止,然后进行筹码整理,让新的投资者或市场客户吸进足够的股票,再做第二段行情。此种新调整方式,可能使心虚的投资者或心理准备不足的投资者减少盈利,但有利于富有股市实践经验的投资老手获利。

2. 分红派息前后投资的技巧

股份公司经营一段时间后,如果营运正常,产生了利润,就要向股东分配股息和红利。其交付方式一般有三种:以现金的形式向股东支付。这是最常见、最普通的形式,在美国,大约80%以上的公司是以此种形式进行的;向股东配股,采取这种方式主要是为了把资金留在公司以用于扩大经营,以追求公司发展的远期利益和长远目标;实物分派,即是把公司的产品作为股息和红利分派给股东。

在分红派息前夕，持有股票的股东一定要密切关注与分红派息有关的 4 个日期：

① 股息宣布日，即公司董事会将分红派息的消息公布于众的时间。
② 派息日，即股息正式发放给股东的日期。
③ 股权登记日，即统计和确认参加本期股息红利分配给股东的日期。
④ 除息日，即不再享有本期股息的日期。

对于有中、长线投资打算的投资者来说，还可趁除息前夕的股价偏低时，买入股票过户，以享受股息收入。有时在除息前夕价格偏弱的原因主要在于此时短线投资者较多。因为短线投资者一般倾向于不过户、不收息，故在除息前夕多半设法将股票脱手，甚至价位低一些也在所不惜。因此，有中、长线投资计划的人，如果趁短线投资者回吐的时候入市，即可买到一些相对低廉的股票，又可获取股息收入。至于在除息前夕的哪一具体时点买入，则又是一个十分复杂的技巧问题。一般来讲，在截止过户时，当大市尚未明朗时，短线投资者较多，因而在截止过户前，那些不想过户的短线投资者就得将所有的股份卖出，越接近过户期，卖出的短线投资者就越多，故原则上在截止过户前的 1～2 天，有可能会买到相对适宜价位的股票，但切不可将这种情况绝对化。因为如果大家都看好某种股票，或者某种股票的股息十分诱人，也可能会出现相反的现象，即越接近过户期，购买该股票的投资者就越多。因而，股价的涨升幅度也就越大，投资者必须对具体情况进行具体分析。

2.4.2 股票买卖时机选择的策略与技巧

1. 股票买卖时机

所谓股票买卖时机是指买卖股票较适宜的时间。它既可以是一个时间"点"，也可以是一个时间"段"。对于短期股票投资而言，它更具有时间"点"的含义，而对中长期股票投资而言，它又具有时间"段"的概念。

2. 股票买卖时机选择的重要性

股票投资存在两方面的选择问题：一是选择投资的股票，即"选股"。二是选择股票买卖的时机，即"选时"。选准股票是股票投资能否成功的先决条件，而选择适宜的股票买卖时机是股票投资能否成功的关键。投资时机选择不对，尽管选对了最佳股票，也可能由于整个大势的疲软而举步维艰，甚至下跌，造成投资损失；或者卖出时机未到，贸然卖出股票，而该股票却在卖出之后，才开始大幅上涨，使得投资收益大大减少。所以，有人说选股是从小处着手，选时是从大处着眼。

3. 股票买卖的方法

从买卖的次数分类，股票买卖的方法可分为一次买卖法、多次买卖法，或分批买卖法。买卖方法的选择亦无定论，视具体情况而定。一般而言，短期投资主要是采取一次买卖法；中长期投资主要采用分批买卖法。

第 3 章　债券投资

理财小故事

李女士计划在 2019 年进行债券投资，但是债券市场的整体情况并不乐观，这给李女士带来很大的投资挑战。

2018 年是中资债券违约率骤然攀升的一年，中资境内人民币债券违约达到 1 200 多亿元，超过历史上违约总和的 50%，违约率攀升至 1.88%。

境内外机构都在大幅增加信用分析师配置，重视对公司企业或者债券的信用进行跟踪和分析，如何避雷及如何进行不良资产投资未来必然成为债券投资的重要战场。于是，李女士准备深入了解关于债券的有关知识，再行决定。

3.1　债券投资基础

3.1.1　债券基本知识

1. 债券的定义

债券是债的证明书。债是按照合同的约定或者依照法律的规定，在当事人之间产生的特定的权利和义务关系。债券是发行人依照法定程序发行并约定在一定期限内还本付息的有价证券。它反映的是债权债务关系。

2. 债券的基本要素

债券是投资者和发行人之间债权债务关系的法律凭证和契约。债券的基本要素有 4 个：债券的票面价值、债券价格、偿还期限和票面利率。债券的这 4 个要素可能并不记载在票面上。例如，在许多情况下，债券发行人以公布条例或公告的形式向社会公开宣布债券的期限和利率，只要发行人具备良好的信誉，投资者也会认可。另外，票面上记载的可能不止这 4

个要素，还可能记载其他一些事项，如还本付息的方式等。

1）票面价值

票面价值，简称面值，是指债券发行时所设定的票面金额，它代表着发行人借入并承诺未来某一特定日期（如债券到期日）偿付给债券持有人的金额，是债券的本金。为了便于债券统一标准化发行，在各国的金融市场上债券面值一般都是一个固定值。目前，我国发行的债券一般是每张面值为100元人民币，美国债券面值一般为1 000美元。在债券的面值中，还要规定票面价值的币种，即以何种货币作为债券价值的计价标准。

2）债券价格

债券价格包括发行价格和买卖价格（又称转让价格）。债券第一次公开发售时的价格就是发行价格。已经公开发售的债券可以在投资者之间买卖、转让，债券的持有人可以在到期日前按照当时的债券买卖价格将债券销售出去。债券的价格并不一定等于债券面值。实际上，债券价格是由债券的面值、票面利率、偿还期限及适当贴现率等多种因素共同决定的。根据债券价格和面值的关系，可以将债券划分为以下3种类型：

① 平价债券：债券价格等于债券面值。

② 溢价债券：债券价格大于债券面值。

③ 折价债券：债券价格小于债券面值。

3）偿还期限

债券的偿还期限通常简称为期限。债券的偿还期限是个时间段，这个时间段的起点是债券的发行日期，终点是债券票面上标明的偿还日期，也称到期日。在到期日，债券代表的债权债务关系终止，债券的发行人偿还所有的本息。一些债券，如可赎回债券或可返售债券，其发行人或持有人在债券发行以后可以改变债券最初的偿还期限。但是，对于债券投资者而言，更重要的是从债券购买日起至债券到期日止的期限长度，即债券的剩余期限。如果不做特别强调，本书所指的偿还期限都是指债券的剩余期限。

根据偿还期限的不同，债券可分为长期债券、中期债券和短期债券。一般来说，偿还期限在10年以上的为长期债券；偿还期限在1年以上（包括1年）10年以下（包括10年）的为中期债券；偿还期限在1年以下的为短期债券。我国国债的期限划分与上述标准相同，但我国企业债券的期限划分与上述标准有所不同。短期企业债券是指偿还期限在1年以内的债券，中期企业债券的偿还期限在1年以上5年以下，长期企业债券的偿还期限在5年以上。

4）票面利率

票面利率是指债券每年支付的利息与债券面值的比例，通常用年利率表示。票面利率可能在债券票面上标明。投资者获得的利息就等于债券面值乘以票面利率。例如，某种债券的面值为100元，票面利率为8%，即投资者每年能获得8元的利息。

按照利息支付方式的不同，债券可分为附息债券和零息债券。附息债券是指在债券票面上附有息票的债券，或是按照债券票面标明的利率及支付方式支付利息的债券。以前很多附息债券的票面上都附有息票，息票上标有利息额、支付利息的日期等内容。债券持有人可以从债券上剪下息票，凭息票领取利息。今天对于大多数附息债券而言，投资者不必通过呈递息票领取利息了，而是可以定期收到发行人支付的利息。

附息债券利息的支付有按年支付、按半年支付、按季支付甚至按月支付等多种形式。在美国和日本，绝大多数债券都是每半年支付一次利息，而在欧洲国家的债券市场和欧洲债券市场上，绝大多数债券是每年支付一次利息。目前，我国大多数附息债券都是按年支付利息。2001年，我国首次发行了半年付息一次的债券。

与每隔一定时期支付利息的附息债券不同，零息债券并不定期支付利息，既可以贴现发行，也可以按照面值平价发行。贴现发行的零息债券也被称为贴现债券，其发行时按一定的折扣率，以低于债券面值的价格发行，到期发行人按面值偿还。实际上，贴现债券的利息是在到期日一次性支付，其数额正好等于面值和债券购买价格的差额。

5）债券偿还方式

除了常见的到期还本付息外，债券的偿还具有多种形式，许多债券可以提前偿还，但是，一些债券规定了宽限期，债券的宽限期是指债券发行后不允许提前偿还、转换的时间，它一般是根据债券偿还期的长短来确定的。

3.1.2 债券的种类

可以根据不同的标准对债券进行分类，国际上最常见的一种分类方法是将债券划分为政府债券、公司债券、资产证券化产品和国际债券。

1. 政府债券

政府债券的发行主体是政府，它是指政府财政部门或其代理机构为筹集资金、弥补财政收支不平衡，以政府名义发行的债券。政府债券又可以进一步划分为中央政府债券、地方政府债券和政府机构债券。

大多数国家规定，购买政府债券获得的收益可以享受免税待遇。由于中央政府拥有征税和发行货币的权力，因此，中央政府债券没有违约风险。同时，在各国债券市场上中央政府债券是最主要的交易品种，具有很强的流动性。因此，中央政府债券的收益率是最低的，一般都是债券市场的基准利率。

2. 公司债券

公司债券是指公司依照法定程序发行的，约定在一定期限内还本付息的有价证券。公司债券是公司为筹措长期资金而发行的一种债务契约，代表发行债券的公司和投资者之间的一种债权债务关系。

债券持有人是公司的债权人，不是所有者，无权参与或干涉企业的经营管理，但债券持有人有权按期收回本息。公司债权人比股东有优先的收益分配权，而且在公司破产清理资产时其偿还顺序排在股东之前。由于企业主要以本身的经营利润作为还本付息的保证，如果公司发行债券后经营不善，可能无力还本付息，投资者就面临利息甚至本金损失的风险，所以在公司发行债券时，一般要对公司进行严格的信用审查或要求发行企业有财产抵押或其他机构提供的担保，以保护投资者的利益。

另外，公司债券由于具有较大的信用风险，其收益率通常也高于政府债券。一般而言，公司债券的利息收入要缴纳个人所得税。对公司而言，发行公司债券可以享受减免税收的好处，即公司的债务利息在税前扣除，充分发挥财务杠杆的作用。按是否有担保分类，公司债券可以分为担保债券和信用债券。担保债券是指由第三方或公司自身的财产来担保公司债券的还本付息。信用债券是以债券发行公司自身的信用作为担保所发行的债券。

公司债券持有人通常会要求公司债券的发行人每年赎回一定比例的债券，即偿债基金要求。发行债券的公司通常采用到债券市场逐步买回自己所发行的债券或每年回购部分可回购债券的方式达到偿债基金的要求。具体采用哪种方法视当时市场情况而定。若市场利率高于债券利率，则债券市场价格会降低，这时公司直接从债券流通市场上购回自己所发行的债券比较有利。若市场利率低于债券利率，债券市场价格会上升，这时公司采取回购的方法比较有利。

公司债券通常由专业的信用评级机构对债券信用风险进行评级，市场参与者把评级结果作为参考因素之一。美国有3个主要的评级机构——穆迪、标准普尔和惠誉。每家机构都有自己独特的一套用字母表示的信用等级系统，但共同点是等级越低的债券，违约风险越大，相应的收益率就越高。

有些公司债券在发行时会给予债券发行人或者债券购买者一定的选择权利，这种附有选择权的公司债券既具有一般公司债券的特点，又具有其自身的独特性质，主要有可赎回债券和可转换债券。前者是给予发行人一定的选择权，发行人可以在一定条件下以实现约定的价格赎回债券；后者是赋予购买者一定的选择权，购买者可以在一定的条件下将其所持有的债券转换为发行债券公司的股份。

金融机构，特别是商业银行发行的债券是一种特殊的公司债券，被称为"金融债券"，由于银行等金融机构在一国经济中占有较特殊的地位，政府对它们的运营又有严格的监管，因此，金融债券的信用等级通常高于其他公司债券，违约风险相对较小，具有较高的安全性。所以，金融债券的收益率通常低于一般的公司债券，但高于风险更小的国债和银行储蓄存款利率。

3. 资产证券化产品

20世纪70年代开始的资产证券化是最重要的金融创新。资产证券化是将缺乏流动性但能够产生可预见的稳定现金流的资产，通过一定的结构安排，对资产中的风险与收益要素进行分离与重组，进而转换为在金融市场上可以流通的标准化证券的过程。资产证券化可以提高金融资产的流动性,让债券投资者和发行人更好地管理风险,因此,自资产证券化出现之后,其发展速度十分迅速。适用于资产证券化的资产应当具有以下特征:

① 资产在未来可以产生确定的现金流。
② 基础资产必须具有标准化、高质量的合同条款。
③ 基础资产必须具有相似的到期日结构期限。
④ 基础资产的抵押物具有较高的变现价值。
⑤ 基础资产的持有人必须有良好的信用记录,相对稳定的坏账统计记录可以预测未来类似损失的发生概率。

为确保发行人按时支付债券本息,保证债券交易质量和安全性,要对证券化产品进行信用增级。信用增级技术主要有两种:内部信用增级和外部信用增级。前者主要依赖应收账款等资产本身,主要方法有优先/次级结构;出售者追索权;超额抵押;现金抵押;储备基金;利差账户。后者主要看独立的第三方信用,主要包括相关方的担保、信用证、单线保险、多线保险。

根据产生现金流的证券化资产的类型不同,资产证券化可分为住房抵押贷款证券化和资产支持证券化两大类。其区别在于前者的基础资产是住房抵押贷款,而后者的基础资产则是除住房抵押贷款以外的其他资产。

4. 国际债券

国际债券是一国政府、金融机构、工商企业或国际组织为筹措和融通资金,在国外金融市场上发行的、以外国货币为计价货币的债券。一般来说,国际债券主要包括两类:外国债券和欧洲债券。

外国债券是指某一国借款人在本国以外的某个国家发行、以发行市场所在国货币为计价货币的债券。如 1982 年 1 月,中国国际信托投资公司在日本东京发行的日元债券就是外国债券。欧洲债券是指借款人在本国境外市场发行、不以发行市场所在国的货币为计价货币的国际债券。

例如,法国一家机构在英国债券市场上发行的以美元为计价货币的债券即是欧洲债券。欧洲债券的发行人、发行地及计价货币分别属于三个不同的国家。国际债券的重要特征是发行人和投资者属于不同的国家,筹集的资金来源于国外金融市场。

3.2 债券市场与债券交易

3.2.1 债券发行市场

1. 债券发行方式

政府、金融机构和工商企业在发行债券时,可以选择不同的投资者作为发行对象。

1）私募

私募，又称不公开发行或内部发行，是指面向少数特定的投资者发行证券的方式。私募发行的对象大致有两类：一类是个人投资者，如公司原有股东或发行机构的成员；另一类是机构投资者，如大的金融机构——保险公司、养老基金等，或与发行人密切往来的企业等。私募的发行有确定的投资者，发行手续简单、信息披露要求高、发行时间短、发行成本低。

由于私募发行方式牵涉的债权人数量少，双方更容易协商解决。但私募发行的不足之处是投资者数量有限、流动性差。私募债券的利率通常高于同类公募发行的债券。

2）公募

公募，又称公开发行，是指发行人通过金融机构向不特定的社会公众广泛地发售债券。公募发行的情况下，所有合法的社会投资者都可以参加认购。为了保障广大投资者的利益，各国对公募发行都有严格的要求，如要求发行人有较高的信用，符合证券主管部门规定的各项发行条件，要求发行人详细地披露信息，经主管机关批准后方可发行。

公募发行的发行面广，投资者众多，可以筹集大量的资金，而且债券分散，不易被债权人控制。只有公开发行的债券才能申请在交易所上市，因此公募发行可以增强债券的流动性。但是，公募发行的缺点也是明显的：发行过程复杂，信息披露要求高，登记核准所需时间长，发行成本也比较高。

公募发行和私募发行各有优劣。公募发行由于公开性受到了投资者和媒体更多的关注。但是在西方成熟的证券市场中，随着养老基金、投资基金和保险公司等机构投资者的迅猛发展，私募发行近年来呈现迅速发展的趋势。例如，美国有50%以上的负债采用私募方式进行。

2. 金融机构在债券发行中的作用

在债券的发行过程中，一些金融机构，如投资银行和商业银行发挥着重要的作用。采用私募方式发行债券时，投资银行帮助发行人设计债券、确定债券价格，以及联系潜在的投资者，或者向投资者提供投资建议。采用公募方式发行债券时，投资银行和商业银行等金融机构作为承销商在一级市场上协助债券发行。承销是指金融机构借助自己在证券市场上的信誉和营业网点，在规定的发行有效期限内将债券销售出去。根据金融机构在承销过程中所承担的风险和责任的不同，承销又分为代销和包销两种方式。

1）代销

代销是指债券发行人委托承销业务的金融机构（又称为承销机构或承销商）代为向投资者销售债券。承销商按照规定的发行条件，在约定的期限内尽力推销，到销售截止日如果债券没有全部销售出去，那么未销售出去的债券退还发行人，承销商不承担任何发行风险。在代销协议中，承销商和发行人是委托和代理关系，承销商的收入来自佣金收入。代销比较适合信誉好、知名度高的大型企业。

2）包销

包销是指发行人与承销机构签订合同，由承销机构按一定价格买下全部债券，并按合同规定的时间将价款一次性付给发行人，然后承销机构按照略高的价格向公众投资者销售。

在包销过程中，承销商与发行人之间是买卖关系，即承销商将债券低价买进然后高价卖出，承销商的收入来自买卖差价，并承担全部销售风险。对发行人而言，包销方式既能保证如期收回全部所需的资金，又无须承担发行过程中的价格变动风险，其不利之处是发行成本高。

3.2.2 债券流通市场

1. 连续市场和集合市场

根据价格形成是否连续，基本上可将债券市场分为连续市场和集合市场。在连续市场上，当买卖双方连续委托买进或卖出上市债券时，只要彼此符合成交条件，交易就可在交易时段中任何时点发生。一般按照"价格优先、同等价格下时间优先"的原则成交和确定成交价，成交价依供求条件的变化而不断变化。

2. 客户委托单驱动市场和交易商报价驱动市场

按照形成价格的主导力量，债券市场分为客户委托单驱动市场和交易商报价驱动市场。前者是指成交价是由买卖双方直接决定的，投资银行等金融机构在成交价形成过程中只是作为经纪人发挥作用，使市场整体交易更平稳、顺畅。

后者是指交易商提出买卖报价，其他投资者根据交易商提出的买卖价格与该交易商进行交易。目前，我国债券的场外交易市场（如银行间债券市场和记账式国债银行柜台交易市场）也采用交易商报价驱动制度。

3. 做市商制度

最典型、最完善的交易商报价驱动制度就是做市商制度。从发达国家债券市场的运行实践来看，债券场外市场通常采用做市商制度。做市商是指在债券市场上由具备一定实力和信誉的债券经营机构作为特许交易商，不断向公众投资者报出某些特定债券的买卖价格（双边报价），并在该价位上接受公众投资者的买卖要求，以其自有资金和债券与投资者进行债券交易。做市商这种连续不断的买卖可以达到增强市场流动性和满足公众投资买卖需求的目的。

3.2.3 债券的交易

1. 债券的交易方式

债券的交易方式大致可分为现券买卖、债券回购交易、债券期货远期交易。

1）现券买卖

现券买卖是指交易双方以约定的价格转让债券所有权的交易行为，即一次性的买断行为。现券买卖是债券交易中最普遍的交易方式。债券买卖双方针对债券的成交价达成一致意见,在交易完成后立即办理债券的交割和资金的交收,或在很短的时间内办理交割、交收。

2)债券回购交易

债券回购交易是一种以债券作为抵押品的短期融资行为。债券回购交易是指证券买卖双方在成交时就约定在未来某一时刻按照现在约定的价格再进行反向交易的行为。在交易中买卖双方按照约定的利率(年收益率)和期限达成资金拆借协议,由融资方(债券持有人、资金需求方)以持有的债券作抵押,以获取一定时期内的资金使用权,回购期满后归还借贷的资金,并按照事先约定支付利息;融券方(资金的供给方)则在回购期间内暂时放弃相应资金的使用权,同时,获得融资方相应期限的债券抵押权,并于到期日收回融出资金并获得相应利息,归还对方抵押的债券。

3)债券期货远期交易

债券期货远期交易是双方成交一批交易以后,清算和交割按照期货合约中规定的价格在未来某一特定时间进行的交易。债券的交割、交收方式由于各债券市场的传统和交易方式存在差异,各市场对从交易日到交割、交收日之间的时间间隔的规定也不完全相同,主要包括以下几种类型:

① 当日交割、交收。债券买卖双方在交易达成之后,于成交当日进行债券的交割和资金的收付,简称"T+0"。

② 次日交割、交收。债券买卖双方在交易达成之后,于下一个营业日进行债券的交割和资金的收付,简称"T+1"。

③ 交割、交收。债券买卖双方在交易达成之后,按所在交易市场的规定,在成交日后的某个营业日进行债券的交割和资金的收付,简称"T+n"。

2. 债券的价格

在债券投资管理过程中,正确计算债券的内在价值是非常关键的。总体来说,债券的价值等于债券未来所有现金流的现值总和。

只有当债券的价值大于市场上的购买价格时,债券才值得购买。因此,债券价值是确定债券投资决策时使用的主要指标之一。典型的债券是附息债券,具有固定票面利率、按年支付利息、到期归还本金的特点。计算这种最典型、最简单的债券价值(理论价格),应该遵循以下4个步骤:

① 选择适当的贴现率。
② 计算所有利息的现值。
③ 计算本金的现值。
④ 将以上两个现值相加。

1）债券价格和面值的关系

如果债券的票面利率超过了投资者要求的回报率，投资者就会竞相购买，导致债券价格升高，则债券的价格就会超过面值，价格超过面值所形成的资金损失正好抵消了票面利率高于适当贴现率的利差部分。当票面利率正好等于投资者要求的回报率时，债券就按照面值出售。因此，债券价格和面值的关系主要取决于票面利率和适当贴现率之间的关系，可总结如下：

当票面利率＜贴现率时价格＜面值折价债券

当票面利率＝贴现率时价格＝面值平价债券

当票面利率＞贴现率时价格＞面值溢价债券

2）影响债券价格的因素

债券的价格不断波动，哪些因素会导致债券价格的波动呢？可以很容易地看出，唯一的变化因素就是适当贴现率。从债券定价的公式中，我们可以发现一个重要的规律：债券价格与适当贴现率反方向变动，影响适当贴现率变化的因素都会影响债券的价格。

如果金融市场的利率水平升高，所有债券的适当贴现率就会随之提高，即基准利率提高，这将导致债券价格的下跌；如果公司的信用风险增加，信用风险报酬就会增加，导致适当贴现率提高，最终导致债券价格下跌。公司信用风险状况的变化是影响公司债券价格的重要因素。

3.3 债券投资策略和风险防范

3.3.1 债券的风险

债券投资者可能遭受一种或多种风险，包括：① 利率风险；② 信用风险；③ 提前偿还风险；④ 通货膨胀风险；⑤ 汇率风险；⑥ 流动性风险。债券投资者面临的风险远不止这些，其他风险还包括波动性风险、收益率曲线风险、事件风险和税收风险。但是这些风险只有在特定的场合才比较突出。

1. 利率风险

利率的变化有可能使债券的投资者面临两种风险：价格风险和再投资风险。

1）价格风险

当利率上升（下降）时，债券的价格便会下跌（上涨）。对于持有债券直至到期的投资者来说，到期前债券价格的变化并没有什么影响；但是，对于在债券到期日前出售债券的投资者而言，如果购买债券后市场利率水平上升，债券的价格将下降，投资者将遭受资本损失。这种风险就是利率变动产生的价格风险。利率变动导致的价格风险是债券投资者面临的最主要的风险。

2）再投资风险

投资者投资债券获得收益有3个来源：① 利息支付。② 当债券被偿还、出售或到期时的资本收益（或资本损失）。③ 利息再投资收入（利息的利息）。利息的再投资收入的多少主要取决于再投资发生时的市场利率水平。如果利率水平下降，获得的利息只能按照更低的收益率水平进行再投资，这种风险就是再投资风险。债券的持有期限越长，再投资的风险就越大；在其他条件都相同的情况下，债券的票面利率越高，债券的再投资风险也越大。

2. 信用风险

信用风险，包括违约风险和信用利差风险。违约风险是指固定收益证券的发行人不能按照契约如期足额地偿还本金和支付利息的风险。一般而言，政府债券没有违约风险。这主要是由于政府具有征税和发行货币的权利。非政府债券或多或少都存在违约风险。在金融市场上，风险和收益成正比，因此，公司债券、金融债券的收益率要高于同类政府债券。

在债券市场上，只有那些违约风险很高、濒临破产的公司的债券，投资者才会关注其可能发生的违约行为。而对于其他债券，投资者更关心的是债券可以被觉察到的信用风险变化，以及这种风险变化对债券收益率（价格）的影响，即信用利差风险。信用利差是指某种债券的收益率与同期限的无风险债券收益率之差。即使公司实际违约的可能性很小，公司信用利差风险变化导致的信用利差变化也会极大地影响债券的市场价格。在债券市场上，可根据评级公司所评定的质量等级估计债券发行人的信用利差风险。

3. 提前偿还风险

如前所述，某些债券赋予发行人提前偿还的选择权。可赎回债券的发行人有权在债券到期前"提前偿还"全部或部分债券。这种选择权对于发行人是有利的：如果在未来某个时间市场利率低于发行债券的票面利率，发行人可以赎回这种债券并以按较低利率发行的新债券代替它；而且这种在到期前赎回债券的选择权可以使发行人将来按照更低的成本对债务进行再融资。

从投资者的角度看，提前偿还条款有三个不利之处：第一，可赎回债券的未来现金流是不确定的，风险也相应增加。第二，当利率下降时发行人要提前赎回债券，投资者则面临再投资风险。当债券以购入时确定的价格被提前偿还时，投资者不得不对所得收入按照更低的利率进行再投资。第三，减少了债券资本利得的潜力。当利率下降时，债券的价格将上升。然而，因为债券可能被提前偿还，这种债券的价格就不可能大大超过发行人所支付的价格。

4. 通货膨胀风险

通货膨胀风险也称购买力风险。对于投资者而言，更有意义的是实际购买力。通货膨胀风险是指由于存在通货膨胀，债券的名义收益不足以抵消通货膨胀对实际购买力造成的损失。例如，某投资者购买 1 年期债券，债券的票面利率是 10%，面值为 100 元，该年度的通货膨胀率为 20%。实际上，年末总收入 110 元的实际购买力小于年初 100 元的实际购买力。

5. 汇率风险

如果债券的计价货币是外国货币，则债券支付的利息和偿还的本金能换算成多少本国货币还取决于当时的汇率。如果未来本国货币贬值，按本国货币计算的债券投资收益将会降低，这就是债券的汇率风险，又称货币风险。

6. 流动性风险

流动性是金融资产的一个重要特性。流动性是指一种金融资产迅速地转换为交易媒介（货币）而不致遭受损失的能力。在实践中，债券的流动性通常用该债券的做市商报出的买卖差价来衡量。差价越大，说明债券的流动性越小。债券的流动性风险是指一种债券能否迅速地按照当前的市场价格销售出去而带来的风险。

一般而言，债券的流动性风险越大，投资者要求的收益率越高。而债券的流动性风险主要取决于该债券二级市场参与者的数量，参与者数量越多，债券的流动性就越强，流动性风险也相应越小。

3.3.2 消极的债券投资策略

对于投资者而言，特别是对于机构投资者而言，债券投资组合管理是十分重要的。债券投资组合管理策略大体上可分为两类：消极的债券投资组合策略和积极的债券投资组合策略。如果债券市场是有效的，即债券的价格反映了所有公开、可得的信息，那么通过寻找错误定价的债券和预测利率走势来获得风险调整后的超额回报率就是不可能的。

在有效债券市场上最好的投资策略就是消极的投资策略。消极的投资策略的目的不是战胜市场，而是控制债券组合的风险，并且获得与承担的风险相适应的回报率。

一般而言，消极投资策略追求的目标主要有三个：一是为将来发生的债务提供足额资金；二是获得市场平均回报率，即获得与某种债券指数相同（相近）的业绩；三是在既定的流动性和风险约束条件下追求最高的预期收益率。

与上述三个目标相对应，在债券投资组合管理的实践中产生了两种主要的消极投资策略：负债管理策略和指数化策略。

1. 负债管理策略

资产负债管理是银行、保险公司、基金等金融机构的核心业务。金融机构的负债管理至少要满足两方面要求：一是满足金融机构未来偿还债务时产生的现金流支出需要；二是规避利率风险。免疫策略和现金流匹配策略是应用范围最广的两种负债管理策略，可以满足金融机构负债管理的上述两方面要求。大体而言，免疫策略是指通过资产负债的适当组合，规避资产负债的利率风险，使资产负债组合对利率风险实现免疫。

1）免疫策略

金融机构在将来偿还债务的本金和支付利息时会产生一系列的现金流支出。因此，金融机构需要构造债券投资组合以满足将来债务还本付息的需要，这就是免疫策略。免疫策略进一步分为目标期免疫策略和多期免疫策略。

（1）目标期免疫策略

利率风险包括价格风险和再投资风险。债券的价格与利率变化呈反向变动。当利率上升（下降）时，债券的价格便会下跌（上涨）。对于持有债券直至到期的投资者来说，到期前债券价格的变化没有什么影响；但是，对于在债券到期日前出售债券的投资者而言，如果购买债券后市场利率水平上升，债券的价格将下降，投资者将遭受资本损失，这种风险就是利率变动产生的价格风险。利率变动导致的价格风险是债券投资者面临的最主要风险。

利息投资收入的多少主要取决于再投资发生时的市场利率水平。如果利率水平下降，获得的利息只能按照更低的收益率水平进行再投资，这种风险就是再投资风险。债券的持有期限越长，再投资的风险就越大；在其他条件都一样的情况下，债券的票面利率越高，债券的再投资风险也越大。利率波动对债券价格和再投资收入的影响正好相反：当利率上升时，债券的价格将下跌，但债券的再投资收入将增加；当利率下降时，债券价格将上涨，但债券的再投资收入将会下降。

可以通过将资产负债期限进行适当的搭配，使两种利率风险正好相互抵消，从而消除债券组合的利率风险。这正是免疫策略的基本思想。

（2）多期免疫策略

养老基金和寿险公司等金融机构未来需要偿付一系列的现金流，以满足养老基金受益人和投保人的需要。金融机构可以采用多期免疫策略实现对多期负债的免疫。多期免疫是指不论利率如何变化，通过构建某种债券组合以满足未来一系列负债产生的现金流支出需要。

我们可以通过两种方法实现多期免疫策路：一是将每次负债产生的现金流作为一个单期的负债，然后利用上述目标期免疫策略针对每次负债分别构建债券组合，令债券组合的久期和现值与各期负债的久期和现值相等；二是构建债券组合，令债券组合的久期与负债现金流的久期加权平均值相等。

例如，如果一家养老基金在 4 年、5 年和 6 年后需支付三笔资金，每笔资金的现值都是 100 万元。为了对这三笔负债进行免疫，该基金既可以投资于三种债券（组合），每种债券（组合）的现值都是 100 万元，久期分别是 4 年、5 年和 6 年，也可以投资于久期等于 5 年的债券组合，因为负债的久期加权平均数等于 5 年，其计算如下：$4×1/3+5×1/3+6×1/3=5$（年）。

后一种方法的债券组合构造和管理都相对简单，但理论研究表明，资产和负债的久期相等并不能保证完全免疫。因此，最好的多期免疫策略仍然是第一种方法。理论研究表明，要想确保多期免疫策略成功，必须满足下列三个条件：
① 债券组合和负债的现值相等。
② 债券组合和负债的久期相等。
③ 债券组合中的资产现金流时间分布范围要比负债现金流时间分布范围广。

上述免疫策略在实际应用中也存在一些局限性，认识到这些局限性对于成功的债券组合管理是十分必要的。

① 免疫策略是以久期为基础的，而久期只能近似衡量债券价格的变化，无法精确衡量利率变化导致的债券价格变化。因此，通过资产负债久期匹配无法完全消除利率风险。

② 在整个目标期限内，债券组合（资产）和负债的久期会随着市场利率的变化而不断变化，并且两者的久期变化并不一致。因此，即使最初资产负债的久期是匹配的，但随着利率的变动，资产负债的久期也会出现不匹配，因此债券组合和负债也就无法实现免疫了。

③ 使用免疫策略存在的另一个问题是债券组合的久期并不随时间的流逝而出现线性减少。一般而言，债券久期的减少速度慢于期限的减少速度。在目标期免疫策略中，负债（一次性到期支付）的久期又等于到期日。这样，随着时间的流逝，资产负债久期会按不同的速度改变，债券组合就不再具有免疫能力。这意味着债券资产组合需要不断的再平衡以维持与资产负债久期的匹配，从而保持免疫能力。这种再平衡是通过出售手中所持有的某些债券，将它们替换成另一些债券，从而使新的债券组合的久期与剩余的负债现金流的久期相一致。

2）现金流匹配策略

负债管理策略中还有一种策略——现金流匹配策略，可以有效解决免疫策略存在的上述问题。现金流匹配策略是指通过构造债券组合，使债券组合产生的现金流与负债的现金流在时间上和金额上正好相等，这样就可以完全满足未来负债产生的现金流支出需要，从而完全规避了利率风险。

最简单的方法就是购买零息债券为预期的现金支出提供恰当的资金。例如，债券管理者需要在三年后偿还1万元的债务，他可以现在购买一个面值为1万元的三年期的零息债券，就可以完全锁定利率风险。这是因为不管未来三年利率如何变动，债券管理者都能保证到期的现金支付。如果管理者面临的负债是多期的，在这种情况下，管理者可以同时选择零息债券和附息债券，以使每期的现金流出相匹配。

2. 指数化策略

指数化策略是指债券管理者构造一个债券资产组合，用以模仿市场上存在的某种债券指数的业绩，由此使该债券资产组合的风险回报与相联系的债券市场指数的风险回报相当。

由于债券市场指数构成与股票市场指数构成极为相似，指数化策略在两个市场的操作几乎相同。在股票市场，投资者事先选定一种指数，再以此指数的成分股名单来选择购买股票，而且每种股票购买的数量与这些公司当前市值在指数中的比重成比例。债券市场的操作大体如此。

但由于债券市场上指数自身的特点，又使其与股票市场有一定的区别。

首先，在股票指数构成中的股票种类一般而言不会发生变化，因而投资管理者手中的股票就不会发生变化。但在债券市场上，其指数构成中所选的债券期限必须大于一年，故随着时间的推移，有些选入的债券到期期限会小于一年，它就会从指数中被剔除，同时会有新的债券补充进来。债券管理者就会相应改变手中所持有的债券种类，使之与指数相一致。债券管理者要不断买卖债券，从而使资产组合的债券结构与指数中包括的债券结构尽可能匹配。但是，这会使指数基金管理工作很复杂，在现实生活中不可行。

其次，由于构成股票指数的股票一般就几百种，故购买的难度不大，可以按照股票指数完全复制。但在债券市场上，由于指数中包括的债券种类一般都很多，要想按市值比重购买所有的债券难度太大。

最后，股票指数所选的股票都是市场上活跃的股票，在市场上很容易进行买卖。而债券指数构成中有很多债券的流动性差（在市场上很少交易），这意味着债券投资管理者很难在市场上找到持有者进行交易。即使寻找到交易方，由于该债券很少交易，故也不容易找到一个合理的价格进行交易。

3.3.3 积极的债券投资策略

积极的债券管理者认为债券市场并不是那么有效，所以明智的投资人总是能够把握机会战胜市场（获得超过市场平均收益的超额回报）。此类投资者认为市场无效主要体现在债券定价错误和市场利率波动的不可预测性上。

基于此，债券管理者进行债券选择，力图识别定价错误的债券或对市场利率做出精确的预测，以把握市场时机进行买卖。积极的债券组合管理一般都是这两种方法的结合。目前在债券市场上，债券组合管理人广泛使用的积极管理策略有互换策略、或有免疫策略等。

1. 互换策略

1）互换策略的定义

大体而言，债券互换策略就是指将预期收益率更低的债券转换为预期收益率更高的债券。在很多情况下，债券组合管理者都可以采用互换策略：

① 预计利率将会发生变化，债券组合管理者可以将利率敏感性不同的债券进行互换，以获得更高的回报或减少损失。

② 债券组合管理者认为债券间的利差不合理，预期不同债券的相对价格将会发生变化，用预期收益率高的债券交换预期收益率低的债券，从而获得更高收益。当债券管理者采用互换策略时，他们认为各类债券比价关系的失衡是暂时的，随着时间的推移，这种失衡会消失，各类债券的相对比价会恢复至合理状态。当债券间相对价格从失衡恢复到均衡时，投资者就

可以获得超额回报。

③ 将收益率低的债券转换为收益率高的债券。

④ 债券组合管理者纯粹出于税收的考虑而进行债券互换。

2）互换策略的主要类型

① 替代互换。它是指将债券组合中的债券转换为市场上收益率更高的同质债券。

这里的同质债券主要是指两种债券在票面收益率、期限结构、风险等级、赎回特征等方面基本上相同。采用替代互换策略的原因在于，债券管理者认为市场对这两种债券的定价存在错误，或者说这两种债券的收益率差异不合理。如果随着时间的推移，这两种债券的不合理比价关系消失，那么这种价格的不一致必会带来获利的机会。

假设有一个基金经理持有一种剩余期限为 3 年、面值为 1 万元、息票利率为 8% 的债券。由于债券的现行市场价格为 950 元，那么这种债券的到期收益率为 10%；与之相对应的是市场上的另一种债券，它具有与基金经理手中债券相同的到期日、赎回条款、信用等级，但这种债券具有 10.1% 的到期收益率。显然，基金经理应该把手中的债券卖出并购回市场上的这种债券，从而赚取 10 个基点的收益，这就是替代互换策略。

若是在有效市场上，两种同质债券应该具有相同的收益率，也就是说后一种债券没有提供更高收益率的理由。既然如此，过高的收益率就意味着市场无效，投资者可以抓住这个机会获得超额利润。当两种同质债券的收益率出现暂时的不一致时，投资者也可以通过买入价值低估（收益率高估）同时卖空价格高估（收益率低估）的债券，将来当两种债券的价格一致时，投资者就可以获得超额利润。

当然，替代互换策略也适用于债券组合的互换。需要特别注意的是，两种同质债券的收益率存在差异，很可能是两种债券的风险、流动性或凸性不一致，债券市场正确地确定了债券的价格。在这种情况下，替代互换就无法获得超额利润。

② 跨市场利差互换。跨市场利差互换是指利用两类市场（如国债市场与公司债券市场）的收益率差额不合理，从一个收益率低的市场转移至收益率高的市场以获得额外收益。

这种策略是在对市场正常收益率差额的预测与现行市场实际收益率差额进行比较的基础上进行的。同时，债券投资者相信利差的实际值与预测值不一致只是暂时的情况，随着时间的推移，这种偏离现象会逐渐消失。

③ 纯追求高收益率互换。采用该互换策略并不是由于发现了定价错误的债券，而是持有收益率更高的债券以获得更高的回报率。债券投资管理者根据收益率曲线的形状，调整持有的债券期限的长短，从而追求更高的回报。若收益率曲线向上倾斜，投资者可以将短期债券转换为长期债券，因为长期债券的收益率更高。

同理，若收益率曲线向下倾斜，这意味着短期债券比长期债券具有更高的收益，债券组合管理者应该把长期债券转换为短期债券以获得更高的收益。如果在债券持有期内收益率曲线没有发生向下位移,那么短期债券就能获得更高的回报率。如果收益率曲线向下位移,短期债券的回报率就会小于长期债券的回报率。

④ 税收互换。税收互换是指通过债券的互换而获得纳税方面的好处,实际上就是一种利用税收优势的互换操作。例如,西方国家规定对证券交易的收益要征收累进所得税。

比如,当收益超过 20 万元时征收 11% 的所得税,20 万元以下只征收 7% 的所得税。当债券管理者当前收益达到 21 万元,也就是他要按照 11% 纳税时,投资者为了减少纳税,可以采用税收互换的策略。投资者可以将手中持有的价格下跌的债券在市场上出售,从而减少其资本收益。这样一来,他纳税的税率将降为 7%,反而提高了其净收益利率。

通过前面关于目标期免疫策略的介绍可知,当债券管理者持有的债券组合久期与其负债久期相等时,就能彻底规避利率风险,因为在这种情况下,利率波动引起的债券价格风险与再投资风险正好互相抵消。那么,当债券组合久期与负债久期不等时,会出现什么情况呢?债券组合久期大于负债久期时,会产生净价格效应,即利率变化对债券价格的影响将超过对利率再投资的影响。

具体而言,当利率降低时,债券价格上升导致收入的增加将超过利率再投资减少的收入;当利率升高时,债券价格下跌导致收入的减少要大于再投资收入的增加;而当债券组合久期小于负债的久期时会产生净利润再投资效应,即利率变化对再投资收入的影响将超过对债券价格的影响。

2. 或有免疫策略

或有免疫策略介于消极策略和积极策略之间,可以说是积极管理策略和消极管理策略的混合体。或有免疫策略的基本思想是债券组合管理者可以实施积极的组合管理策略,直至市场表现不好、债券组合可接受的最低回报率的实现受到威胁时,债券组合的管理者就必须实施消极的管理策略。在这个时点上(通常称为触发点),债券组合的管理者对债券组合实施了免疫策略。在剩余的投资期限内债券组合的回报率被锁定在既定的水平上。

下面举例说明或有免疫策略的基本思想。假设某债券组合管理人为某家保险公司管理着 500 万元的资金,期限为 2 年。保险公司要求两年的总回报率至少为 10%,换句话说,保险公司要求两年后的资金终值至少为 550 万元。假设市场上存在一种期限为 2 年的零息债券,年收益率为 10%,该债券组合管理者可以购买价值为 454.5 万元的该零息债券,就可以保证两年后零息债券的价值为 550 万元。然而,最初的投资资金为 500 万元,比零息债券的最初投资额多出 45.5 万元。

因此,该债券组合管理者不用立即采取免疫策略,而是可以采用积极的管理策略,因为他可以承受一定的损失并且能确保债券组合的终值达到 550 万元。那么该债券组合能承受的最大损失是多少?为了确保债券组合的终值为 550 万元,在任何时点上的债券组合价值都应该至少等于 550 万元在该时点上的现值。只要在任何时点上债券组合的价值等于 550 万元的现值，通过对债券组合实施免疫策略，在投资末期债券组合的价值就可以增加到550万元，同时规避了利率风险。因此在任何时点上，550万元的现值就成为触发点，一旦达到550万元，债券组合管理者就应当采取免疫策略。

3.3.4 债券投资原则

1. 收益性原则

这个原则应该说就是投资者的目的，谁都不愿意投了一笔血本后的结果是收益为零。当然，我们更不愿意血本无归。关于债券的各种收益率的计算和影响投资收益的因素分析，前面我们已经阐明了。现在我们着重探讨不同种类的债券收益性的大小。国家（包括地方政府）发行的债券是以政府的税收作担保的，具有充分安全的偿付保证，一般认为是没有风险的投资；而企业债券则存在能否按时偿付本息的风险，作为对这种风险的报酬，企业债券的收益性必然要比政府债券高。当然，这仅仅是其名义收益的比较，实际收益率的情况还要考虑其税收成本。

2. 安全性原则

我们已知道投资债券相对于其他投资工具要安全得多，但这仅仅是相对的，其安全性问题依然存在，因为经济环境有变、经营状况有变，债券发行人的资信等级也不是一成不变的。就政府债券和企业债券而言，政府债券的安全性是绝对高的，企业债券则有时面临违约的风险，尤其是企业经营不善甚至倒闭时，偿还全部本息的可能性不大，因此，企业债券的安全性远不如政府债券。对抵押债券和无抵押债券来说，有抵押品作偿债的最后担保，其安全性就相对要高一些。对可转换债券和不可转换债券，因为可转换债券有随时转换为股票、作为公司的自有资产对公司的负债负责并承担更大的风险这种可能，故安全性要低一些。

3. 流动性原则

债券的流动性强意味着能够以较快的速度将债券兑换成货币，同时以货币计算的价值不受损失，反之则表明债券的流动性差。影响债券流动性的主要因素是债券的期限：期限越长，流动性越弱；期限越短，流动性越强。另外，不同类型债券的流动性也不同。如政府债券，在发行后就可以上市转让，故流动性强；企业债券的流动性往往就有很大差别，对于那些资信卓著的大公司或规模小但经营良好的公司，发行的债券其流动性是很强的，反之，那些规模小、经营差的公司发行的债券流动性要差得多。因此，除对资信等级的考虑之外，企业债券流动性的大小在相当程度上取决于投资者在购买债券之前对公司业绩的考察和评价。

第4章 基金投资

 理财小故事

小朱和小兰想开个饭店，不仅要租门面，还要找大厨，但他们自己一无时间、二无精力、三无经验，怎么办呢？碰巧的是，还有更多人有这个想法，但是对于把钱交给谁、店面选在什么地段、挑什么厨师、做什么特色菜等方面，他们的意见各不相同。

这时，有个聪明人站出来，他有资源并且有经验，提出由他牵头开这个饭店，出力张罗大大小小的事。他会请最好的厨师，并且经常监督这个厨师。他还会定期向大家公布投资盈亏情况，除了自己拿些应得的劳务费以外，剩余的盈利全部分给大家。

如果你是其中一个合伙人，是不是觉得省心省力呢？其实，基金就是这么来的。小朱、小兰，还有其他人相当于投资者，聪明人相当于基金公司，大厨相当于基金经理。

另外，基金的当事人中还有一个重要角色，那就是托管人。那么多钱交给基金公司，投资人肯定不放心，这就需要一个专门管账、记账的机构，这个角色非银行莫属，也有少部分基金由券商托管。这样一来，基金公司和基金经理只管交易操作，不能碰钱，就不怕他们拿钱跑路了。

其实，基金很好理解。它就是由基金公司集合众多投资人的资金，投资于股票、债券、货币等。赚了钱大家一起分，赔了钱大家一起赔。当然，基金公司不是慈善机构，它们会收取一定的管理费。

4.1 证券投资基金的有关概念

4.1.1 证券投资基金的概念

我们现在所说的基金一般是指证券投资基金,它既是一种投资方式,也是一种理财工具。证券投资基金是指通过发售基金份额将众多不特定投资者的资金汇集起来形成独立财产,委托基金管理人进行投资管理,基金托管人进行财产托管,由基金投资人共享投资收益,共担投资风险的集合投资方式,其运作方式如图4-1所示。

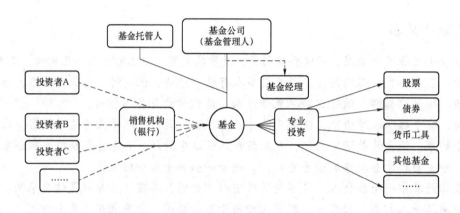

图4-1 证券投资基金的运作方式

4.1.2 证券投资基金的特点

1. 集合理财、专业管理

基金将众多投资者的资金集中起来,委托基金管理人进行共同投资,表现出一种集合理财的特点。通过汇集众多投资者的资金,积少成多,有利于发挥资金的规模优势,降低投资成本。

基金公司一般拥有大量的专业投资研究人员和强大的信息网络,能够对证券市场进行全方位的动态跟踪与深入分析。将资金交给基金公司管理,使中小投资者也能享受到专业化的投资管理服务。

2. 组合投资、分散风险

除法律另有规定外,基金一般需以组合投资的方式进行投资运作,从而使"组合投资、分散风险"成为基金的一大特色。

中小投资者由于资金量小,一般无法通过购买数量众多的股票分散投资风险。基金通常会购买几十种甚至上百种股票,投资者购买基金就相当于用很少的资金购买了一篮子股票,间接实现了分散风险的目的。

3. 利益共享、风险共担

基金投资收益在扣除由基金承担的费用后的盈余全部归基金投资者所有,基金投资者一般会按照所持有的基金份额进行分配。

为基金提供服务的基金托管人、基金管理人一般按基金合同的规定从基金资产中收取一定比例的托管费、管理费,并不参与基金收益的分配。

4. 严格检查、信息透明

各国(地区)基金监管机构都对证券投资基金业实行严格的监管,对各种有损于投资者利益的行为进行严厉打击,并强制基金进行及时、准确、充分的信息披露。

5. 独立托管、保障安全

基金管理人负责基金的投资操作,不参与基金财产的保管,基金财产的保管由独立于基金管理人的基金托管人负责。这种相互制约、相互监督的制衡机制为投资者的利益提供了重要保障。

4.2 证券投资基金分类概述

根据《公开募集证券投资基金运作管理办法》,将公募证券投资基金划分为股票基金、债券基金、货币基金、混合基金,以及基金中的基金等类别。

4.2.1 按投资对象分类

1. 股票基金

股票基金是指以股票为主要投资对象的基金。股票基金在各类基金中历史最为悠久,也是各国(地区)广泛采用的一种基金类型。根据中国证监会对基金类别的分类标准,基金资产80%以上投资于股票的为股票基金。

2. 债券基金

债券基金主要以债券为投资对象。根据中国证监会对基金类别的分类标准,基金资产80%以上投资于债券的为债券基金。

3. 货币基金

货币基金以货币市场工具为投资对象。根据中国证监会对基金类别的分类标准,仅投资于货币市场工具的为货币基金。

4. 混合基金

混合基金同时以股票、债券等为投资对象,以期通过在不同资产类别上的投资实现收益与风险之间的平衡。根据中国证监会对基金类别的分类标准,投资于股票、债券和货币基金,但股票投资和债券投资的比例不符合股票基金、债券基金规定的为混合基金。

5. 基金中的基金

基金中的基金是指以基金为主要投资标的的证券投资基金。80%以上的基金资产投资于其他基金份额。

4.2.2 按投资目标分类

1. 增长型基金

增长型基金是指以追求资本增值为基本目标,较少考虑当期收入的基金,主要以具有良好增长潜力的股票为投资对象。

2. 收入型基金

收入型基金是指以追求稳定的经常性收入为基本目标的基金,主要以大盘蓝筹股、公司债券、政府债券等稳定收益证券为投资对象。

3. 平衡型基金

平衡型基金是既注重资本增值又注重当期收入的基金。

4.2.3 按基金是否可增加或赎回分类

1. 开放式基金

开放式基金指基金设立后,投资者可以随时申购或赎回基金单位,基金规模不固定的投资基金。

2. 封闭式基金

封闭式基金指基金规模在发行前已确定,在发行完毕后的规定期限内基金规模固定不变的投资基金。

由于封闭式基金不能随时被赎回,其募集得到的资金可全部用于投资,这样基金管理公司便可据以制订长期的投资策略,取得长期的经营绩效;而开放式基金则必须保留一部分现金,以便投资者随时赎回,而不能尽数用于长期投资。

4.2.4 按资金来源和用途分类

1. 在岸基金

在岸基金是指在本国募集资金并投资于本国证券市场的证券投资基金。由于在岸基金的投资者、基金组织、基金管理人、基金托管人及其他当事人和在岸基金的投资市场均在本国境内,所以基金的监管部门比较容易运用本国法律法规及相关技术手段对证券投资基金的投资运作行为进行监管。

2. 离岸基金

离岸基金是指一国（地区）的证券投资基金组织在他国（地区）发售证券投资基金份额，并将募集的资金投资于本国（地区）或第三国（地区）证券市场和用途的证券投资基金。

3. 国际基金

国际基金是指资本来源于国内，并投资于国外市场的投资基金，如我国合格境内机构投资者（qualified domestic institutional investor，QDII）基金。QDII 基金是指在一国境内设立，经该国有关部门批准从事境外证券市场的股票、债券等有价证券投资的基金。它为国内投资者参与国际市场投资提供了便利。

4.2.5 特殊类型基金

1. 避险策略基金

避险策略基金又称保本基金，指通过一定的保本投资策略进行运作，同时引入保本保障机制，以保证基金份额持有人在保本周期到期时可以获得投资本金保证的基金。

2. 上市开放式基金

上市开放式基金既可以在场外市场进行基金份额申购、赎回，又可以在交易所（场内市场）进行基金份额交易和基金份额申购或赎回。

3. 分级基金

分级基金是指通过事先约定基金的风险收益分配，将基础份额分为预期风险收益不同的子份额，并可将其中部分或全部份额上市的结构化证券投资基金。

4.3 证券投资基金的技巧

4.3.1 股票基金投资技巧

证券基金的种类很多，股票基金便是其中的一种。与其他类型的基金相比，股票基金具有如下三个特点。

第一，股票基金的投资对象具有多样性，投资目的也具有多样性。

第二，股票基金风险较高，但预期收益也较高。以 2006 年为例，中国股票基金的收益表现不俗。其中，股票和混合资产类型基金年度回报率在众多基金理财产品中遥遥领先。伴随着股市的大涨大跌，自然也会给股票基金带来不小的风险。所以，投资者在选择股票基金时，首先要问问自己能否承受与避免中短期内基金净值的波动。

第三，从资产流动性来看，股票基金具有流动性强、变现性高的特点。股票基金的投资对象是流动性极好的股票,基金资产质量高、变现容易。

1. 股票基金的类别

1)价值型基金

价值型基金的风险小,收益也较低。价值型基金采取的是"低买高卖"的投资策略,因此价值型投资的第一步就是寻找"价格低廉"的股票。

2)成长型基金

它更适合愿意承担较大风险的投资者。成长型投资风格的基金经理通常更注重公司的长期成长性,而较少考虑购买股票的价格。他们较少投资于已进入成熟期的周期性行业,而青睐那些具有成长潜力的行业,如网络科技、生物制药等类型的公司。

3)平衡型基金

它属于中等风险的基金。在投资策略上,应一部分投资于股价被低估的股票,一部分投资于处于成长型行业的上市公司的股票。

2. 股票基金的选择

因为股票基金大部分资产都配置在股市里面,所以基金的走势与股市有很大关系:股市处于牛市,基金净值会提高;股市处于熊市,基金净值会降低。所以考虑到是否要投资股票基金时,一定要先判断股市的走势,如果股市偏弱,建议选择其他类型的基金。如果股市偏强,那么股票基金对于投资者来说是很不错的选择。

那么为什么不直接将资金投入到股票,却要选择股票基金呢?实际上基金是很适合那些自己没有时间或者缺乏理财经验的人。而具体到股票型基金的选择,下面给出了三点建议:① 看投资取向。即看基金的投资取向是否适合自己,特别是对没有运作历史的新基金公司所发行的产品更要仔细观察。基金的不同投资取向代表了基金未来的风险、收益程度,因此应选择适合自己风险承受能力的、收益偏好的股票基金。② 看基金公司的品牌。买基金实质上是买一种专业理财服务,因此提供服务的公司本身的素质非常重要。目前,国内多家评级机构会按月公布基金评级结果。尽管这些结果尚未得到广泛认同,但将多家机构的评级结果放在一起也可作为投资时的参考。③ 做好对股票基金的分析。对股票基金的分析主要集中在四个方面:经营业绩、风险大小、组合特点和操作成本。

3. 股票基金操作的原则

1)波动性原则

鉴于股票基金的净值会随着大盘行情的走势而波动,所以投资股票基金就要关注整个证券市场的走势情况,一味地持有未必是好的办法。

相反,时刻注意股市的走势,不断变化、调整自己所拥有的基金,才是使财富增值最快的捷径。比如某一时期股市走低而债券市场红火,这个时候如果原先持有股票基金的基民能迅速跳转至债券基金,就能获得丰厚的回报。

2）分批加仓原则

对于一些购买数额较大的投资者来说，在选择买入基金时，可考虑分批加仓的方法。比如在对市场行情和趋势把握不太准确的情况下，可先购买一部分基金，而后择机逐步加仓，这样可均衡成本，防止特殊因素导致市场大幅波动，造成不必要的损失。

4. 股市调整期的应对策略

当股市出现了较大调整，如何降低股票基金的损失呢？

1）将一部分收益现金化，落袋为安

每逢基金市场发生大的波动，各类型股票基金的业绩就会产生较大的差别。一些品种如分红型基金，达到一定条件就分红，此时，投资者可以将一部分收益转化为现金，以减少因股市下跌带来的净值损失。

另外，在行情不稳定的时候，为了锁定收益，如果投资者原来选择红利再投资的，不妨暂时改为现金红利，这样能起到降低风险的作用。

2）抛售旧基金锁定收益，同时购买新发行的基金

当股市进入暂时盘整期时，如果有投资需求，并且看好未来股市的话，可以选择抛售旧基金锁定利润，同时投资新发行的基金。

在股票明显升值期间，建议购买已经运作的旧基金，因为旧基金仓位重，可以快速分享牛市收益。而在股市盘整期，则应该购买新发行的基金。这是因为新基金一般有 1 个月的发行期，然后是至少 3 个月的封闭期（建仓时期），这样可以避过股市的盘整期。

4.3.2 债券基金投资技巧

相比其他类型的基金，债券基金具有如下特点：① 低风险。债券基金通过集中投资者的资金对不同的债券进行组合投资，能有效降低单个投资者直接投资于某种债券可能面临的风险。② 流动性强。投资者如果投资于非流通债券，只有到期才能兑现，而通过债券基金间接投资于债券，则可以获取很高的流动性，随时可将持有的债券基金转让或赎回。③ 收益稳定。即便是在股市低迷的时候，债券基金的收益仍然很稳定，它几乎不受市场波动的影响。④ 费用较低。由于债券投资管理不如股票投资管理复杂，因此债券基金的管理费也相对较低。⑤ 只有在较长时间持有的情况下，才能获得相对满意的收益。⑥ 在股市高涨的时候，收益也还是稳定在平均水平之上，相对股票基金而言收益较低。

1. 影响债券基金业绩的因素

影响债券基金业绩表现的两大因素：一是利率风险，即所投资的债券对利率变动的敏感程度（又称久期）；二是信用风险。因此，在选择债券基金的时候，有必要了解其利率敏感程度和信用素质，这样便于我们了解所投资基金品种的风险高低。

1）久期

债券价格的涨跌与利率的升降成反向关系。要想知道债券价格变化，从而知道债券基金的资产净值对于利率变动的敏感程度如何，可以用久期作为指标来衡量。久期以年计算，久期越长，债券基金的资产净值对利息的变动越敏感。

2）信用素质

投资者还要了解债券基金的信用素质，这也是由基金所投资债券的信用等级决定的，债券信用等级越高，债券基金信用素质也就越高。

关于债券基金信用素质方面的信息，基民可以通过如下两种渠道了解：基金招募说明书中对所投资债券信用等级的限制；基金投资组合报告中对持有债券信用等级的描述。

2. 债券基金的购买时机

投资者要注意购买债券基金的时机。债券基金主要投资于债券，因此选择债券基金很大程度上要分析债券市场的风险和收益情况。具体来说，如果经济处于上升阶段，利率趋于上调，那么这时债券市场投资风险加大。反之如果经济走向低潮，利率趋于下调，部分存款便会流入债券市场，债券价格就会呈上升趋势，这时进行债券投资可获得较高收益。总之，利率的走势对于债券市场影响最大，在利率上升或具有上升预期时不宜购买债券基金。

3. 如何选择债券基金

虽然债券基金具有抗风险、收益稳健的特征，但不同的债券基金收益差距较大，因此，投资者在购买债券基金时要做到"三看"。

1）看基金公司的实力

债券基金的表现主要取决于基金公司的整体实力，一般来说，投资管理能力强、风险控制体系完善、投资服务水平高的基金管理公司所管理的债券基金，有可能取得长期稳定的业绩。

2）看债券基金的资产配置

纯债券基金风险低，而增强型债券基金风险较前者要高，当股市暴跌的时候，净值肯定会受到影响。当然，当股票市场出现投资机会时也能获得较高收益。

3）看债券基金的交易费用

债券基金的长期收益低于股票基金，因此费用的高低也是选择债券基金的一项重要因素。目前，债券基金的收费方式大致有三类：A类为前端收费，B类为后端收费，C类为免收认/申购赎回费、收取销售服务费的模式，其中C类模式已被多只债券基金采用。

不同债券基金的交易费用有时相差几倍，因此投资者应尽量选择交易费用较低的债券基金产品。譬如，旧债券基金多有申购、赎回费用，而新发行的债券基金大多以销售服务费代替申购费和赎回费，且销售服务费是从基金资产中计提，投资者交易时无须支付。

债券基金的三种收费模式各有特点。一般来说，A类模式按购买金额分档次收取认/申购费，适合一次性购买金额较多的投资者；B 类模式按持有时间收费，持有时间越长，费率越低，适合准备长期持有的投资者；C 类模式免收认/申购赎回费，按持有时间的长短收取销售服务费，适合持有时间不太长的普通投资者。

4. 投资债券基金的风险

债券基金与股票基金相比，会给投资者带来更稳健的回报，但是这并不代表着债券基金是零风险的投资工具。债券基金也有投资风险。投资债券基金主要面临三类风险。

① 利率风险。利率风险即银行利率下降时，债券基金在获得利息收益之外，还能获得一定的价差收益；而银行利率上升时，债券价格则会下跌。

② 信用风险。信用风险即如果企业本身信用状况恶化，信用类债券与无信用风险类债券的利差将扩大，信用类债券的价格有可能下跌。

③ 流动性风险。债券基金的流动性风险主要表现为"集中赎回"，这样就极有可能导致投资收益下降。

4.3.3 货币基金投资技巧

1. 货币基金的产品特征

货币基金的主要特点是风险低、收益稳定，是一种较好的流动性理财工具。具体而言，它有如下特征。

1）低风险、本金有保证

根据国外货币基金三十多年的运作经验，以及国内货币基金的运作结果得知，货币基金尚未有跌破面值的记录。由于大多数货币基金主要投资于短期货币工具，如国库券、商业票据、银行定期存单、银行承兑汇票、企业债券等短期有价证券，因此这些投资品种就决定了货币基金在各类基金中风险是最低的，从而也就保证了投资者本金的安全。

2）资金流动性强、赎回方便

流动性可与活期存款相媲美。基金买卖方便，资金到账时间短，一般赎回两三天资金就可以到账。

3）投资成本低

买卖货币基金一般都免收手续费、认购费、申购费、赎回费，管理费率也较低。

当股票或债券市场行情发生变化，投资者想改变投资方向时，可转向其他基金，而只需交纳很低的费用，大大节约了投资成本。

4）每天计利、每月分红

大多数货币基金都采取每天计利的利息计算方法，并按月将累计利息转入基金投资人的账户，使投资人的收益定期"落袋为安"。

鉴于货币基金上述优点，在欧美国家，购买货币基金早已成为家庭理财的习惯，故它享有"准储蓄"的美誉。

2. 货币基金的投资风险

货币基金因具有较强的稳定性和较小的风险而受到投资者的欢迎。然而,货币基金毕竟属于开放式投资基金,低风险不等于没有风险。

1)道德风险

投资者选择好基金管理人之后,由于不能直接观测到基金管理人的具体操作动向,能观测到的只是一些变量。因此,基金管理人随时可能出现"道德风险"问题,即基金管理人在最大限度地增加自身效用时做出不利于基金投资人的行动。

2)信用风险

它是指企业在债务到期时无力还本付息而产生的风险。货币基金以货币市场上的短期工具为投资对象,各类不同工商企业发行的商业票据占其基金投资组合的一定份额。某些企业一旦遇到经营环境恶化、经营业绩不佳、净现金流锐减等情况时,发行商业票据的企业就会存在到期无法兑付的风险,进而影响基金的收益。

3)流动性风险

对投资者而言,它是指投资者将持有的金融工具转化为现金的能力,对货币基金而言,流动性是指基金经理人在面对赎回压力时,将其所持有的资产投资组合在市场中变现的能力。一旦基金出现大幅缩水或投资者集中赎回投资的情况,投资者手中所持流动性资产又不敷支出时,货币基金将可能延迟兑现投资者的赎回申请,这无疑提高了流动性的风险。

4)经营风险

基金的收益、风险状况很大程度上取决于基金投资顾问的专业水平,因此基金公司的运营能力和基金管理团队专业水平的高低也在很大程度上决定着货币基金风险的大小。

3. 如何选择货币基金

货币基金是一种良好的储蓄替代品种。曾经不为人熟知的货币基金,如今成为投资者非常关心的理财品种。2011年,货币基金曾一枝独秀,成为弱市中的"基金王者"。在选择货币基金时,收益性、资产规模、基金公告、加息收益都是需要综合评价的参考指标。

1)收益性

收益性方面,货币基金可用万份基金单位收益或最近七日年化收益率全面衡量基金业绩,两者俱佳的产品更值得看好。

(1)万份基金单位收益

货币基金的收益计算方法和一般开放式基金不同。基金公司通常每日公布当日每万份基金单位实现的收益金额,也就是万份基金单位收益,其计算公式如下:

$$万份基金单位收益 = (基金收益总额/总基金份额) \times 10\,000$$

这个指标越高,表示投资人获得的真实收益就越高。

（2）七日年化收益率

七日年化收益率是最近七天年化收益率，由于是七日的移动平均数据，使得每日异常波动变得滞后，看起来不甚显著。由万份基金单位收益我们可计算得到基金日年化收益率：

$$基金日年化收益率=（万份基金单位收益\times 365/10\ 000）\times 100\%$$

对于收益指标，我们要注意七日年化收益率有一定参考价值，但它并不说明未来的收益水平。投资者要特别警惕收益的异常波动。作为长期的投资者，建议关注阶段累计年收益率，这样能够通过一定的时间跨度，持续关注基金的稳定性和收益情况。

2）资产规模

资产规模也是选择货币基金的重要指标，投资者到底该选择规模大的还是规模小的货币基金呢？我们应辩证地看待这一问题。

规模较大的货币基金具有节约固定交易费用、议价能力强等优势，相比小规模基金被增量资金摊薄浮盈或遭遇大比例赎回风险而言，受到的流动性冲击会小得多。在货币市场利率上升的环境下，规模适中的基金则有"船小好掉头"的便利，基金收益率上升速度会更快，因此，投资者可更多关注规模适中、操作能力强的货币基金。

3）基金公告

投资者在购买股票时，需要看上市公司的财务报告等相关资料。同样，在购买货币基金时，我们也需查阅一些相关的信息，尤其是定期的基金公告。

投资者应分析基金公告中披露的资产配置结构、期限控制、杠杆比例的使用、未来现金流分布结构等多方面的状况，这些信息能反映基金在安全性、流动性和未来收益性等方面的状况。

4）加息收益

目前，市场上普遍认为加息在整体上对货币基金有利，尤其是对新发行的货币基金更有利。

对于新发行的货币基金，由于在加息后可将全部资产配置在更高的收益品种中，不存在调仓或被动等待的过程，因此加息所带来的收益提升将更为直接。

4. 货币基金投资的操作技巧

近年来，货币基金的数量和规模不断扩大，它以其收益等于或高于一年定期储蓄，而灵活性又接近活期的独特优势吸引了广大投资者。但货币基金并非和储蓄一样随便一买就万事大吉，投资者在实际操作中可以参考以下四点建议。

1）买旧不买新

对于这一点，我们从如下三个方面做出解释：其一，由于货币基金的认购、申购和赎回均没有任何手续费，所以从手续费的角度来说，买新货币基金不占任何优势。其二，货币基金经过一段时间的运作，旧基金的业绩已经明朗化了，可新发行的货币基金能否取得良好业绩需要时间检验。其三，新货币基金一般有一定封闭期，封闭期内无法赎回，灵活性自然会受到限制。因此，购买货币基金时应当优先考虑旧基金。

2）买高不买低

货币基金品种众多，而各货币基金的收益情况却有所不同，这就需要投资者对货币基金进行综合衡量，优中选优。建议投资者可以通过查询所有货币基金的收益率排行榜，或者查询各货币基金的历史收益情况，尽量选择年化收益率一直排在前列的高收益货币基金。

3）就近不就远

购买货币基金要考虑时间成本，应按照就近的原则购买。而通过网上进行操作，无疑是很便捷的一种方式。

4）就短不就长

货币基金是一种短期的投资工具，比较适合打理活期资金、短期资金或一时难以确定用途的临时资金。对于一年以上的中长期不动资金，则应选择国债、人民币理财、股票基金、债券基金等收益更高的理财产品，以提高资金效率，实现收益最大化。

由于货币基金的收益高于一年期定期存款的利息，而且没有利息税，随时可以赎回，因而非常适合追求低风险、高流动性、稳定收益的单位和个人投资。专业投资者也可以将货币基金作为投资组合的类属资产配置，达到优化组合或规避风险的目的。

4.3.4 混合基金投资技巧

股市涨跌是常态，那么，投资者如何在震荡中获得稳健收益呢？混合基金是个不错的选择。混合基金是指投资于股票、债券及货币基金的基金，且不符合股票基金和债券基金的分类标准。它设计的目的是让投资者通过选择一款基金品种就能实现投资的多元化，而无须分别购买风格不同的股票基金、债券基金和货币基金。

1. 投资混合基金的优势

面对并不明朗的投资环境，投资混合基金其实是一个很不错的选择。主要有以下两方面的原因。

其一，能让投资者享受到专业的理财服务。基金管理人拥有专业的投资团队和强大的信息网络，他们能够对证券市场进行全方位的动态跟踪与分析。因此，投资者将资金交给基金管理人管理，可以享受到专业化的投资管理服务。

其二，组合投资，分散风险。混合基金通常会购买几十种甚至上百种股票，一旦某些股票下跌，其造成的损失可以用其他股票上涨的盈利弥补。

2. 挑选混合基金的4点建议

混合基金的回报和风险要低于股票基金，高于债券基金和货币基金，是一种风险适中的理财产品。在投资混合基金时，如下4点建议可供参考。

1）了解混合基金的资产配置比例

根据股票、债券投资比例及投资策略的不同，混合基金分为偏股型、偏债型、股债平衡型、灵活配置型等多种类型，其中灵活配置型基金可根据市场情况更加灵活地改变资产配置比例，得以实现"进可攻、退可守"的目的。

2）看基金的盈利能力

优秀的基金产品不仅要有收益，更要有获得超越市场平均水准的超额收益。因此，基金的阶段收益率和超额收益率两项指标便是我们关注的重点。

基金的阶段收益率反映了基金在这一阶段的收益情况，是基金业绩的最直接体现，但这个业绩受很多短期因素影响，带有偶然成分。为了更全面地判断基金的盈利能力，评价收益率还需要考虑基金获得超越市场平均水准的超额收益率，常用詹森指数等作为衡量指标。

用詹森指数衡量基金获得超越市场平均水准的超额收益能力，可以作为阶段收益率的补充。如果某一投资组合的詹森指数显著大于零，则表示其业绩优于市场基准组合。而詹森指数小于零，则表明该基金的绩效表现不尽如人意。

3）看基金的抗风险能力

投资者选择混合基金时，还应关注基金的抗风险能力，这主要是通过该基金的亏损频率和平均亏损幅度比较。不同的亏损频率和亏损幅度在一定程度上反映了基金经理的操作风格，只有将亏损频率和亏损幅度较好平衡的基金才能具有较强的抗风险能力，帮助投资者实现持续的投资回报。

4）看选股能力

基金经理是否能够通过主动投资管理实现基金资产增值是影响混合基金的一个重要因素，因而考察混合基金的选股能力就显得尤为重要。大体来说，用于评估基金经理选股能力的常用指标有组合平均市盈率、组合平均市净率、组合平均净资产收益率等，只有持仓组合的组合平均市盈率、组合平均市净率、组合平均净资产收益率等指标处于较合理的水平，基金资产才有较好的增值前景。

4.4 基金风险控制

4.4.1 基金投资的三大风险

如同道路有上坡下坡、直道弯道一样，股市亦有涨有跌、有牛有熊。我们开车在下坡或前方有弯道时需要刹车减速，以保证行车安全。而基金在市场转折时也需要"刹车"，及时减仓，才能降低投资损失。

为了能最大限度地降低投资的风险，投资者就需要事先了解基金投资存在哪些风险。概括起来，可以将基金投资的风险分为三大类。

1. 基金投资的市场风险

基金投资的市场风险又可以分为系统性风险与非系统性风险两类。

1）系统性风险

① 政策风险主要是指因财政政策、货币政策、产业政策、地区发展政策等国家宏观政策发生明显变化，导致基金市场大幅波动，影响基金收益而产生的风险。

② 经济周期风险指随着经济运行的周期性变化，证券市场的收益水平呈周期性变化，基金投资的收益水平也会随之变化。

③ 利率风险指金融市场利率的波动会导致证券市场价格和收益风险的变动。基金投资于债券和股票，其收益水平会受到利率变化的影响。

④ 购买力风险指基金的利润主要是通过现金形式进行分配，而现金可能会因通货膨胀的影响导致购买力下降，从而使基金的实际收益下降。

2）非系统风险

① 上市公司经营风险。如果基金公司所投资的上市公司经营不善，其股票价格可能下跌，或者能够用于分配的利润减少，使基金投资收益下降。

② 操作风险和技术风险。基金的相关当事人在各业务环节的操作过程中可能因内部控制不到位或者人为因素造成操作失误或违反操作规程而引发风险。此外，在开放式基金的后台运作中，可能因为系统的技术故障或者差错而影响交易的正常进行，甚至导致基金份额持有人利益受到影响。

③ 基金未知价的风险。投资者购买基金后，如果正值证券市场的阶段性调整行情，由于投资者对价格变动难以预测，投资者将会面临购买基金被套牢的风险。

④ 管理和运作风险。基金管理人的专业技能、研究能力及投资管理水平直接影响其对信息的占有、分析和对经济形势、证券价格走势的判断，进而影响基金的投资收益水平。

2. 基金投资的未知价风险

开放式基金的申购和赎回交易采取"未知价"成交法，即投资者当日进行基金交易时，并不知道当日的基金份额净值，基金份额净值通常要在当日交易结束后计算出来。因此，投资者在进行基金交易时所参考的份额净值是之前基金交易日的数据，而当日基金份额净值尚无法确定。换言之，基民在购买或赎回基金时，实际上是无法知道具体的成交价的。

3. 基金投资的流动性风险

当开放式基金面临巨额或较大额赎回时，由于基金持有的证券较集中或者市场整体的流动性不足导致净值损失，就产生了开放式基金的流动性风险。

关于开放式基金的流动性风险，可以理解为基金变现能力的风险，特别是对于开放式基金，由于开放式基金需要应对投资者日常的申购和赎回交易，因此，对基金管理人而言，保持资金良好的流动性是非常重要的。

4.4.2 如何衡量基金的风险

既然基金投资是有风险的，对于基金投资者来说，就需要对基金投资存在的风险进行一个合理的评估，这样才能有针对性地采取相应措施，使自己的投资收益达到最大化。

1. 根据评级的结果考察基金的风险

随着基金的扩张式发展，目前市场上可购买的基金有好几百只，为挑选收益更高、风险更低的基金，基民选择购买时多求助于专业机构发布的基金投资评级。

专业机构（如晨星、理柏、银河等）对基金的评级，其内容包括对基金的风险、收益等多方面的考察，这些结论可以为基民的投资提供一定的参考。

2. 根据周转率考察基金的风险

"基金周转率"，也称"换手率"，是反映基金买进和卖出证券数量的指标，它指一段期间内，基金投资组合内的持股买卖变更次数。换句话说，50%的周转率意味着基金投资组合内有一半的股票被买卖过。

基金周转率的计算方法是：用某一段时间内，基金投资总买入量和总卖出量中的较小者除以基金净资产。周转率的高低并不能与绩效的好坏画等号，但周转率高的基金，成本及风险相对较高，因此选择上仍应留意。

基金的周转率高有两个缺点，一是导致交易成本过高，降低基金操作绩效。由于投资股票的交易成本包括证券交易税及证券交易手续费，这两项费用都和股票买卖的次数成正比，因此周转率越高的基金，成本负担越大，因为这部分的成本都隐含在基金净值里面。二是短线进出，将提高投资风险，因为短线进出容易错估买卖时点。

3. 根据持股比重考察基金的风险

每一只股票基金的招募书上都会作出这样的说明：投资股票的比例不得超过90%和不得低于60%，基金的投资方向可以是股票或是其他资产。

基金股票的持仓情况称为仓位，仓位越高，说明基金的持股比重越大，也就预示着基金的风险越大。

基金作为市场中主要的机构投资者，其投资取向与大盘走势有着很大的关联。当然，大盘也会在一定程度上左右基金的选择。

基金经理往往会根据市场行情的变化调整持股比重。例如，在牛市行情中，基金经理通常会加大股票基金的投资比例；在熊市行情中，则会加大债券基金或其他相对具有稳定收益品种的投资比例。

4. 通过持股集中度衡量基金

我们可以通过看基金的资产配置及持仓状况了解基金的风险，尤其是持仓状况，基金的持股集中度就是前十大重仓股占资产净值的比例，持股集中度一般不要超过50%，而且单只股票所占比重也不要太高。基金的持股集中度是衡量基金风险程度的一个重要指标。基金持股集中度高，虽然便于资金的控制，使基金净值上升很快，但是怎样做到"全身而退"同样也给基金管理人带来一个很大的难题。

5. 通过行业集中度衡量基金的风险

衡量基金的风险，基民还可以看基金的行业分布。基金是集中投资在某个行业，还是分散在各个行业？基金的行业集中度决定了市场某个板块大幅下跌时基金的表现是否会受到较大影响。

行业集中度是指基金重配行业中占基金全部行业配置（基金持股总市值）的比重。一般情况下，我们用投资的前三大或前五大行业代表的基金的重配行业进行行业集中度的计算。

如果基金大量持有某个行业的股票，当这个行业的股票都大幅下跌时，基金的业绩也随之有较大幅度的变动。

4.4.3 基金投资的风险防范

我们经常听到这样一句话，"股市有风险，投资需谨慎"。投资基金也是如此。认识到这一点后，基民要做的是如何降低和控制基金投资的风险。

1. 摒弃错误认识

在基金投资实践中，有如下5种心态或认识会影响投资者的投资效益。

1）错误的投资心理

"听说某某买基金赚了一大笔""他前不久才买了一只基金，现在就涨了20%"……类似这样的声音总是不绝于耳。但是，基民需要意识到，基金毕竟不同于股票，它很难在短时间内实现财富的暴涨。

不少投资者因看到他人买基金赚了钱，也想投资基金，于是便将自己的全部积蓄投入基市中，这样不考虑自身实际情况而盲目投资，势必会影响自己的正常生活。

2）完全依据基金的历史表现做决策

基金的历史业绩是投资者投资基金时的一个参考依据，但它并不是唯一依据，因为过去有好的业绩表现并不能代表未来业绩依然好。

3）缺乏风险意识

基金作为一种理财工具，若运用得当，会为我们带来收益，但它也存在风险。

相对于股票而言,基金的风险是较低的,但这并不代表基金投资就没有风险。所以,投资者要记住:投资就会有风险,而且风险与收益永远是成正比的。

4)没有做好长期持有的准备

投资要讲究一个时点固然没错,但总体而言,投资基金应当做好长期持有的准备。有的投资者将基金当作股票一样,采取短期持有的策略,以期获得高收益,但有时往往适得其反。这是因为一方面频繁进行基金的申购与赎回可能会错过基金净值上涨的机会;另一方面存在交易成本的问题。

5)投资产品选择不当

不同类型的基金由于投资品种和投资范围不同而呈现出不同的收益风险水平,投资者需要根据自身的风险承受能力和理财目标选择合适的基金种类。如对于风险承受能力较高的投资者,股票基金是合适的品种;对于风险承受能力不高,并且希望获得稳定收益的投资者,可以选择债券基金。

2. 规避基金投资风险的3点建议

基金投资有风险,那么,我们如何才能最大化地降低这一风险呢?下面给出了3点建议。

1)巧用风险指标规避风险

虽然风险统计指标不能消除基金的风险,也不能准确预测未来,但对投资决策还是具有较强的指导性。投资者通过考察风险指标挑选适合自己风险承受能力的基金,而不是一味地追求基金的高回报率,是基金投资中的明智之举。

2)通过试探性投资降低投资风险

对于缺乏基金投资经验的人来说,不妨采取"试探性投资"的方法进行投资。即可以从小额单笔投资基金或每月几百元定期定额投资基金开始,以此作为是否大量购买的依据,从而帮助投资者减少基金买卖过程中的失误率。

假如你有1万元可用作基金投资,前期你不妨先投入1 000元,买进某一只基金,几个月后,待你对基金投资的业务有所了解后,再逐步增加投资额。此外还可以以每月定额的方式购买基金,由于分散了投资的时间,所以,投资的损失也随之得到了降低。

3)通过组合投资分散风险

进行基金投资时,基民要注意做到分散投资,其策略之一便是进行组合投资,即"不要将鸡蛋放在同一个篮子里",这是降低投资风险的一个好办法。

组合投资可以有效地降低证券市场的非系统性风险,这已经得到了现代金融学的证明。投资基金并不是无风险的投资。投资者如果只买一只基金,或无目的地重复购买多只基金,都不能起到降低风险的作用。如果采取组合投资的方式,有目的地选择、购买几只不同类型、不同风格特征的基金,构建一个有效的基金组合,就能达到分散风险和获得持续、稳健收益

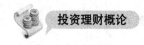

的目的。

　　需要说明的是，一个好的基金组合，并不是基金的数量越多越好，而是要让组合中单只基金的差异化程度较大。有效的基金组合应该选择不同风格特征的基金，以分散特定风格具有的风险。但是，组合中基金的数量要适度，并不是买的基金越多，风险就越分散。

　　因此，建议投资者可以根据自己的实际情况，选择两到三家基金公司旗下的几只基金进行组合投资，从而形成个人的投资组合，降低风险。

第 5 章　货币市场理财工具

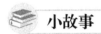 **小故事**

阿甘正传中有两句耳熟能详的台词，一句是"Stupid is as stupid does."（傻人有傻福），另一句是"Run！Forrest！Run！"（阿甘快跑）。如果用拟人的眼光看待金融市场，货币市场基金无疑是非常符合这一人设的，一是它正如傻乎乎却诚实可靠的阿甘一样，货币市场基金也提供虽不出众但较为稳定的回报，二是它和不断奔跑的阿甘一样目标单一，是所有产品中最稳健、流动性最强的。

在中国，货币市场基金有着更深一层的含义。正如《经济学人》中指出的"直到最近（2010年左右），中国投资人的钱只有两个极端选择：要么存在银行，安全但利息极低；要么投资像澳门赌场一样的股市。"余额宝开始的货币市场基金开启了无数"长尾用户"投资启蒙的先河，让他们明白财原来可以这么理，钱原来可以这么花。但货币基金的发展可谓一波三折，证监会和央行发布监管要求，完备的监管框架算是尘埃落定。

5.1　货币市场运作概述

5.1.1　货币市场的基本内容

1. 货币市场概念的再界定

国外的宏观经济理论和现代货币金融理论把货币市场概括为：连接货币供给和货币需求并求得货币供给和货币需求均衡的空间场所——一国货币供给与货币需求相遇并经利率的调节作用实现均衡的场所。

国内学者认为，货币市场这个名称不尽相符，货币市场的交易对象其实不是货币，而是短期债券产品，该类产品流动性较高，变现较快，通常被视同为"准货币"。货币市场通常指期限在一年或一年以内的金融资产进行交易的市场，即短期债务工具市场。由此可见，货币市场与其他金融市场相同之处在于，均是使资金盈余和资金短缺的市场参与者的资金需求相匹配的市场，不同之处则在于货币市场仅提供短期资金。

2. 货币市场的运作特征

货币市场通常没有固定的市场或交易场所，也没有固定的交易程序或准则。它是一个松散的网络体系，由电脑和电话相连，位于网络中央的是中央银行，央行通过制定短期政策利率，将其影响通过货币市场的网络传递至经济的各个角落。交易者通过电话或电脑交易，交易后通过清算中心清算，大部分货币市场工具是以电子形式存在的，因此交易后并不需要大笔的资金或大额单据由一家银行转入另外一家银行，只需将存款或单据的姓名进行更替即可。

世界各国的货币市场通常有如下共同特征：

① 交易面额较大，通常视该市场为批发市场。
② 从发行到赎回的期限较短，短于一年，大多数在120天以内。
③ 期限短，流动性强，故拖欠、违约的风险较小。
④ 本国性较明显，通常参与者在本国交易。

如上所述，流动性强、风险低、期限短、收益率低及具有批发性质是货币市场的一般属性。事实上，货币市场的最主要特点体现在它具有典型的竞争性机制。

5.1.2　货币市场运作的构成要素

1. 货币市场的交易主体

资金的需求方通过货币市场发行短债寻求资金，而资金的供给方通过购买短债作为银行存款的替代投资选项，以期获取更高收益。

1）主权机构

政府部门参与货币市场的目的是筹措资金弥补财政赤字，是货币市场中资金的需求者。政府在货币市场中的活动主要集中于发行市场。政府所发行的债券为货币市场提供了重要的金融工具，也为中央银行进行公开市场操作提供了操作工具。政府债券发行管理的一个基本原则是保证发行顺利和发行成本最低。货币市场利率相对稳定，有助于降低发行成本，是政府筹措资金，尤其是短期资金的重要场所。在国外，短期国债被称为"金边债券"，它的利率水平也成为市场中其他信用工具制定发行利率水平的一个重要依据。

中央银行作为货币市场的参与者，其目的并非是盈利，而是运用各种货币政策工具实施货币政策，调控宏观经济。中央银行在货币市场的公开市场操作业务主要集中在二级交易市场，以各类国债和国库券等短期信用工具为交易对象。

第5章 货币市场理财工具

2）金融机构

商业银行等银行类金融机构的经营性质和经营规模决定它在货币市场中交易频繁规模巨大,是市场中最主要的交易主体,其市场参与目的主要是进行流动性头寸管理。银行持有的超额储备过多会影响收益率水平,但是在中央银行存款准备金制度的约束下,过少的超额储备又会面临因为偿债能力不足而遭受处罚的问题。因此,同业拆借市场、票据市场、短期债券等市场就成了商业银行赖以进行短期融资、保持合理头寸的基本渠道。

非银行类金融机构主要包括保险公司及各类养老和投资基金,这些非银行类金融机构的共同特点是拥有大量个人的长期资金,希望通过专家式的管理取得高于银行存款,但风险尽可能低的收益。因此需要将资产组合调整到一个最佳位置,即资产构成中不仅包括高收益率的风险资产,还包括收益率虽然不高,但是风险也很低的资产。因此,他们参与货币市场的主要目的是以货币市场作为交易平台,选择各类货币市场信用工具进行资产的最佳投资组合,他们看中的是这个市场的高流动性与低风险性,而不仅仅是营利性。

3）大中型公司

公司既是货币市场的资金供给者,也是资金需求者,作为资金供给者,公司在生产及经营过程中会形成一定数量的短期闲置资金,为了获得可观的投资收益,同时不承担很大的资本损失风险,就需要进入货币市场将短期资金投放于各种流动性高、收益性高于银行存款的货币市场工具;作为资金需求者,公司会通过签发商业本票等形式进行融资。公司在货币市场的积极参与促成货币市场交易的活跃及合理的货币市场交易价格的形成。

2. 货币市场的交易工具

在货币市场进行交易的金融工具包括国库券、商业票据、中期票据、银行承兑汇票、联邦机构贴现票据、定期存单、回购协议、浮动利率协议及联邦基金等。近年来,随着货币市场范围的扩大,出现诸如短期的抵押贷款支持证券和资产支持证券等在内的证券化产品。下面介绍几种常见的货币市场交易工具。

1）短期国债

这是由政府发行的1年以内(期限品种分为3个月、6个月、9个月和12个月)的国库券。

短期国债的特点如下:① 风险极低。短期国债是政府以赋税担保的直接负债,被看作测量其他金融市场工具价值和风险程度的参照依据,其利率是其他金融工具利率变动的基础,尤其是政府发行的本国货币的短债,基本被视同无风险。因此它在货币市场中的份额举足轻重。政府决定发行政府债券期限的主要依据是政府的借款成本。另外,部分发展中国家政府信用不高,发行的长债难以受到投资者的青睐,故只能选择发行短债。② 高度流动性。由于短期国债的风险低、信誉高,各类金融机构、实体企业和个人都乐于将闲置资金投资到短期国债上,并以此调节自己的流动资产结构,为短期国债创造了十分便利和发达的二级市场。③ 贴现发行。即其发行价格低于面值,售价与面额之差就是短期国债的贴现利息。

在国外，短期国债的发行频率很快，一般都是定期发行的。以美国为例，3个月和6个月的短期国债是每周发行的，并通过竞争性报价的方式确定发行价格和贴现率。

2）商业票据

商业票据是指具有统一法定票面格式、证明借贷关系人之间债权债务关系的契约性凭证，有银行本票、银行汇票、商业汇票和银行支票等形式。

商业票据具有这些特点：第一，它是设权凭证，票据权利义务的顺利履行首先需要以书面形式界定债权债务人各自的责任与权利。第二，它是要式凭证，商业票据作为债权债务支付凭证，必须具备必要的规范形式与内容。第三，它是可支付流通凭证，商业票据能够作为支付手段对债权债务进行清偿、结算。除了票据票面本身的限制外，通常是可以凭借背书的形式进行流通转让的。第四，它是无因凭证，持有人在行使商业票据权利时无须证明其取得票据的原因。商业票据普遍具有风险性低、流动性强和收益稳定的特点，是货币市场中主要的交易工具。

3）回购协议

回购协议是指货币市场中的参与机构以金融工具作为抵押的短期资金融通方式，金融工具的持有者在其资金暂时不足时，若不愿放弃手中符合市场交易需求的金融工具，可用回购协议的方式将其售出，同时与买方签订协议，以保留在一定时期后将此部分金融工具按约定价格全部买回的权利。

在我国，货币市场中主要是以商业票据和短期政府债券作为回购协议交易的标的主体。由于回购协议所涉及的金融工具具有流动性强的特点，加上协议对于未来回购该交易标的有期限、价格等方面的明确规定，协议的逆回购方还握有质押的金融工具在手，因此风险极低，一般回购协议的利率要低于同期限的同业信用拆借利率水平。

4）同业拆借资金

同业拆借资金是商业银行或其他金融机构之间在经营过程中相互调剂头寸资金的信用活动，这是一种临时调剂性借贷业务。在同业拆借市场中，金融机构之间是以各自的信用为担保进行短期资金融通的，也就是所谓的"信用拆借"。因此，为了确保拆借市场健康、有序的发展，各国货币当局会对提出市场准入要求的申请者进行严格的审核，设定拆借资金期限和拆借规模。同业拆借既可以由借贷方直接进行，也可以委托货币市场经纪人进行。拆借期限多数为隔夜或者一周以内，也有3个月、6个月、9个月等。

同业拆借市场作为金融机构资金借贷的批发市场，其利率也被视为金融市场的基准利率，并常常成为中央银行货币政策实施所倚仗的重要操作手段。

5）存款证

大额可转让定期存单最早产生于美国，是第一花旗银行财团于20世纪60年代初为规避利率管制而进行创新的金融工具。它是一种固定面额、固定期限、可以转让的大额存款定期储蓄凭证，发行对象既可以是个人，也可以是企事业单位，分为记名和不记名两种，允许在二级市场中流通，自由买卖。

一般而言，大额可转让定期存单市场的主要参与者是货币市场基金、商业银行、政府和其他非金融机构投资者，投资收益率高于短期国债。

3. 货币市场的中介机构

1）货币市场的做市商

做市商的发展迄今已有数百年历史，它在货币市场与资本市场的发展过程中均发挥举足轻重的作用，是提高市场流动性、稳定市场运行、保障市场交易规范的有效手段。

做市商和坐市商是同义词，是指在证券市场上，由具备一定实力和信誉的独立证券经营法人作为特许交易商，不断向公众投资者报出某些特定证券的买卖价格（双向报价），并在该价位上接受公众投资者的买卖要求，以其自有资金和证券与投资者进行证券交易。与做市商模式相对应的是以集中竞价为特征的拍卖模式，在证券市场上采用的是集合竞价模式，由买卖双方各自提交买卖委托、经过交易中心对委托价格汇总撮合后完成交易。

2）货币经纪公司

通常在货币市场中，市场参与主体进行交易的方式有两种：直接交易或通过货币经纪人进行交易。直接交易是指发生交易行为的两家机构通过各自的电子通信系统表达交易意向并询价，最终达成交易。而通过货币经纪公司交易则是有交易意向的市场参与主体通过货币经纪公司的牵线搭桥完成交易过程。

货币经纪公司的获利途径主要包括：① 收取经纪费用，即在交易中货币经纪公司同时作为买方和卖方的代理，一旦买卖双方有正式交易意向，货币经纪公司就会告知双方交易对象的姓名。成交后，货币经纪公司退出，成交双方自行清算和交割，经纪公司只向双方发出交易确定书和收取经纪费用。② 赚取差价。这种获利方式是指交易双方始终不知晓对方，它们都只和货币经纪人交易。货币经纪人必须将双方的需求匹配，清算和交割都通过货币经纪公司。货币经纪公司不收取经纪费，仅赚取买卖差价。目前，国外货币市场中短期债券交易多采用这种方式进行。

4. 货币市场的交易价格

货币市场的交易价格（利率）也是构成货币市场要素中的重要内容。货币市场利率包括同业拆借利率、商业票据贴现、转贴现和再贴现利率、短期国债回购利率、短期国债现货利率及大额可转让定期存单利率等。

从利率形成的机制看，货币市场中的利率是在市场和价值规律的影响和作用下形成的，具体地说就是由市场的资金供求关系决定的：当市场上资金供不应求时，利率水平就会上扬，反之则下降。货币市场利率是反映市场资金状况、衡量金融产品收益率的重要指标，市场自身也是通过利率机制促使资金合理进行流动，对资金资源进行有效的配置。

货币市场中由于存在各个相对独立的子市场，由此也会形成反映各个子市场特点的市场利率，综合起来就形成了一个按照风险结构和期限结构组合起来的利率体系。其中，货币市场利率风险结构是指期限相同的货币市场工具在违约风险、流动性和所得税规定等因素作用下所决定的各货币市场工具利率之间的关系。货币市场利率期限结构是指同种货币市场工具由于不同借贷期限所决定的不同利率之间的关系。

5.1.3 货币市场功能分析

1. 宏观分析

货币市场具有传导货币政策的功能。中央银行实施货币政策操作所运用的法定存款准备金制度、再贴现政策、公开市场业务等一般性货币政策工具先是影响和改变市场利率和货币供应量等金融变量，继而将政策影响传导至实体经济中以实现调控宏观经济的最终目的，在这个过程中货币市场发挥基础性作用。

1）同业拆借市场是传导中央银行货币政策的重要渠道

同业拆借活动交易规模大、交易频繁、涉及的参与主体影响范围广，是货币市场中一个重要的子市场。中央银行可以通过同业拆借市场传导货币政策，并通过影响同业拆借市场利率和商业银行准备金规模来调整社会货币供应量的规模。

2）票据市场为中央银行提供了宏观调控的载体和渠道

中央银行的再贴现货币政策工具是以票据市场为依托加以实施的。一方面，中央银行可以根据票据市场所反馈的货币供求关系适时调整再贴现率，通过货币政策中介目标的变动间接影响社会的投资与消费规模，并最终达到宏观调控的目的；另一方面，商业票据也是中央银行进行公开市场业务操作的工具之一，中央银行可以通过买卖商业票据向市场吞吐货币，实现投放或回笼货币的目的。

3）短期债券市场工具是中央银行公开市场业务操作的主要手段

在现代市场经济体制下，短期债券市场是中央银行进行公开市场操作业务的重要平台，它可以引导中央银行根据货币流通量的大小及宏观经济政策的要求，适时地调整短期债券市场的规模，以实现预期的货币政策目标。存款准备金政策和再贴现政策相比具有明显优势，它使中央银行处于主动地位，其规模根据宏观经济的需要可大可小，交易方法和步骤可以随意安排，不会对货币供给产生很大的冲击。此外，其操作的隐蔽性不会改变人们的心理预期，因此易于达到货币政策的实施目标。中央银行进行公开市场业务操作需要掌握相当规模、利率期限结构种类齐全的多种金融工具，而国债，尤其是短期国债由于信用等级高、流动性强、具有市场普遍接受性而成为中央银行进行公开市场业务操作的主要工具。

2. 微观分析

1）短期资金的融通功能

调剂头寸、融通资金是货币市场最基本的功能。与长期投资性资金需求不同的是短期性、

第5章 货币市场理财工具

临时性资金需求是微观经济行为主体最基本的、最常见的资金需求,这是货币市场能够吸引众多市场交易者的原因。货币市场提供了在利率、期限、方式等方面品种各异的金融工具供资金调剂需求的参与主体选择。通过市场交易使社会资金增加流动性,实现余缺调剂,弥补市场交易主体存在的资金缺口。

2)微观经济主体经营的效率管理功能

货币市场交易活动中包括银行类金融机构、非银行类金融机构及企业等众多微观参与主体。货币市场的经营效率管理功能能够对促进各市场参与主体加强自身管理、提高其经营水平和资金利用效率起到积极作用。

5.2 货币市场计算

5.2.1 日算规则

日算规则是指用于计算两个日期之间天数(如结算日和到期日之间的天数)的程序。不同类型的债券和国家之间的日算规则各不相同,本节介绍的是与货币市场相关的日算规则。

日算基础说明用于确定一个月或一年天数的规则。虽然世界各国的固定收益市场采用多种日算规则,但最基本的有三种,其他日算规则基本是这三种的变形。

① 规定一个月的天数是该月日历日的实际天数,一年的天数是该年的实际天数。

② 规定一个月的天数是该月日历日的实际天数,但一年的天数并不按照该年的实际天数计算,而是规定为一定的天数(如 360 天或 365 天),美国货币市场通常采用 360 天的日算规则。

③ 无论该月或该年的实际天数为多少,一个月和一年的天数均是一定的,如规定一个月为 30 天,一年为 360 天。

5.2.2 贴现工具

货币市场工具较多采用贴现计息方式,与支付息票利息的债券不同,贴现票据类似零息债券,按照面值的一定折扣出售,并在到期日按面值赎回,大部分采用贴现计息方式的货币市场工具使用实际天数的日算规则。在本节,我们讨论贴现工具的收益率如何报价,如何定价,以及收益率如何调整,使其可以与附息债券的收益率进行比较。

1. 银行贴现基础的收益率

贴现工具与付息债券的买价与卖价的报价方式是不同的。它的买价和卖价通常是以银行贴现为基础,而非以价格为基础。

2. CD 等价收益率

CD 等价收益率也称为货币市场等价收益率,它使得在银行贴现基础上报出的收益率与按照一年 360 天为基础付息的其他货币市场工具的收益率之间更具可比性。它通过考虑贴现债券的价格(投资额)而非面值实现上述目的。

3. 债券等价收益率

债券等价收益率是使国库券或机构贴现票据在内的贴现工具能够与附息、政府债券进行比较的衡量方法,它使银行贴现基础的报价收益率可以与使用实际天数为日算规则的中长期政府债券的收益率进行比较。

5.2.3 到期付息的票据

相对于贴现票据,有些货币市场工具按照单利到期支付利息。典型的例子包括联邦基金、回购协议和定期存单。

第6章 外汇投资

 理财小故事

　　近年来,楼市、股市纷纷遇冷,但外汇理财市场一直是市场的热点之一。这几年国际经济形势此起彼伏,各国货币变幻莫测,也给投资者创造了不少投资获利的机会。外汇投资方式除定期存储外,还包括外汇交易和购买外汇理财产品。

　　4年前,张自平把手上3 000美元投到了外汇市场。4年间,他的累计收益率达到了60%。但在他看来,"这点收益率和没挣差不多,人家做好了一年就有 60%～300%的收益"。张自平所说的一年 60%～300%的收益是指外汇市场上的保证金交易,保证金交易存在较高的杠杆比率,可以"以小博大",因此受到众多投资者的青睐。当初选择投资外汇,对于张自平而言是一种分散投资的选择。在他看来,每天交易量约2万亿美元、号称世界第一市场的国际外汇市场比国内股票市场更加透明、公平,不存在庄家操纵的问题,盈亏更多靠个人经验。此外,外汇交易实行"T+0"实时交易,24小时运转,也给他带来了便利。外汇交易是通过低买高卖来实现获利的一种外汇投资方式,张自平所做的保证金交易是外汇交易的方式之一。保证金交易适合那些十分了解外汇市场并懂得仓位控制的投资者操作。除了保证金交易,投资者还可以在国内市场做外汇实盘交易,外汇实盘交易起点较低,但实盘没有杠杆比率,只是货币兑换,所以如果本金小,收益也不大,它的风险也要小许多。外汇理财产品适合不具备专业知识的普通投资者。它与银行推出的人民币理财产品并无大异,投资者在承担有限风险的前提下,可获得高于普通存款的收益。目前,银行推出的外汇理财产品大都期限较短,投资者在获利的同时可保持一定的资金流动性。然而,投资者在外汇理财时存在一个换汇的过程,如果用人民币等其他币种换成产品对应币种后再投资,就要考虑在产品实际收益外,汇率变动可能导致的兑换损益情况,这无疑是外汇理财者所面临的又一重风险。

6.1 外汇基本知识

6.1.1 外汇

1. 外汇的定义

外汇,是指以外币表示的支付手段。外汇有狭义和广义之分:狭义的外汇是指可自由兑换的外国货币;广义的外汇不仅包括可自由兑换的外国货币,还包括可立即兑换为外国货币的其他金融衍生工具。

更简单地说,外汇就是外国的货币,如美元、日元等,它不仅包括现钞,还包括银行的存款,以及外币支票、本票和汇票等结算工具。

外汇还有现钞、现汇之分。现钞主要是指外币的纸币和辅币,主要由境外携入。现汇是指账面上的外汇,主要包括以支票、汇款、托收等国际结算方式取得并形成的银行存款。一般来说,现钞价比现汇价要便宜。

2. 外汇的特征

① 用外币表示。外汇是以外币表示,可以用于对外支付的金融资产。因此,诸如机器设备、厂房等实物资产不属于外汇的范畴。

② 可兑换性。外汇必须能够自由兑换成其他国家的货币或购买其他信用工具以进行多边支付。

③ 普遍可接受性。一种货币及其他有价证券和支付凭证能否作为国际支付手段,并不取决于该货币的面值大小,而在于它是否能为各国所接受。这实际上就要求该国具有相当规模的生产能力、出口能力或别国所需要的丰富的自然资源。

3. 外汇买卖

外汇买卖是指不同货币间的相互兑换,即将一个国家的货币转换成另外一个国家的货币,也称外汇交易。它包含本国货币与外国货币的兑换,也包含一种外国货币与另外一种外国货币的兑换。

目前,在国际经贸活动中常用的货币主要有美元、欧元、日元、英镑、加拿大元等。这些货币属于可自由兑换货币,在国际贸易和国际投资中被广泛使用,在国际金融市场上可以自由买卖,能够自由兑换成其他国家的货币,以上述货币为交易对象的外汇交易在全球的外汇交易中占有绝对的比重。

6.1.2 汇率

1. 汇率的标价方法

汇率又称汇价，指一国货币折算成另一国货币的比率，或者说是两国货币间的比价。通俗地说，就是外汇的价格。在外汇市场上，汇率通常以五位数字表示，例如：欧元/美元 = 1.179 5，美元/日元 = 118.34，英镑/美元 = 1.673 7，美元/瑞士法郎 = 1.300 3。

1）直接标价法

直接标价法是以本国货币来表示一定单位的外国货币的汇率表示方法。一般是 1 个单位或 100 个单位的外币能够折合多少本国货币。除英、美等少数国家外，市场上大多数国家的汇率采用直接标价法。在直接标价法中，本国货币越值钱，单位外币所能换到的本国货币就越少，汇率值就越小；反之，本国货币越不值钱，单位外币能换到的本币就越多，汇率值就越大。因此，在直接标价法下，外汇汇率的升降和本国货币的价值变化呈反向关系：本币升值，汇率下降；本币贬值，汇率上升。

2）间接标价法

间接标价法是以外国货币来表示一定单位的本国货币的汇率表示方法。一般是 1 个单位或 100 个单位的本币能够折合多少外国货币。在间接标价法下，本国货币越值钱，单位本币所能换到的外国货币就越多，汇率值就越大；反之，本国货币越不值钱，单位本币能换到的外币就越少，汇率值就越小。目前，澳元、新西兰元、英镑等均采用间接报价方式。此外，欧元也采取间接标价法。在间接标价法下，外汇汇率的升降和本国货币的价值变化呈正向关系：本币升值，汇率上升；本币贬值，汇率下降。

3）美元标价法与非美元标价法

第二次世界大战后美国在世界经济中占据主要地位，美元成为主要国际支付手段。为了便于国际结算和交易，逐渐形成了以美元为标准来计算各国货币汇率的习惯，这就是美元标价法。其他称为非美元标价法。

不管哪种报价方法，外汇市场上的报价一般都为双向报价，即由报价方同时报出自己的买入价和卖出价，由客户自行决定买卖方向。买入价和卖出价的差价为报价方的利润，对投资者而言是投资成本，数值越小，投资成本越少。

2. 汇率的种类

按制定汇率的方法不同，汇率划分为基本汇率和套算汇率；按外汇汇付方式不同，汇率划分为电汇汇率、信汇汇率和票汇汇率；按外汇买卖交割的时间不同，汇率划分为即期汇率和远期汇率；按银行买卖外汇角度不同，汇率划分为买入汇率、卖出汇率、中间汇率和现钞汇率；按外汇管理的程度不同，汇率划分为官方汇率和市场汇率；按银行营业时间不同，汇率划分为开盘汇率和收盘汇率。

6.1.3 外汇市场

1. 外汇市场产生的原因

外汇市场,是指国家间进行外汇买卖、外汇交易的市场,它是通过先进的通信和计算机网络实现全球 24 小时不间断交易的无形市场。外汇交易产生的最主要的根源在于国际经济交易的发生和随之而产生的国际结算、国际投资、外汇融资和外汇保值等业务的需要。因此,外汇市场之所以存在,主要是因为以下几种原因:① 贸易和投资的需要;② 投机的需要;③ 对冲即外汇保值的需要。

外汇市场作为一个国际性的资本投机市场,其历史要比股票、黄金、期货等市场短得多,然而,它却以惊人的速度迅速发展。2016 年外汇市场每天的交易额已达到 5.1 万亿美元,其规模已远远超过股票、期货等其他金融商品市场,成为当今全球最大的单一金融市场和投机市场。

2. 外汇市场的特点

1) 全天 24 小时连续作业

由于全球各金融中心的地理位置不同,亚洲市场、欧洲市场、美洲市场因时间差的关系,连成了一个全天 24 小时连续作业的全球外汇市场。这种连续作业为投资者提供了没有时间和空间障碍的理想的投资场所,投资者可以寻找最佳时机进行交易。

2) 市场信息透明

外汇市场是信息最为透明、最符合完全竞争市场理性规律的金融市场。国际外汇市场是日交易量近万亿美元的全球性市场,在这一庞大的市场中,任何交易主体都不可能长期成为能够操纵市场的所谓"庄家",无论它是中央银行还是对冲基金。这一显著的特点使得外汇市场中所反映的信息是相当透明的,而不像股市、债市那样容易被"庄家"操纵。

3) 系统风险大

外汇市场具有信息来源种类多、信息变化快、对市场变化的影响因素多的特点,这使得外汇汇率的变化更为复杂,市场的系统风险较大。外汇汇率的变化看似简单,实际上外汇投资涉及政治、经济及投资心理等众多领域,正确、及时的外汇交易决策需要丰富的知识积累和实际操作经验相结合。

3. 外汇市场的主要参与者

1) 中央银行

中央银行是外汇市场上重要的参与者,因为各国的中央银行都持有相当数量的外汇余额作为国际储备的重要构成部分。但中央银行参与外汇市场的目的不是获利,而是通过制定和颁布一系列条例和法令来维持外汇市场的交易秩序;通过买进或抛出某种国际性货币的方式对外汇市场进行干预，以便把本国货币的汇率稳定在所希望的水平之上，从而实现本国货币金融政策的意图。

2）外汇银行和非银行金融机构

外汇银行又称外汇指定银行，是指经过本国中央银行批准，可以经营外汇业务的商业银行或其他金融机构。它可分为三种类型：专营或兼营外汇业务的本国商业银行；在本国的外国商业银行分行；其他经营外汇买卖业务的本国金融机构，如信托投资公司、财务公司等。外汇银行是外汇市场的主要角色，是外汇供求的中介机构，也是主要的报价者。中国银行是我国最早经营外汇的银行。

3）外汇经纪人

外汇经纪人是指在外汇市场上从事介绍外汇买卖成交的中间人，主要是促成交易，从中收取佣金。外汇经纪人是一种代理性质的专门职业，他们所买卖的不是自己的头寸，因此不承担外汇交易的盈亏风险，也不得利用差价谋利。他们与外汇银行的联系密切，熟悉外汇市场供求行市，一般商业银行之间的外汇买卖都通过他们代理。目前，随着竞争的日益激烈，外汇经纪人也开始兼做自营业务了。

4）顾客

这类市场参与者包括进出口商、跨国公司、外汇投资和投机者、国际旅游者等，他们是外汇市场最后的供给者和需求者。这些零散客户之间一般不直接进行外汇交易，而是各自与商业银行或外汇指定银行做买卖。

外汇市场是最具风险的市场，这个市场造就了索罗斯，也造就了利森；是最刺激的市场，每一分钟都有人发达，也有人失败；是最公平的市场，你的聪明才智直接表现在资本增减上，没有任何人干涉。无论如何，如果你没有丰富的交易经验，请千万不要大规模参与：具有3年以下期货交易经验或者5年以下股票交易经验的，在外汇市场中被称为新手。

6.1.4　外汇交易的主要种类

1. 外汇交易

1）定义与主要特点

即期外汇交易是指交易双方约定外汇买卖成交后，原则上于当日或两个工作日内进行资金交割的外汇业务。例如，在5月6日达成交易，双方可以根据资金需求，确定在6日、7日、8日这三天中的一天进行收付款，双方应当保证使对方开户银行在该天收妥交易货币，并开始计息。因此，该日称为交割日，又称起息日。

根据起息日的不同，即期外汇交易可分为三种：

① 标准即期交易：起息日为交易日后的第二个工作日，即"T+2"，目前国际外汇市场普遍应用的是标准即期交易。

② 明天起息交易：起息日为交易日后的第一个工作日，即"T+1"。

③ 当天起息交易：起息日为交易日的当天，即"T+0"，中国银行首创的个人外汇理财产品——个人外汇买卖（品牌名"外汇宝"）就属于此类当天即时起息的外汇交易。因此，如果汇率波动较大，投资者可以在一天内获得多次获利的机会。即期外汇买卖的优点在于交易后的一两个工作日内便收到买入的货币，用于付款，不再受今后汇率涨跌的影响。

2）主要方式

即期外汇交易又称现汇交易，其交易方式主要有如下几种：

① 付出汇款。需要对外国支付外币的客户，如有外币可向银行直接支付外币；如无外币则要由本币兑换成外币后，委托银行向国外的收款人汇出外币。

② 汇入汇款。汇入汇款是收款人从国外收到外币支付的款项后，可以存入自己的外币账户，也可将外汇收入结售给银行取得本币。

③ 出口收汇。出口商将出口货物装船后，立即开立以双方商定的结算货币计价的汇票，并在汇票下面附上有关单证，请银行议付，以便收回出口货款。银行将汇票等单据寄往开证行，按照汇票即期支付的条件，接受以外币支付的款项，并让支付行将应付款计入自己的外币结算账户中。

④ 进口付汇。为进口商开出信用证的银行，按照出口商开出的附有全部单证的即期汇票条件，将外币计价的进口货款通过外币结算账户垫付。然后向进口商提示汇票，请其按照即期付款条件支付。

2. 远期外汇交易

1）定义和作用

外汇交易成交后，按约定的时间、约定的汇率进行交割，或者说凡交割日预定在交易日后的第三个工作日，或第三个工作日以后的外汇交易，称为远期外汇交易。外汇交易的将来交割日、汇率和货币金额都是在合同中事先规定的。

远期外汇交易的作用在于可以避免贸易和金融上的外汇风险，锁定换汇成本，安排用汇计划，有利于经济核算。例如，在国际贸易中或在国际借贷中，在将来某一时刻应支付的货币与现在持有的货币不一致时，进口商或借款人可以运用远期外汇交易固定付汇金额。

2）远期汇率的计算

$$升水或贴水 = 即期汇率 \times 两种货币的利差 \times 远期天数 / 360$$

【例1】以日元为例，设美元兑日元即期汇率为118.12，远期天数为90，3个月美元定期利率为0.562 5%，3个月日元定期利率为0.01%，那么：

$$升水或贴水 = 118.12 \times （0.562\ 5\% - 0.01\%） \times 90/360 = 0.163\ 2$$

一般而言，升水或贴水与货币利率的高低有关。利率高的货币表现为贴水，利率低的货币表现为升水。美元利率高于日元利率，因此美元兑日元的远期汇率表现为贴水。

90天远期美元兑日元的汇率=118.12－0.163 2=117.96

既然购买远期日元要贴水,那么为什么还有远期外汇交易存在呢?其实,当客户购买即期日元,他在起息日立即失去高利率的美元,却获得了利息较低的日元,失去的利息就一下子反映出来了。而购买远期日元,他失去的利息是通过远期汇率表现出来的,因为客户虽然卖出了美元,但并未立即支付美元给对方,客户依然占有高利率的好处。同时,通过购买远期日元,客户获得了外汇保值。

3. 择期外汇期权交易

择期外汇期权交易是一种交割日期不固定的交易,它属于远期外汇交易的范畴。择期的含义是买方可以在将来某一段时间的任何一个工作日按约定的汇率进行交割,即客户在约定的期限内有选择交割日的权利。选择的期限可以在前后两个确定的时间之间,也可以是某一段时间内不确定的某一天。

【例2】某进口商在购买商品合同中约定按货到付款形式。出口商交货日期大致为3个月后的6月上旬。为了固定进口成本,进口商可以与银行做一个择期外汇期权交易,把交割日定在6月1日到10日之间。一旦签订择期交易合约,只要货物一到港,进口商就可以按约定的汇率进行交割付款。

当然客户为获得交割日的灵活性,需支付一定的价款。银行在确定约定汇率、计算升贴水时,升水通常按可交割的第一天计算,而贴水则按可交割的最后一天计算。虽然客户在汇率升贴水中的损失比起未知的汇率风险损失可能要小得多,但择期越长,损失越多,因此,客户在进行择期交易时,应尽量缩短不确定的时间,以降低成本。

4. 外汇掉期交易

外汇掉期交易是指在买入某日交割的甲货币(卖出乙货币)的同时,卖出另外一个交割日的甲货币(买入乙货币)。不难发现,外汇掉期交易实际上由两笔金额相同、方向相反、交割日不同的交易构成。它可分为即期对远期、远期对远期两种形式。最常见的掉期交易是第一种形式,即把一笔即期交易与一笔远期交易联合在一起,等同于在即期买入甲货币并卖出乙货币的同时,反方向地卖出远期甲货币、买入远期乙货币的外汇买卖交易。

1)调整起息日

客户叙做远期外汇交易后,因故需要提前交割,或者由于资金不到位或其他原因不能按期交割,需要展期时,都可以通过叙做外汇掉期交易对原交易的交割时间进行调整。例如,一家美国贸易公司在1月份预计4月1日将收到一笔欧元货款,为防范汇率风险,公司按远期汇率水平同银行叙做了一笔3个月远期外汇交易,买入美元卖出欧元,起息日为4月1日。但到了3月底,公司得知对方将推迟付款,在5月1日才能收到这笔货款。于是公司可以通过一笔1个月的外汇掉期交易,将4月1日的头寸转换至5月1日。

2）货币转换

掉期可以用于由甲货币转换成乙货币，然后从套期保值的角度出发，再由乙货币转换为甲货币，满足客户对不同货币资金的需求。例如，一家日本贸易公司向美国出口产品，收到货款500万美元。该公司需将货款兑换为日元用于国内支出。同时，公司需从美国进口原材料，并将于3个月后支付500万美元的货款。此时，公司可以采取以下措施：叙做一笔3个月的美元兑日元外汇掉期交易：即期卖出500万美元，买入相应的日元，3个月后远期买入500万美元，卖出相应的日元。通过上述交易，公司可以用美元"制造"出日元，满足了目前日元支付的需要，同时又避免在3个月后出现日元兑美元的汇率风险。

5. 外汇期货交易

1）定义

外汇期货又称货币期货，是买卖双方通过期货交易所按约定的价格，在约定的未来时间买卖某种外汇合约的交易方式。

2）外汇期货交易与外汇现货交易的异同

外汇期货交易与外汇现货交易有共同点，也有不同点。外汇期货的交易方法与合约现货外汇完全一样，既可以先买后卖，也可以先卖后买，即可双向选择。二者都采用固定合约和保证金制度。

6. 外汇期权交易

1）定义

外汇期权是指期权的买方在叙做期权交易时，支付期权的卖方一笔期权费从而获得一项可于到期日或期满前按预先确定的汇率，即执行价格用一定数量的一种货币购买或卖出另一种货币的权利。

因此，外汇期权的交易对象并不是货币本身，而是一项将来可以买卖货币的权利。期权的买方取得这项权利，可以根据市场情况判断，是执行这项权利，还是放弃这项权利。但买方必须在到期日之前做出决定。对于卖方而言，他所承担的是一项义务，根据买方的决定履行买卖货币的责任。由于期权买方向卖方购得这种权利，于是卖方从一开始就承担了汇率方面的风险，因为不论市场价格如何变化，不管市场价格如何不利，只要买方要求执行合约，卖方就责无旁贷。

买方支付的期权费或称保险金事实上是对卖方在汇率上可能遭受经济损失的一种补偿。所以，期权买方与期权卖方的权利义务完全不对等。

2）种类

① 按期权的内容分类，外汇期权分为买入期权与卖出期权。买入期权又称看涨期权，期权的买方与卖方约定在合约到期日或期满前买方有权按约定的汇率从卖方买进特定数量的货币。卖出期权又称看跌期权，期权的买方与卖方约定在合约到期日或期满前卖方有权按

约定的汇率向买方卖出特定数量的货币。

② 按合约执行时间分类，外汇期权分为美式期权与欧式期权。美式期权是买方可以在成交日至期权到期日之间的任何时间要求卖方执行合约，具有较高的灵活性。欧式期权是买方在到期日之前不能要求卖方履约，仅在合约到期日当天的截止时间才能要求执行合约。

③ 期权的价值是由内在价值和时间价值组成的。内在价值是市场价格与期权执行价格之间的差额，而期权价值与内在价值之差即是时间价值。因此，根据期权执行价格的高低，期权可分为以下三种：实值期权，是具有内在价值的期权，即执行价格低于市场价格的买入期权或执行价格高于市场价格的卖出期权。虚值期权，是不具有内涵价值的期权，即执行价格高于市场价格的买入期权或执行价格低于市场价格的卖出期权。平值期权，是指期权合约执行价与市场价格相等或大致相等的期权。

3）功能

外汇期权交易是一种规避汇率风险的手段。在期权合约期内，市场汇率与协议汇率相比，如果协议汇率对己有利，就执行合约，否则就放弃合约。它的协议价是固定的汇率，从而起到了防范未来汇率变动的风险。期权持有者最大的损失一定不超过期权费的金额，而期权费可在成本核算时计入成本。

【例3】某进出口公司进口设备，3个月后交货时须支付150万欧元。即期汇率为1欧元兑1.1580美元，按现货价，该进口商须花费1 737 000美元。为了防范汇率风险，该进口商以2万美元的期权费代价买进150万欧元的欧式期权。3个月后，在期权合约到期时，结果可能有三种可能：

① 3个月后欧元升值为1欧元兑1.1870美元，如果该进口商没有这项期权，他到市场上买150万欧元须花费1 780 500美元，比预算多花43 500美元。有了期权，他可以执行期权，从而避免汇率损失43 500美元。以2万美元的代价防范了4万多美元的损失，显然是值得的。

② 3个月后欧元贬值至1欧元兑1.1250美元。显然，从市场上买欧元付款比执行期权便宜，买进150万欧元仅需1 687 500美元，比预算少花49 500美元。扣除2万美元的期权费，实际还赚了将近3万美元。

③ 3个月后欧元汇率仍为1欧元兑1.1580美元。进口商对是否执行期权并不在乎，代价仅为2万美元的期权费。与远期外汇交易所具有的避免汇率风险功能相比，外汇期权交易在具备同样功能的同时，灵活性也很高。客户可根据汇率的变动情况，决定合约的执行与否。

中国银行在个人外汇交易业务中已经相继推出的"两得宝"和"期权宝"，实质上就是个人外汇期权交易，为居民投资外汇提供了既可买升也可买跌的双向操作工具。

"两得宝"是指客户在存入一笔定期存款的同时，根据自己的判断向银行卖出一份外汇期权（看涨期权或看跌期权），客户除收入定期存款利息（扣除利息税）外，还可得到一笔期权费。期权到期时，如果汇率变动对银行不利，则银行不行使期权，客户可获得高于定期存款利息的收益；如果汇率变动对银行有利，则银行行使期权，将客户的定期存款本金按协定汇率折合成相对应的挂钩货币。"期权宝"是指客户根据自己对外汇汇率未来变动方向的判断，向银行支付一定金额的期权费后买入相应面值、期限和执行价格的期权（看涨期权或看跌期权），期权到期时如果汇率变动对客户有利，则客户通过执行期权可获得较高收益；如果汇率变动对客户不利，则客户可选择不执行期权。

6.2 外汇交易术语

外汇交易中有很多专业的交易术语，有些与股票中的交易术语相同。要进行外汇交易，需要了解一些重要的术语含义。

6.2.1 货币对

相比其他主要的金融市场，比如股票市场和期货市场，外汇市场是按一种非常特殊的方式进行交易的。与传统的市场不同，外汇交易通过使用基础工具的相对价值完成，而不是绝对价值。

外汇市场的特别之处在于，货币是按对交易的。例如，当外汇交易员谈论交易美元时，他们实际上谈论的是交易美元对另一种货币的相对价值。这里的另一种货币可能是欧元、英镑、日元，甚至是泰铢或者其他货币。一个货币对中的第一种货币被称为基准货币，第二种货币则被称为报价（或相对）货币。外汇交易中的货币有两个必不可少的、相对的组成部分，而不是像交易股票和债券那样只有一种货币。当外汇交易员初涉外汇市场时，他们需要考虑两种货币的相对价值。这意味着一个交易员不能只考虑一种货币的价值是否上升或下降。相反，他应该总是要考虑一种货币相对于另一种货币的价值是否上升或下降。

例如，被最广泛交易的货币对之一是美元/日元，也就是美元对日元。如果交易员认为美元相对于日元的价值会上升，他们将买入美元/日元货币对。相反，如果他们认为美元相对于日元的价值会下降，他们将卖出美元/日元货币对。

根据同样的原理，从理论上讲，如果交易员认为日元相对于美元的价值会上升，他们将卖出美元/日元货币对；而如果他们认为日元相对于美元的价值会下降，他们将买入美元/日元货币对。这可能有些令人困惑，但如果你把货币对看成成对出现的、相反的两极，就会容易理解一些。

货币对的顶层是 4 个"主要货币对"，外汇市场上的大多数交易都是由它们构成的，因此它们的流动性最大，而且都是以美元为基础的。这 4 个主要货币对分别是欧元/美元、美元/日元、英镑/美元，以及美元/瑞士法郎。

"半主要货币对"也包含美元，但交易不如主要货币对那么活跃。半主要货币对包括美元/加元和澳元/美元。

"交叉货币对"不包含美元。交叉货币对包括欧元/英镑、澳元/新西兰元、加元/日元、英镑/瑞士法郎、欧元/日元等。

"奇异货币对"与主要货币对和交叉货币对相比，在全球外汇市场上的交易量非常少，因此排在货币对列表的最后。

6.2.2 做多和做空

货币按对来交易的特征将外汇市场与其他市场都区分开来，其中一个方面就是多头和空头的概念。

例如，在交易股票时，"多头"就是指在买入特定股票份额的过程，以期它的价值会上升。相反，空头是指在实际拥有股份之前将它们卖出，附带的条件是之后要将股份买回或"平仓"，如果股票价格下降，就很有可能会获利。所以，如果交易员认为一只股票的价格将上升，他将进入交易的"多头"；如果他认为一只股票的价格将下降，就将卖出"空头"。

与股票市场不同，外汇交易市场对待多头和空头的方式有很大差别。要做多欧元/美元，就要同时买入欧元和卖出美元；而要做空欧元/美元，则要同时卖出欧元和买入美元。因此，你总是对货币对中的一种货币做多，而对另一种货币做空。

6.2.3 交易规模：手

是否进入或退出某一个外汇交易，实际买卖了多少给定的货币，答案都取决于"手"。在金融市场上与"手"最接近的等价概念是合约，它是标准的期货交易术语。"手"是在外汇市场上买和卖的标准化交易单位，与合约在期货市场上充当的角色非常类似。

交易中使用的"手"有多种类型，它们是根据规模来分类的。标准、迷你和微型（或超级迷你）是零售外汇经纪商和交易员通常使用的主要术语，它们用于描述不同的可交易的"手"的规模。一个"标准手"的规模是10万个货币单位，而一个"迷你手"是1万个货币单位，一个"微型手"是一千个货币单位。

"手"的规模是用通用的货币单位来定义的，因为由单位表示的特定货币要根据交易所使用的货币对而定。例如，如果交易的是标准手的欧元/美元，"手"的规模将是10万欧元。同样，如果交易的是标准手的澳元/日元，"手"的规模将是10万澳元。

交易员应该选择与自身的账户规模和风险容忍度相适应的"手"，这一点非常重要。交易员选择的"手"的规模实际上会影响交易的所有因素，包括维持某一交易所要求的保证金的大小、价格每变动一个基点的货币价值、支付的价差成本的数量、支付或收到的利息。

6.2.4 保证金和杠杆

保证金和杠杆的概念是极其重要的。保证金是交易员的账户中可以用于控制货币头寸的实际交易资金数量。杠杆是交易员可以放大保证金的金融控制能力的倍数。

因为在外汇交易中高杠杆非常常见，所以交易员只用交易账户中很少一部分的保证金就能够进行一笔很大金额的交易。

外汇经纪商现在提供的最常见的杠杆率范围从较低的 50:1 到较高的 400:1。可见，外汇市场上的杠杆水平是非常巨大的，即使是较低的杠杆率，也远远超过在其他金融交易市场上可获得的杠杆率。

从实际来看，这意味着如果一个外汇交易员想进行一个"标准手"10 万美元的交易，他只需要交 250 美元的保证金就可以。这里假设可以获得最大的杠杆率为 400:1。换句话说，对交易员交易账户中的每 1 美元来说，该交易员可以在货币交易中控制 400 美元。在这个特殊的例子中，交易员交易账户中的 250 美元可以控制一个 10 万美元的交易，使用 400:1 杠杆率。

当然，和生活中的很多其他情形一样，外汇交易中提供的高杠杆可以被看作一把双刃剑。外汇交易中的少量资金控制了大量资金，这当然可以用于放大收益潜力，但在高杠杆交易中内含的风险也同样被放大了。

因此，交易员在用外汇交易中常见的巨大杠杆率进行交易时必须谨慎。高杠杆的交易是激进的交易，其特点是高风险和高潜在的收益并存。

6.2.5 对冲

对冲是一个相当专业的交易职能，并不是每一个交易员都使用它。事实上，大多数外汇经纪商甚至都不在他们的交易平台上提供这种功能。但是，对那些需要应用特定交易策略的交易员来说，对冲可能是一个非常有用的工具。

要进行对冲，就要同时对同一货币对做多和做空。例如，如果一个交易员买了一手美元/日元，同时卖了一手美元/日元，就可以说该交易员是进行了处于收益/损失中性的完全对冲交易。换句话说，货币对的任何价格变动——上升、下降或横向盘整都不会对一个进行了对冲的交易产生任何影响。

那么为什么交易员还要使用一个相当于完全没有持有头寸的交易功能呢？一些交易员已经开发了一些策略，尤其是一些想从新闻推动价格达到顶点中获利的策略，其中就包括了策略性地使用对冲。但是，对大多数不使用对冲的交易员来说，需要意识到对冲的存在，而且它可能会被用于保护一个单边货币头寸。

如果建立了同一货币对的一个反向头寸，那些不提供对冲的经纪商就只是终止了最初的单边头寸。但是，对于提供对冲的经纪商来说，同一货币对的反向头寸被当作两个敞口头寸，它们有效地抵消掉彼此的收益/损失。

关于对冲最后需要注意的一点是，因为两个完全相反的头寸是收益/损失中性的，并创造出一个无风险的情景，所以提供对冲的经纪商只需要对对冲的一方要求保证金，这意味着建立和维持对冲中的第二个头寸是不需要使用交易员的交易资金的。

6.3 基本面分析

影响外汇交易最主要的方面就是汇率，一般主要从基本面分析与技术分析两个方面研究外汇汇率的走势。技术分析就是研究外汇市场运动的效果，它主要针对市场的交易价格、走势图和历史数据，得出对外汇市场走向的判断。

6.3.1 经济学基础

基本面分析是外汇交易市场中所使用的一种主要的金融分析方法。技术分析主要关注对价格行为做出解释，而基本面分析关注的主题是经济数据、政府政策、社会政治状况、全球新闻和商业周期。这些主题包含一系列不同的变量，其中最常见的变量包括宏观经济因素，如利率、通货膨胀、中央银行政策、经济增长、住房状况、就业、工商业产值等。

技术分析擅长的是为交易员提供合理的交易进场点和退场点，而基本面分析能够提供一个阐述对全球外汇市场长期看法的基本框架。正是由于这一原因，如果只使用基本面分析，零售外汇交易员将缺少实用且具体的交易方法，只有新闻交易法和套息交易法是两个明显的例外。换句话说，个人外汇交易员虽然可以完全根据他们了解的经济因素和政治因素的基本面情况进行交易，但是如果他们这么做，交易进场点和退场点的设置实质上将是一种随意的行为，但技术分析法能够准确定位进场点或退场点。

有许多因素会影响货币供给和需求的变动，其中最为重要的一个因素就是利率。

6.3.2 全球银行的利率

利率是外汇汇率主要的推动因素之一。一般来说，当所有其他变量保持不变时，利率上升（中央银行紧缩银根）将导致货币升值。大型机构投资者一直在寻找更赚钱的方法，所以收益更高的货币能够吸引他们增加对该货币的需求。相反，如果利率降低（中央银行放松银根），该货币将会有贬值的趋势。这是因为机构投资者的需求减少了，他们一般倾向于将自己的资金从收益较低的资产中转移出去。尽管这可能只构成一个关于国际资本流动的简化假设，而且还有很多其他因素会影响外汇变动，但通常倾向于用这种方式对汇率施加影响。

在调整利率时，中央银行希望能够在获得显著的经济增长和避免通货膨胀之间找到一种巧妙的平衡。一定可控水平的通货膨胀对经济增长来说是必要的，因为一个国家没有通货膨胀将是经济停滞的标志。但过度的通货膨胀会对一国的经济及消费者产生非常不利的影响。因此，每个中央银行在制定货币政策时，都必须同时认真地考虑经济增长和通货膨胀这两个方面。

正是出于对这些因素的考虑，中央银行试图改变利率有几个主要原因。它们虽然不是唯一原因，但对中央银行来说通常是最迫切的原因。一般来说，为了避免过高的通货膨胀，中央银行将考虑提高利率（收紧银根）。相反，为了刺激经济增长，中央银行将考虑降低利率（放松银根）。不管采取哪种方式，中央银行都有能力通过改变利率政策给外汇市场带来重大影响。

6.3.3 市场情绪的风险偏好

在以基本面因素为基础进行外汇交易的方法中，机构和零售交易员使用的一个主要的交易/投资方法就是套息交易法。这里我们先介绍一下它的基本概念。

套息交易法是一种长期的基本面投资策略，外汇市场参与者使用这种策略的目的是赚取两种货币之间的息差。如果将这种策略与外汇交易中普遍提供的高杠杆率一起使用，它既可能产生被极度放大的收益，也可能带来极高的风险。

套息交易法真正的含义就是买入一种利率高的货币，同时卖出另一种利率低的货币。其净效应是该交易员赚取了正收益，收益大小取决于两个利率之间差值的大小。

例如，一个外汇交易员买入了澳元/日元，这个货币对通常是进行套息交易的货币对，因为一直以来澳元和日元之间的息差都很大。买入或做多澳元/日元就等同于买入澳元的同时卖出日元。持有澳元/日元多头，换句话说就是借入日元（低利率）用以买入澳元（高利率）。不管用哪种方式，结果都是交易员赚取高利息的同时支付低利息，或者说交易员赚取息差。

如果套息交易员是与一个大型外汇经纪商进行交易，他可以从任何利率差为正的敞口头寸中赚取日利息收益，就像在做多澳元/日元时的情况一样。根据交易员敞口头寸的大小及所使用的杠杆数量，正利息收益将被转换为一定数量的货币，当外汇经纪商将敞口头寸"展期"时，实际上这些钱就会每天直接被支付至交易员的账户中。

我们前面已经提到过，由于外汇交易的高杠杆性，这个收益的数额可能会非常高。但需要记住的是，如果敞口头寸的利息差是负值，利率也可能会对交易员非常不利。再次以澳元/日元为例，持有这一敞口头寸的空头从利率的角度来看成本可能会非常高。做空澳元/日元就等同于做空澳元（高利率）的同时做多日元（低利率），或借入高利率货币买入低利率的货币。息差的净值是负数，这意味着该交易员需要每日为敞口头寸支付一定数量的利息，具体支付的数额要根据负的利率差、交易的大小及所使用的杠杆数量为基础进行计算。

因此，外汇交易员有必要密切关注所有敞口交易头寸的息差，尤其是那些保持敞口的时间超过一天的头寸。不管息差是正是负，它都会对外汇交易账户的每日余额产生很大影响。

6.3.4 预测未来的指示器：经济指标

对外汇交易员而言，除了利率和央行政策，另外一个至关重要的基本面因素是经济数据。即使是那些不愿意使用基本面分析的技术交易员，至少也应该知道这些数据是什么时候发布的，而且最好能够再进一步去探究每一次发布的数据会带来什么影响。经济数据和新闻的发布对汇率的短期和长期变动都有影响，就算不知道其背后的深层含义，所有外汇交易员都至少应该知道每一个主要数据意味着什么。

外汇市场上有一大批短期外汇交易员，他们与纯粹的技术性交易员是完全相反的两个极端，这些人实际上是完全依据基本面数据和新闻发布来进行外汇交易的。在发布新闻时，许多这样的外汇交易员就只是坐在电脑前面——把手指放在买入/卖出键上——等待经济数据的发布，据此决定是否进行交易。为了获得几个基点的收益，按照这种方式进行外汇交易的新闻交易员必须飞速对这些新闻或数据进行分析，然后在瞬间发出交易指令单。通常来说，在进入交易的几秒钟后，就必须结束交易，以获利或止损。这并不是一种简单的交易方法，当然也不是对所有人都合适，但许多人能够利用这种交易方法获得持续的成功。

在发布经济数据时，与特定的信息发布相关的货币对通常会发生剧烈的波动。对新闻交易员来说，可能发生的最好的价格变动情况是，价格单边变动而不会发生反转。但常见的情况是，价格剧烈而无方向地变动，看上去忽上忽下，到处都是锯齿，这是每一个外汇交易员的噩梦。在任何情况下，要想进行成功的外汇交易，我们需要识别和研究那些最主要的、推动市场变动的经济数据指标。

下面我们将介绍一些与美元相关的关键经济指标。政府机构和私人机构会按期发布一些重要的经济数据报告，这些报告就是由下述这些指标构成的。当然，市场每天都会产生很多指标，它们会对许多非美元货币对产生影响。但是，由于外汇市场上绝大多数的交易量主要集中于以美元为基础的货币对，因此这是个极具代表性的基本面指标样本，这些基本面指标都是全球货币市场变动的推动力量。在这些指标中，每一个指标的相对重要性和推动市场变动的可能性会逐月、逐年地发生变化，因此我们在列举这些指标时并没有按照某种特定的顺序。

① 国内生产总值（GDP）。GDP 可能是所有外汇交易员一致遵循和研究的经济指标。

② 就业情况。美国劳动统计局按月发布就业情况报告，这些报告包括两个极为重要的调查：家庭调查和机构调查，它们对美国的就业情况进行总结。这些报告中有一些是早在过去几年就已经为人所知的数据，它们会对外汇市场产生巨大的推动作用。

③ 零售额。零售额是另一个非常重要的经济指标，月度零售额报告公布的是前一个月

销售给最终消费者的商品价值，零售商是从非常具有代表性的样本中选择出来的。零售额数据包括用美元表示的总零售额，以及它与前一个月的百分比变化值，还包括排除汽车销售额的总零售额。

④ 消费价格指数（CPI）。月度 CPI 是通货膨胀的一个基准指标，它是外汇交易员最为期待的指标之一。CPI 用一篮子普通的、日常使用的消费品的价格与前一年度的价格进行对比。CPI 统计包括两个基础指标——核心 CPI（扣除食物和能源）和连锁加权 CPI。

⑤ 产品价格指数（PPI）。月度 PPI 在 CPI 之前发布，从外汇交易的角度来看，它的主要作用实际上是对 CPI 的预测。CPI 是一个消费者价格指数，而 PPI 是一个生产者价格指数，或批发价格指数。因为消费者价格指数和生产者价格指数紧密相关，所以 PPI 和 CPI 通常可以很好地反映彼此。在 PPI 指标中，核心 PPI（扣除食物和能源）是人们最常参照的指标。

⑥ 耐用品订单报告。耐用品订单报告是一份月度报告，它提供的是向国内生产商订购耐用品的新订单的数据。耐用品指的是工厂生产的耐用商品，使用周期最少为三年，通常包含价格更高的商品，如汽车、电器、工业机械、计算机等。

⑦ 工业生产报告。工业生产报告按月对制造业和工厂产量的百分比变化进行测量。与耐用品订单报告一样，工业生产报告也非常重要，因为它提供了关于关键生产部门的信息。这个部门的重要变化可以暗示实体经济发生了重大变化，包括经济增长、通货膨胀和衰退等。

⑧ 采购经理人指数（PMI）。供应管理协会（ISM）是一个非营利组织，它对 PMI 进行维护，并按月发布这一指数。PMI 是制造状况的一个复合指数，包括新订单、产出水平、就业率、供应商交货期和存货。它实际上是一个反映美国制造部门的情绪指标。

⑨ 就业成本指数（ECI）。ECI 报告是一份由美国劳动统计局按季度发布的报告。这份报告测量了非农业产业，以及州和地方政府的工资补偿成本。和 CPI 一样，ECI 的主要作用是作为通货膨胀指标。基于这一原因，美联储参考它来决定货币政策。

⑩ 住房开工率/现房销售率。住房开工率报告（新住房建设报告）和现房销售率报告提供了对美国住房状况的有力描述。住房开工率报告由美国国家统计局按月发布。虽然是对住房建筑者进行调查，但它主要是收集关于住房开工和获得审批的建设工程的百分比变化的数据。住房开工率通常被当作一个指示——当期经济周期中经济衰退点的指标。

6.4 外汇投资理财的基本策略

无论是投资国内市场，还是投资国外市场，投资的基本策略是一致的，在更为复杂的外汇市场上尤为如此。下面介绍一些基本的投资理财策略。

① 以闲余资金投资。如果投资者将家庭生活的费用用来投资，万一亏损，就会直接影响家庭生计。用一笔不该用来投资的钱生财时，心理上已处于下风，故此在决策时难以保持客观、冷静的态度。

② 知己知彼，正视市场需要。容易冲动或情绪化倾向严重的人并不适合这个市场。成功的投资者大多数能够控制自己的情绪且有严谨的纪律，能够有效地约束自己。一位美国期货交易员说："一个充满希望的人是一个美好和快乐的人，但他并不适合做投资家，一位成功的投资者是可以分开他的感情和交易的。"

③ 切勿过量交易，适当时暂停买卖。要成为成功的投资者，其中一项原则是随时保持3倍以上的资金以应付价位的波动。当资金不充足时，应减少手上所持的买卖合约，否则就可能因资金不足而被迫斩仓。日复一日的交易会令你的判断逐渐迟钝。暂短的休息能令人重新认识市场，更能帮助投资者看清未来投资的方向。

④ 切勿盲目，当机立断。成功的投资者不会盲目听从旁人的意见。当别人都认为应买入时，他们会伺机卖出。当大家都处于同一投资位置，尤其是那些小投资者亦都纷纷跟进时，成功的投资者会感到危险而改变路线。投资外汇市场时，导致失败的心理因素很多，一种颇为常见的情形是投资者面对损失，亦知道已不能心存侥幸，却往往因为犹豫不决未能当机立断，因而愈陷愈深、损失增加。

⑤ 忘记过去的价位。过去的价位也是一项相当难以克服的心理障碍。不少投资者就是因为受到过去价位的影响，才会造成投资判断有误。一般来说，见过了高价之后，当市场回落时，对出现的新低价会感到相当不习惯；纵然各种分析显示后市将会再跌，但投资者在面对这些新低价位水平时，非但不会把自己所持的货售出，还会有买入的冲动，结果买入后便被牢牢地套住了。因此，投资者应当忘记过去的价位。

⑥ 忍耐是一种投资。这一点相信很少有投资者能够做到。从事投资的人，必须培养良好的忍耐力，这往往是成败的一个关键。不少投资者，并不是他们的分析能力低，也不是他们缺乏投资经验，而是欠缺一分耐力，过早买入或者卖出，招致无谓的损失。

⑦ 订下止蚀位置。由于投资市场风险颇高，为避免投资失误带来的损失，每一次入市买卖时，投资者都应该订下止蚀盘，即当汇率跌至某个预定的价位，并还可能继续下跌时，立即交易结清。

第 7 章 银行理财

 理财小故事

刘女士从父亲处得到了 10 万元人民币，但是她觉得银行存款利率太低了，这时她在手机银行 App 上看到一款名为"天添盈增利 1 号净值型理财计划"的理财产品，这款是浦发银行近期推出的一款理财产品，利率达 4.041%，且可实时赎回，于是刘女士就拿 10 万元买了这款银行理财产品。

几个月后，刘女士家里有急事，急需用钱，但是自己卡上并没有那么多钱，这时她想到了几个月前买的银行理财产品，于是立即取出。事情解决后，刘女士心想原来银行理财产品这么好，风险不高，利率也不低，每天有明显的盈利，并且可以随时取出，这样的银行理财产品要多推荐给周围的人。

7.1 银行理财产品的起源与发展

7.1.1 个人理财业务及银行理财产品的概念

个人理财业务是指"商业银行为个人客户提供的财务分析、财务规划、投资顾问、资产管理等专业化服务活动。"商业银行个人理财业务按照管理运作方式的不同，分为理财顾问服务和综合理财服务。

银行理财产品就是指我国商业银行在法律法规核准的经营范围内，运用银行在金融市场上的专业投资能力，按照既定的投资策略代理投资者进行投资而推出的理财产品，或称理财计划。

7.1.2 我国银行理财业务的发展

1. 初创期

2000年9月,中国人民银行改革外币利率管理体制,为外币理财业务创造了政策通道,此时,银行理财产品主要以外汇理财产品为主。

2. 快速成长期

以中国银行业监督管理委员会(以下简称"中国银监会")颁布《商业银行个人理财业务管理暂行办法》和《商业银行个人理财业务风险管理指引》为标志,银行理财产品的发展进入快速成长期。2006—2008年,每年银行理财产品的发行数量和募集资金规模都成倍增长。2007年的新股申购类银行理财产品、2008年的信贷资产类银行理财产品都成为当年银行理财产品市场上最为绚丽的风景。

3. 蓄势调整期

2009年5月,为进一步规范银行理财产品的发展,中国银监会就银行理财产品的报告模式、投资管理等方面的内容颁布了多项通知,重点强调"风险控制""卖者有责""规范银信理财合作"。这些监管法规虽然在投资领域上对银行理财产品进行了一定的限制,对于特定投资标的的客户也提出了更高的要求,但是通过银行理财产品托管人的引入,在一定程度上解决了困扰银行理财产品进一步发展的主体资格问题。

7.2 银行理财产品的分类与构造

7.2.1 按风险属性分类

1. 保证收益产品

保证收益产品指商业银行按照约定条件向客户承诺支付固定收益,由银行承担全部投资风险,或银行按照约定条件向客户承诺支付最低收益并承担相关风险,其他投资收益由银行和客户按照合同约定分配,并共同承担相关投资风险的理财产品。

2. 非保证收益产品

非保证收益产品可细分为保本浮动收益理财产品和非保本浮动收益理财产品。其中,保本浮动收益理财产品是指商业银行按照约定条件向客户保证本金支付,本金以外的投资风险由客户承担,并依据实际投资收益情况确定客户实际收益的理财产品;非保本浮动收益理财产品是指商业银行根据约定条件和实际投资收益情况向客户支付收益并不保证客户本金安全的理财产品。

7.2.2 其他分类

商业银行理财产品还有多种分类方式,这些分类方式对考察理财产品的特征都有重要作用。

1. 按产品币种分类

商业银行理财产品按照币种可以分为人民币产品和外币产品,其中外币主要有:美元、港币、澳元和欧元,还有英镑、日元等。2007 年,在商业银行理财市场上,人民币产品和外币产品各占半壁江山,但是在 2008 年,人民币产品则占绝对优势,这与当时的国际经济和金融环境密切相关。

2. 按产品期限分类

商业银行理财产品期限长短不一,最短的只有几天,而最长的能够达到 8 年。根据产品期限的不同,商业银行理财产品可分为开放式产品、短期产品、中期产品及长期产品。

1)开放式产品

开放式产品指产品存续期内,投资者在合约规定的日期赎回和申购产品,类似于开放式基金,QDII 产品和新股申购产品多采用了这种形式。

2)短期产品

期限在 6 个月以内(含 6 个月)的产品为短期产品。这类产品期限较短,流动性较好,主要为货币市场类产品、信贷资产类产品。

3)中期产品

中期产品指期限在 6 个月至 1 年(含 1 年)的产品。这类产品相对来说期限较长,流动性中等,主要为信贷资产类产品等。

4)长期产品

长期产品指期限在 1 年期以上的产品。这类产品期限较长,流动性较差,主要为证券市场类产品、股权投资类产品等。

7.2.3 单一性产品构造和结构性产品构造

1. 单一性产品构造

单一性产品是指产品未采取任何结构设计,只是将募集的理财资金投资于相关标的市场,本金和收益直接来自同一类资产或资产组合。由于该类产品结构设计简单,因而理财市场中单一性产品较为普遍。需要注意的是,单一性产品并不是指其投资领域单一,而是指理财产品的交易结构中未嵌入金融衍生品。

在单一性产品中,对于本金和收益分配的优先受益权与次级受益权结构的设计与理财产品交易结构的单一并不矛盾。本金与收益分配的优先受益权与次级受益权结构表现在理财资金和财产的分配方面,而交易结构的单一性和结构性则体现在理财资金的运用上。在优先受益权与次级受益权结构的理财产品中,本金和收益在分配方面存在优先和劣后次序,分配原则通常为:优先投资者本金—优先投资者收益—次级投资者本金—次级投资者收益。这种模式主要运用于信托计划、私募基金、债券及证券集合理财产品等投资标的具有较高风险的理财产品中。

优先结构和次级结构的设计原理是将投资者分层,不同层次的投资者对应不同的收益和风险水平。其中,优先级一般为普通投资者,次级则多为发起并管理产品的投资机构或者其他风险承受能力较强的投资者。由于次级投资者的本金主要用于保证优先投资者的资金安全,因而优先投资者和次级投资者投入的资金具有一定的比例安排。投资标的风险越高,要求劣后受益人投入的资金比例也就越高。也就是说,在风险既定的情况下,劣后受益人投资占比越高,优先受益人承受的风险也就越低。

2. 结构性产品构造

结构性产品是金融市场与金融技术结合的产物,是理财市场中为投资者提供理财服务的重要工具。结构性产品可分为传统型产品和现代型产品。传统型产品的结构和交易机制相对简单。现代型产品产生于20世纪80年代初期,在90年代出现了爆炸式增长,其产品结构可以描述为"固定收益证券+衍生产品"。

1) 结构性产品要素

结构性产品包括3个最基本的要素:固定收益证券、挂钩标的和衍生产品。任何一款结构性产品都可以通过这3个要素进行分析。

(1) 固定收益证券

固定收益证券是结构性理财产品的主体部分,通常是用于保证理财产品全部本金或者部分本金安全的资产组合。结构性理财产品对投资者的本金保障可以根据投资者的需求设定,包括4种情况:完全不保本、不完全保本、完全保本,以及保证最低收益。上述保本目标是由固定收益证券及其投资收益实现的。通常结构性理财产品所投资的固定收益证券类型包括债券、银行存款、货币市场基金等风险较低的资产。

为了满足投资者对现金流的要求,部分结构性理财产品采取了分期付息的方式,尤其是那些期限较长的保本型理财产品。由于零息债券形式结构比较简单、明了,便于标准化发行、交易,因此多数固定收益证券投资都采用零息债券的形式。此外,固定收益证券类投资品种的收益率、期限、付息方式等要素对结构性理财产品的结构及收益水平影响较大。投资品种的收益大,将提高保本率、参与率,改善产品的收益结构,增加产品的吸引力。最理想的是存在期限相近的固定收益品种,若不存在该类投资品种就要通过其他品种来构造。而且,投资品种的付息方式最好与结构性产品的付息方式相协调。

(2) 挂钩标的

结构性理财产品挂钩标的主要有股票价格、股票指数、汇率、利率、信用、商品价格与指数、其他标的资产的价格与指数，以及气候、自然灾害等特殊事件的发生。挂钩标的的选择决定了理财产品的风险，从而影响结构性产品收益的支付。

(3) 衍生产品

选择是结构性理财产品设计中最重要的一环，它最终决定了结构性理财产品的收益水平和风险特征。目前，结构性理财产品中所用的衍生产品大多是期权。从结构性理财产品所运用的期权种类来看，最常见的期权有看涨期权、看跌期权、两值期权、障碍期权、分阶段期权、彩虹期权，以及利率上下限期权等。

2）结构性产品分类

从理论上来说，可能构造出的结构性产品数量是无限的。由于结构性产品的灵活性和兼容性，市场对如何将其分类并没有统一的标准。通常最简单的方式是按照挂钩标的资产进行分类，根据标的资产的不同，结构性产品主要分为以下几类：利率挂钩型结构性产品、汇率挂钩型结构性产品、股票挂钩型结构性产品、商品挂钩型结构性产品和信用挂钩型结构性产品等。

(1) 利率挂钩型结构性产品

利率挂钩型结构性产品的收益率与设定的利率指标走势相联系，这类产品是基于对短期利率未来走势的预期而进行的较长期限的管理。利率挂钩型结构性产品又可以大致分为利率远期的结构性衍生产品和利率期权的结构性衍生产品，投资者可以根据对利率走势的看法进行投资。目前，国内的结构性产品主要以与银行间同业拆借利率挂钩的产品为主，其中又以与美元伦敦市场银行间隔夜同业拆借利率挂钩和香港银行间隔夜同业拆借利率挂钩最为常见。

(2) 汇率挂钩型结构性产品

汇率挂钩型结构性产品是一种结合外币定期存款与外汇选择权的投资组合商品。这类产品的收益率与国际市场上某两种货币间市场汇率的未来走势挂钩，具有风险较大、收益较高、期限较短的特点。市场上与汇率挂钩的结构性产品包括两种结构：货币相关结构和双货币结构。

货币相关结构是指在传统的固定利率证券的息票或本金构成中，通过引入远期或期权的方式规避货币波动中的特定风险。其基本操作为：银行与投资者约定，如果收益支付日的实际汇率在约定参考汇率范围内，则按照预先订立的高利率计算收益；如果收益支付日的实际汇率超出约定的参考汇率范围，则按照预先约定的低利率计算收益。

双货币结构是结构性产品的一个特殊类别，投资者购入一定期限定期存款的同时，卖出相同期限的货币期权，总收益由定期存款收益和期权费收入组成。这类产品在购买时采用的货币与到期支付的本息所采用的货币可能不同。具体来说，双货币结构性产品是投资者将到期提取本金的货币选择权交付给银行，投资者可获得银行支付的期权费，从而在到期时可以获得利息收入和期权费收入的一种投资组合。投资者首先要选定产品购买时采用的货币，同时还须选择另一种有可能获得的挂钩货币，银行会根据投资者所选择的那组货币即时报出一个协定汇率。期权到期之日，银行会按协议约定将当时的参考汇率同协定汇率比较，决定以产品购买时采用的货币还是挂钩货币支付产品本金、税后收益和期权费，并且确定最后的收益回报。

（3）股票挂钩型结构性产品

股票挂钩型结构性产品是指产品的收益依附于某一股票或者股票指数未来运动趋势的结构性工具。股票挂钩型结构性产品的风险限于利息部分，投资者的本金受到保护，一般是以投资固定收益买入特定股票期权，当市场的发展有利于投资者时，可以享有较高的利润；当发展不利于投资者时，仅损失固定收益，不影响本金。在亚洲零售结构性产品市场上，股票连接类产品是最受欢迎的投资工具之一。

（4）商品挂钩型结构性产品

商品挂钩型结构性产品是指内嵌商品远期或期权的结构性产品，收益的确定以挂钩商品要素的市场价格在未来的波动方式及其波动结果为基础。这类产品为投资者提供了一种以较低成本对冲商品价格波动的工具。产品挂钩的商品主要包括黄金、原油、铜，以及农产品等。这类产品的收益率较高，但风险也相对较大，适合对选定的挂钩标的物的波动趋势有深入了解，或者其公司的实际经营背景与该商品市场有着密切联系的投资者。

（5）信用挂钩型结构性产品

信用挂钩型结构性产品是结构性产品市场中比较新的一类工具，该类产品的特点在于内嵌信用衍生产品，如期权、互换等，一般针对传统的贷款违约事件，譬如破产、拒付、信用降低等，从而使投资人能够根据连接标的的价值变动、信用价差或违约风险来获取报酬。

7.3 银行理财产品的风险

7.3.1 信用风险

1. 信用风险的基本知识

所谓信用风险，是指债务人或交易对手未能履行合同所规定的义务或信用质量发生变化，从而给债权人或金融产品持有人造成经济损失的风险。

传统的信用风险是指交易对手无力履行合同而造成经济损失的风险，如银行贷款的借款人无力偿还贷款而给银行带来的损失。这种信用风险只有当违约实际发生时才会发生，因此也称为违约风险。

但是,随着现代金融环境的变化和风险管理技术的发展,银行经营"三性"原则中"安全性"原则的深化,信用风险的外延在不断扩大。因此,当交易对手的履约能力即信用质量发生变化时,也会存在潜在的损失。例如,对于银行已经发放的贷款,当借款人因自身经营状况发生改变导致信用评级下降时就可能发生损失,加大了信用风险。银行对可能产生的损失,往往在会计账目处理上计提贷款损失准备,这体现了银行经营的"安全性"原则和会计处理的"谨慎性"原则。

2. 信贷资产类理财产品的信用风险

在银行发行的众多理财产品中,面临信用风险最明显的就是信贷资产类理财产品。信贷资产类理财产品所募集的资金主要用于银行向企业发放贷款或购买银行的存量贷款资产,因此借款企业对贷款本息的偿还构成了信贷资产类理财产品的本金和收益来源,而信贷资产类理财产品的风险也主要来源于其投资的基础资产——贷款的风险。由于银行贷款的主要风险就是信用风险,因此在普通信贷资产类理财产品中,信用风险的大小主要取决于理财资金所运用的贷款资产的质量。当然,嵌入受益权分层设计的信贷资产类理财产品的信用风险还受分层结构的设计和优、劣后占比的影响。

3. 结构性理财产品的信用风险

除信贷资产类理财产品外,与信用风险密切相关的另一类产品就是结构性理财产品。结构性理财产品中"信用挂钩型结构性理财产品"的收益与信用主体的信用直接挂钩,因而具有较高的信用风险。例如,北京银行发行的"心喜信用挂钩型美元理财产品"就在产品收益中明确指出:如果在理财期间相关信用主体没有发生信用违约事件,则年收益率为5.22%;如果在理财期间相关信用主体发生信用违约事件,则年收益率可能低于5.22%。其中,相关信用主体包括国家开发银行、中国进出口银行、中国民生银行、兴业银行、华夏银行;信用违约事件为破产、延迟支付负债的本金和利息。由此可见,一旦发生了信用风险,投资者的投资收益就可能为零。当然,由于这类信用主体拥有国家信用的支持,发生信用违约事件的可能性极小。

7.3.2 市场风险

所谓市场风险,是指由于市场价格(利率、汇率、股票价格和商品价格)的不利变动而导致投资者收益发生损失的风险。具体来看,它可以分为利率风险、汇率风险、股票风险和商品价格风险。

1. 利率风险

利率风险是指由于市场利率的不利变动而导致投资者投资收益下降的风险。利率是资金的价格,这一价格是随市场环境的变化而不断变化的。当然,市场上利率种类繁多,有存贷款利率、回购利率、央票利率和同业拆借利率等。

2. 汇率风险

汇率风险是指由于汇率的不利变动而导致投资者发生损失的风险。

2008年，由于金融风暴在全球范围内蔓延，导致汇率走势跌宕起伏，对外汇理财产品产生了巨大冲击，不少外汇理财产品都暴露在汇率风险之中。对于将人民币兑换成外币进行外币理财产品投资的投资者而言，对汇率风险更是有着切肤之痛。2008年上半年，在金融危机冲击下，美元持续走软，而大宗商品价格和其他高息货币飙升；但到了下半年，全球主要金融市场动荡不安，市场担忧全球经济衰退，投资者纷纷买入美元规避风险，长期呈颓势的美元反而成为"避险"货币。同时，延续数年之久的商品牛市破裂，曾受全球投资者青睐的高息货币，突然间命运大逆转。以澳元为例，2008年初美元兑澳元约0.876 2，升势持续6个月，至7月15日触及25年来的高位0.984 9。但此后澳元汇率直线回落，至10月已跌至0.600 4，全年高低波幅超过30%。这对于投资澳元理财产品的投资者而言，澳元的持续下行无疑给其造成了巨大的损失。

3. 股票风险

股票风险是指由于股票价格的不利变动给投资者带来损失的风险。在银行发行的理财产品中，面临股票风险的理财产品主要是新股申购类理财产品和与股票价格相关的结构性理财产品。

4. 商品价格风险

商品价格风险是指由于各类商品价格发生不利变动而给投资者带来损失的风险。这里的商品包括可以在二级市场上交易的某些实物产品，如农产品、矿产品（包括石油）和贵金属等。

7.3.3 流动性风险

理财产品的流动性是指投资者持有的理财产品可以随时得到偿付或者在不贬值的情况下出售，即无损失情况下迅速变现的能力。流动性风险是指投资者持有的理财产品不能在无损失的情况下迅速变现而使投资者支付出现困难的风险。银行理财产品的流动性风险主要取决于3个因素：投资期限、提前赎回条款设计和质押条款设计。

1. 投资期限

理财产品的投资期限是决定投资者流动性风险的最根本因素。一般而言，投资期限越长，投资者面临的流动性风险就越大。

2. 提前赎回条款设计

若理财产品设计中加入了提前赎回条款，则理财产品的流动性增强，流动性风险会有所降低。

3. 质押条款设计

若理财产品设计中加入了产品可质押的条款,则理财产品的流动性有所增强,流动性风险有所降低。对投资者而言,质押率越高,投资者面临的流动性风险越低。

7.3.4 再投资风险

理财产品的再投资风险,是指由于银行提前终止理财产品,导致投资者在市场上难以找到收益率比原理财产品高或与原理财产品相当的理财产品,从而不得不投资于收益率较低的产品而发生的风险。

在理财产品设计条款时,通常会设计"银行可提前终止理财产品"的条款。例如,中信银行发行的"中信理财快车计划"的产品说明书中明确提出:如遇国家金融政策或信贷政策出现重大调整、信贷市场出现重大变化,影响本产品的正常运作时,产品管理人有权提前终止本产品;如信贷资产的借款人提前还款,产品管理人有权全部或部分提前终止本产品或替换信贷资产。可见,投资者投资这款产品就面临再投资风险。当然,也有银行在设计产品时设计"银行无权提前终止理财产品"的条款。例如,招商银行发行的"金葵花"理财计划,该产品投资于债券和货币市场,产品说明书中就明确提出"该理财计划存续期内,招商银行无权提前终止本理财计划。"

7.4 银行理财产品的投资选择

7.4.1 保证收益理财产品和非保证收益理财产品的选择

1. 保证收益理财产品的选择

保证收益理财产品分为保本固定收益产品和保证最低收益产品。下面以保本固定收益产品为例介绍保证收益理财产品的选择。保本固定收益产品的风险全部由商业银行承担。投资者无须承担产品的风险,其性质如同商业银行存款产品。在收益方面,主要作两个方面的对比:第一,与同类理财产品比较,在期限相同的情形下,选择年化收益率高的产品;对于不同期限的产品,同样选择年化收益率高的产品,但是需要考虑流动性要求。第二,与定期存款比较,投资者选择投资商业银行理财产品,特别是保本固定收益产品,主要原因在于商业银行理财产品能带来超额收益。这个超额收益是针对商业银行定期存款而言的,只有超额收益大于零,投资者购买商业银行理财产品才能获得利益。

与商业银行定期存款比较的方法有两种:一是相对法,采用 E/I 进行比较,其中 E 为产品的年收益率,I 为同币种相似期限的定期存款利率,这种方法主要考察产品年化收益率高出定期存款的比例;二是绝对法,采用 E/I 进行比较,这种方法主要考察产品年化收益率高出定期存款利率多少，从而直接计算出产品的超额收益。不过，由于商业银行理财产品存在一定时间的认购期和清算期，在认购期一般支付活期存款利息收入，而清算期则不支付任何收益，因此投资者在进行收益比较时，有时需要考虑这两个因素，以得到更加完整的比较结果。

保证收益理财产品仍然存在一定的风险，投资者在选择时需要注意。

1) 再投资风险

由于商业银行不能无条件向投资者支付高于同期定期存款的收益率，因此在理财产品设计中增加了商业银行提前终止的期权条款，赋予商业银行有权但无义务提前终止理财产品的权利。如商业银行提前终止理财产品，则理财产品的实际理财期可能小于预定期限，投资者无法实现期初预期的理财收益。一般情形下，尽管理财产品提前终止只减少投资者的绝对收益，相对收益率并不会降低，但如果理财产品被提前终止，投资者将面临资金闲置的问题，需要寻找新的投资渠道，这将增加理财资金的闲置成本和再投资成本。

2) 违约赎回风险

多数商业银行规定在到期日或提前终止日向投资者支付全额本金及约定的理财收益，但如果因为投资者违反理财产品说明书的约定，赎回其购买的产品，则本金保证条款对该投资者不再适用。此种情况下，投资者除了可能丧失产品说明书约定的理财收益外，投资本金也可能会因市场变动而蒙受损失。这个与定期存款相比，风险相对大。定期存款如果提前支取，主要是损失部分利息收入，但是本金并不会受到影响。

3) 流动性风险

在理财产品存续期内，投资者不享有赎回权利。也就是说，投资者在急需资金时，不能及时赎回资金。通常情形下，投资者如果要求提前赎回资金，银行并不会办理，假如为投资者办理了相关手续，投资者就算违反了合约，存在资金损失的可能性。

4) 产品不成立的风险

如果在产品开始认购至认购结束期间，因市场发生剧烈波动或者募集资金未达到理财产品运行所规定的最低要求，商业银行经过判断难以按照产品说明书规定向投资者提供理财服务的，商业银行有权宣布理财产品不成立。

5) 利率风险

在该类理财产品中，利率风险只表现出单一方向。如果在理财期内，市场利率上升，理财产品的收益率不随市场利率上升而提高；市场利率下调，理财产品的收益率也不受任何影响，这与浮动收益理财产品存在较大的区别。

6) 政策风险

理财产品是针对当前的相关法规和政策设计的，如国家宏观政策及市场相关法规和政策

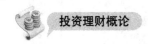

发生变化，可能影响产品的受理、投资、偿还等正常进行。

7）不可抗力风险

由于自然灾害、战争等不可抗力因素的出现，可能影响产品的受理、投资、偿还等的正常进行，甚至导致产品收益降低乃至本金损失。对于由不可抗力风险所导致的任何损失，由投资者自行承担，商业银行对此不承担任何责任。

投资者在选择保本固定收益产品时，不能只期待收益，而不考察其风险。在金融市场波动较大时，产品的再投资风险、产品不成立风险将会显现出来。当市场情势较好，上述风险很少会显现出来，但是并不表示这些风险不存在。综合保本固定收益产品的收益和风险特征，可以看出这类产品是风险承受能力较低的投资者的首选。

2. 非保证收益理财产品的选择

1）保本浮动收益产品

保本浮动收益产品的收益和风险主要由产品所投资的对象来确定，但是除了投资对象特定的风险之外，这类理财产品也有部分共同风险。投资者在选择保本浮动收益产品时，需要注意以下几点。

首先，理解保本的性质。商业银行承诺保本，但是保本是有一定条件限制的。一般情形下，理财产品到期或者提前终止时，本金才能够获得保证，如果投资者提前赎回，则面临着本金损失的风险。因此，投资者在选择长期的保本浮动收益产品时，应当做到与自己的资金需求相匹配，避免紧急需求资金时提前赎回产品进而造成本金损失。

其次，注意预期收益概念。预期年收益率只是商业银行根据当前市场情况和资产的实际状况测算的收益率，并不是商业银行对投资者承诺的到期实际年收益率，这个是与保证收益产品最大的区别。投资者的收益高低需根据理财期市场波动情况和资产状况进行判别，与市场风险、资产存在的风险等密切相关。

最后，再投资风险、利率风险和产品不成立风险等同样存在于保本浮动收益产品中，这些风险发生的概率虽然较低，但是同样值得投资者关注。

与保本固定收益产品相比，保本浮动收益产品从理论上来分析，其风险越高，收益存在的不确定性就越大，投资者在选择时需要考虑的因素增多，因此这类产品适合风险承受能力中等的投资者。

2）非保本浮动收益产品

非保本浮动收益产品属于风险最高的一类产品，其风险不但体现为收益的不确定性，本金同样存在较大的不确定性。对于这类产品，其风险特征主要根据其投资对象和市场、政策变化情形来判定。投资者需要在理念上明确风险的存在，即便理财市场中绝大部分非保本浮动收益产品实现了本金和收益的全额支付。

7.4.2 单一性产品和结构性产品的选择

1. 单一性产品的选择

单一性产品是目前市场中主要的商业银行理财产品,虽然结构简单,但不同投资类别的产品收益和风险千差万别,投资者在选择单一性产品时,需要注重以下几个方面。

首先,了解自己。投资者在选择产品时,需要对自己作出全面了解,包括对风险承受能力的了解、对收益需求的了解,以及对资金流动性需求的了解等各个方面。

其次,了解产品收益和风险类型。在选择单一性产品时,投资者需要了解产品是否为保证收益产品。

再次,了解产品投资方向。对于风险和收益类型相同的产品,其收益和风险特征主要集中在产品的投资方向。例如,货币市场类产品的风险低于资本市场类产品,同时收益也可能低于资本市场类产品。

最后,了解产品的各个要素条款,包括产品的币种、产品期限、风险控制措施等。

2. 结构性产品的选择

结构性产品由于嵌入了衍生产品,并且多数产品设计复杂,因此投资者对这类产品总是一知半解,在购买时未能完全理解产品的收益和风险特征。结构性产品的选择主要从以下几个方面入手。

1) 了解产品风险

结构性产品的挂钩标的涉及广泛,主要有利率、汇率(含货币指数)、股票(含股指)、商品(含商品指数)和信用等。不同市场有着不同的风险特征,但是也有共同的风险。

(1) 市场风险

市场风险又称价格风险,是指标的资产价格变化或者波动导致结构性产品的价值或者价格变动而引起的风险。这种风险一般可以通过数量控制的方式来把握和管理。在市场风险中,往往以利率波动带来的利率风险最为突出。由于金融机构的资产绝大部分是金融资产,利率波动会直接导致其资产价值的变化和波动,使机构的持续经营能力受到威胁,因此金融机构在风险管理中常把利率风险单独列出。

另外,由于结构性产品中所蕴含的衍生产品往往具有以小博大的资金杠杆效应,在标的资产变化相同的幅度时,结构性产品的市场风险通常会高于基础性金融产品的市场风险,加上市场风险往往可以通过数量控制的方式来把握和管理,因而在结构性产品的风险管理中,市场风险是最应关注的风险类型。

(2) 信用风险

信用风险又称违约风险,是指在结构性产品交易的过程中,交易对手违约或无力履约给结构性产品持有者带来的风险。信用风险还包括由于债务人信用评级的降低,致使其债务的市场价格下降而造成的损失。金融衍生产品的信用风险通常与合约期限的长短成正比。具体来看，信用风险一般包括两方面的内容：一是对方违约可能性的大小；二是违约造成的损失多寡。前者取决于交易对手的资信，后者取决于金融工具所具有的价值。

从后者看，衍生金融工具的信用风险与金融机构的信贷风险存在一定的差别。在金融机构信贷中，只要企业破产或无力清偿，金融机构就会出现损失。衍生金融工具的信用风险则要具备两个基本条件：其一，交易对方因财务危机而违约；其二，在合约的余期内，违约方的合约价值为负值。如果在合约的剩余期内对方的合约价值为正，就不会出现信用风险。

（3）流动性风险

一般认为流动性风险主要包括两类：市场流动性风险和资金流动性风险。市场流动性风险是指由于市场交易不足而无法按照当前的市场价值进行交易所造成的损失。资金流动性风险是指现金流不能满足债务支出的需求而迫使机构提前清算，从而使账面上的潜在损失转化为实际损失，甚至导致机构破产。其中，资金收支的不匹配包括数量上的不匹配和时间上的不匹配。

从宏观上看，流动性风险可以被视为一种综合性风险，它是其他风险在金融机构整体经营方面的综合体现。例如，市场风险和信用风险的发生不仅可以直接影响金融机构的资产和收益而导致流动性风险，还可能引发"金融恐慌"而导致整个金融系统的流动性不足危机。

对于结构性产品而言，市场流动性风险主要是指发行产品之后，在市场上进行投资交易或动态对冲时无法找到合适的平仓机会而带来的风险，这也往往是和市场风险联系在一起的。而资金流动性风险则是和金融机构整体的流动性风险有关，在结构性产品层面上对这个问题关注较少。

（4）操作风险

操作风险指因为欺诈、未授权活动、错误、遗漏、效率低、系统失灵或是由外部事件而蒙受损失的风险。此项风险潜藏于每个商业机构之中，涉及的层面非常广。投资者在选择结构性产品时，需要对挂钩标的风险进行了解。例如，在分析汇率挂钩型结构性产品时就需要全面考虑影响汇率的因素，并判断汇率的大致走势。

2）了解产品设计结构

根据结构性产品衍生合约的性质来考察不同类型的期权，其对产品的作用各异，进而产品适合的投资群体也不同。

（1）看涨期权

如果投资者认为标的资产价格在未来一段时期将上涨，则可以选择嵌入看涨期权多头的结构性产品，但是需要承担标的资产价格下跌的风险。这类产品适合于稳健型的、对市场未来看多的投资者。

反之，如果投资者认为标的资产价格在未来一段时期将下跌，则可以选择嵌入看涨期权空头的结构性产品,但是需要承担标的资产价格上涨带来的全部风险。这类产品适合于追求高收益的、对市场未来看空的风险承担者。

(2)看跌期权

如果投资者认为标的资产价格在未来一段时期将下跌,则可以选择嵌入看跌期权多头的结构性产品,投资者可以获得标的资产价格下跌的收益而无须承担价格上涨的风险,因而这类产品适合稳健型的、对市场未来看空的投资者。

反之,如果投资者认为标的资产价格在未来一段时期将上涨,则可以选择嵌入看跌期权空头的结构性产品,但要承担未来标的资产价格下跌的全部风险。这类产品适合于追求高收益的、对市场未来看多的风险承担者。

(3)两值期权

两值期权最大的特点在于其最低回报为零,因此在结构性产品中经常使用。

如果投资者认为在未来一段时期标的资产价格将高于执行价格,则可以选择现金或无价值看涨期权和资产或无价值看涨期权,投资者不必承担标的资产价格低于执行价格带来的风险;反之,如果投资者认为在未来一段时期标的资产价格将低于执行价格,则可以选择现金或无价值看跌期权和资产或无价值看跌期权,投资者不必承担标的资产价格高于执行价格带来的风险,嵌入这类期权合约的结构性产品适合于稳健型投资者。

如果投资者认为在理财期内标的资产价格将保持在一定范围内波动,则可以选择范围两值期权,如果一直处于范围波动,则投资者可以获得约定的收益;反之收益为零。累积范围两值期权更加可以增加投资者收益的机会,这种期权方式是每日计息,只要当天标的资产价格在范围波动,则投资者可以获得收益;否则为零。嵌入此类期权的结构性产品适合稳健型投资者。

(4)分阶段期权

分阶段期权是将理财期进行分割,分为多个观察日进行观察,这增加了投资者获取收益的概率,远大于只有一个观察日获取收益的概率。其中,标准分阶段期权可以看作一系列普通欧式看涨期权多头组合或者看跌期权多头组合,投资者需要对标的资产价格作出预期,这种形式的期权在结构性产品中经常采用。逆向分阶段期权则可以看作一系列普通欧式看涨期权空头组合或者看跌期权空头组合。这类产品的适合人群需要根据结构性产品中嵌入的期权形式判定,可以参考看涨期权和看跌期权。

(5)彩虹期权

这类期权在结构性产品中同样经常采用。产品的收益主要取决于标的资产篮子中表现最差或者表现最好或者表现最好与表现最差之间的差值。这类结构性产品通常是看涨某一系列标的资产、看跌某一系列标的资产或者同时看涨和看跌两类不同性质的标的资产,需要标的资产篮子中的标的资产具有高度相关性。一般情形下,嵌入价差期权(表现最好与表现最差之间的差值）的结构性产品获取高收益的可能性较低。

（6）障碍期权

嵌入障碍期权的结构性产品就是商业银行理财产品中的自动提前终止的条款。在外资银行结构性产品中，障碍期权普遍存在。当产品满足说明书中规定的条件时产品终止，即期权不存在。

（7）亚式期权

对于投资者来说，亚式期权实现收益的可能性较大，但在结构性产品中较少使用。这类期权适合于认为未来一段时期标的资产价格呈现反转走势的投资者。

3）了解相关参数

对于结构性产品来说，最为重要的参数是保本率、参与率和比较基准值等。

保本率的高低，直接决定了投资者投资本金参与固定收益证券部分的比例，也间接决定了投资者参与衍生产品份额的多寡。一般保本程度越高，参与衍生产品收益的比例就越小。

与期权设计相关的参数是参与率。参与率的高低直接决定了投资者参与股票期权的比率。一般参与率越高，参与股票期权收益的比例就越大，能获得的保本程度也就越低，风险也就越大。

比较基准值是用来确定结构性产品获取收益的概率的重要参数。例如，如果区间型产品区间设定过窄，则较容易突破范围，投资者获取收益的概率就较低。

7.4.3 货币市场类、资本市场类和产业投资类产品的选择

1. 货币市场类产品的选择

货币市场类产品投资风险较低，但是收益也相对较低。

1）银行间债券市场的风险

（1）流动性风险

我国银行间债券市场具有一个突出的特点：监督成本趋于零，且未对境外投资者开放。作为批发市场，我国银行间债券市场机构投资者体系是以商业银行等契约型储蓄机构为主，与成熟债券市场中商业银行不是主要投资者正好相反。这种契约型储蓄机构交易趋同性突出，市场敏感度弱，且各机构均处于增债券时期，导致银行间债券市场流动性风险较高。

（2）利率风险

伴随着我国利率市场化进程的加快，利率类衍生债务工具的缺失凸显了银行间债券市场利率风险。因为利率市场化必然带来利率价格的波动，如果没有配套利率风险管理的衍生债务工具，必然扩大银行间债券市场的利率风险，进而会波及再投资风险与收益率曲线风险。2007年，央行将准备金率连续上调，银行间债券市场出现大幅震荡，便是银行间债券市场利率风险的突出一例。由于没有利率类衍生债务工具，持券机构只能持有或单边出售。

另外，伴随银行间债券市场的发行市场化，利率类衍生债务工具的缺失加剧了机构利率风险。国债的发行及全部政策性金融债券的发行，逐渐过渡到不设预定价格区间的招标，也不再规定"发行期"，金融机构承销后即可进入二级市场随行就市发售，这其中的利率风险是显然的。

对于投资者来说，如果利率上升，将导致债券价格的下降，因而使得收益率下滑。

（3）信用风险

信用度是机构自律行为和他律行为的体现，银行和非银行金融机构作为银行间债券市场的操作主体，在信用拆借或是回购交易中都充分利用信用保证资金。信用拆借本身即是信用利用，回购交易中的信用利用则在回购交易的具体操作中体现出来。回购是一种债券质押融资行为，利用回购放大操作在市场中比较普遍，在这种情况下，逆回购方的风险要远大于正回购方。目前，市场中比较普遍的回购结算方式是首次见券付款和到期见款付券。由于资金需求的延续性导致了回购交易的延续性，逆回购方经常在回购到期日将资金再次融出给正回购方，所质押的债券也就是当日到期的券种。虽然目前资金还无法实现实时清算，但原到期回购业务的正回购方上午将到期资金发出，这笔资金基本在下午就能够到达逆回购方。此时，逆回购方根据到期见款付券方式的规定，收到款后对质押债券进行解冻，原到期回购交易结束。新的回购业务在当天开始，逆回购方根据首次见券付款方式的规定，要在券足的情况下付款，即付款时间因抵押债券不足而延迟，有无法到达正回购方的风险。为了达到券款当天均实现交割，在通常情况下，逆回购方在收到正回购方的汇款凭证传真后，即为逆回购方的回购到期债券予以解冻，并为新一笔回购交易进行资金的汇划，以上操作的事实是逆回购方承担了大约相当于抵押债券两倍的资金风险，即质押正回购方一笔债券，逆回购方两笔资金在途，如果正回购方存有恶意，则逆回购方遭受损失。

（4）买断式回购业务的风险

买断式回购的信用风险要高于封闭式回购，封闭式回购中的信用风险主要表现在逆回购方，而买断式回购的信用风险则表现在交易双方。

① 受利益驱动，正逆回购方违反回购协议的信用风险。如果回购到期时相应债券的价格出现大幅上涨，且价格远远高于事先约定的返售价格，按低于市场的价格将债券返售给正回购方就会失去价差交易的机会，因此逆回购方就可能选择不按初始回购价格履行返售质押券义务。反之，对正回购方而言，如果回购到期时相应债券的价格大幅下跌，且价格远远低于事先约定的购回价格，按高于市场的价格购回质押券就会多支付购券成本，因此正回购方就有可能选择不按初始购回价格履行购回义务，从而减少融资成本而获利。

② 回购资金使用不当造成的交易链断裂的信用风险。投资者通过循环的卖空交易构成了交易链，发挥出杠杆投资的作用。但如果投资者在交易链末端对经回购交易融入的资金使用不当，就会使整条交易链连锁发生到期偿付困难，从而引发信用风险。

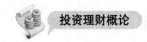

③ 交收失败导致的信用风险。在国债买断式回购中，如果交易双方的资金、债券不能按约定的时间同步交付，则对先交付的一方形成了两种风险：如果另一方一直不交付，则对先交付的一方形成信用风险；如果另一方延迟交付，则对先交付的一方形成信用风险。

2）票据风险

银行承兑汇票虽然拥有商业银行的承诺兑付，但是仍然存在风险。根据目前我国票据业务风险的表现形式，可将票据风险分为信用风险、经营风险和道德风险。

（1）信用风险

票据业务最典型的风险是信用风险，主要指银行对票据承兑后，由于承兑申请人支付能力不足，或其不愿意履行已签订的合约，造成银行到期被迫垫款，导致资金损失的风险。越权或超额承兑是当前信用风险最基本的表现形式。由于票据业务作为一项中间业务，不列入资产负债表表内核算，导致部分金融机构放松警惕，放宽条件，超越自身权限大量承兑商业汇票，造成银行信用的极度膨胀。

除此之外，滚动承兑也是信用膨胀风险的一个主要原因。典型的做法是：企业用低额保证金开出商业汇票，然后去银行贴现，用贴现出来的资金再以保证金的形式开出新的商业汇票，这个过程不断循环，套取银行信用，形成了保证金—承兑—贴现—保证金—再承兑—再贴现的怪圈。在这个循环过程中，信用极度膨胀，从而形成了票据的泡沫市场。通过这个过程，企业可以签发超过自身资产数倍的票据；银行既可以获得存款业务的虚假繁荣，掩盖存款结构上的深层次问题，也可以以贷吸存、以票引存，这样新的资产风险就此产生。

（2）经营风险

票据的经营风险即银行业务经营和内部运作的风险，包括决策失误导致的损失、业务操作中的技术性差错或不规范操作导致的损失，以及意外事故导致票据权利丧失使银行遭受的损失。

（3）道德风险

从其诱发的动机来看，票据的道德风险可分为有意识的道德风险和无意识的道德风险。另外，可将道德风险分为持票人风险和银行内部人员风险。持票人风险指社会上的一些不法人员利用伪造、变造票据，"克隆"票据，票据"调包"，伪造、虚开增值税发票，伪造、变造贸易合同，或与银行内部人员勾结有意识地诈骗银行资金。银行内部人员风险是由于企业和银行内控不严，银行内部人员作案或内外勾结作案而给银行造成资金损失。银行内部人员作案，不容易被事前发现，且一般金额巨大。

2. 资本市场类产品的选择

资本市场类产品直接投资于资本市场，包括股票、基金、债券等，其风险相对较高。资本市场类产品主要存在市场风险、流动性风险等 6 类风险。

1）市场风险

市场风险是指由于国际金融市场受到各种因素影响，导致投资组合内的资产价格变化，从而导致资产收益减少，甚至本金损失，出现产品净值跌破面值的风险。

2）流动性风险

流动性风险是指投资组合的有价证券资产不能迅速转变为现金，或因资产变现而导致的额外资金成本增加的风险。

3）管理风险

在产品运作过程中，可能因投资管理各方对经济形势和金融市场走势等判断有误或对于投资工具使用不当等影响资金收益水平和本金安全。

4）政策风险

产品主要投资于依法公开发行的各类证券，如遇国家金融政策发生重大调整，可能会影响产品预期收益及本金安全。

5）系统性风险

系统性风险是指由于全局性的共同因素引起的投资收益的可能变动，这种因素以同样的方式对所有证券的收益产生影响。

6）其他风险

其他风险是指由于自然灾害、战争、证券交易所系统性故障等不可抗力因素的出现，严重影响金融市场的正常运行，使得产品的受理、投资、偿还等可能无法正常进行，进而影响产品资产的本金和收益安全。

3. 产业投资类产品的选择

1）信贷资产类产品

在众多银行理财产品中，信贷资产类产品风险较低，低于证券投资类产品，但是收益较高，远高于债券和货币市场类理财产品等，适合于稳健型投资者。投资者选择信贷资产类产品时，应主要关注其信用风险、利率风险和再投资风险。

（1）信用风险

信用风险是指借款人在贷款到期时，无力或者不愿偿还贷款本息，或由于借款人信用评级下降带来的风险。它可以分为道德风险和企业风险。

投资者在选择信贷资产类产品时，一定要先了解借款人的资料，考察其在商业银行的信用等级、信贷资产的等级，以及是否采取了信用增级措施，以保证借款人到期能够偿还本金和利息，保证信贷资产的安全。

（2）利率风险

由于信贷资产类产品的收益率与贷款利率成正比，并且多数信贷资产类产品中的贷款采用浮动利率，因此利率的变动对这类产品的收益率影响较为明显。

（3）再投资风险

2008年9月，我国连续降息导致部分借款人提前偿还贷款，信贷资产类产品的基础资产流失，从而出现了"提前终止潮"，投资者面临再投资风险。

2）股权投资类产品

在选择非上市公司股权投资类产品时，投资者应注意关注以下几个层面的问题：第一，股权回购方的信用状况和财务状况。在非上市公司股权投资类产品中，为了保证资金的退出，设定了股权的回购合约，投资者需要考察股权回购方的信用状况和财务状况。第二，担保人的信用风险。通常在股权投资类产品中有保证人对股权回购方的回购协议提供担保，如果担保人未能履行担保责任，投资者可能遭受损失。第三，抵押物的资产状况。在非上市公司股权投资类产品中，采取了抵押担保的方式保证资金的安全，投资者需要对抵押物的实际价值、未来预期价值等作出判断。一般情形下，由于非上市公司股权投资类产品采取了较为完善的保全措施，风险控制效果较为明显，因此这类产品相对安全；同时，非上市公司股权投资类产品收益相比其他类别产品较为理想，因此这类产品是投资者不错的选择。

上市公司股权投资类产品与非上市公司股权投资类产品相比，区别主要在于其退出机制的不同。上市公司股权投资类产品退出主要是通过二级市场出售所购买的股权，同时为了保证资产的安全，一般采取优先劣后级设计或者追加保证金，以控制股权的价格高于止损线。从中可以看出，上市公司股权投资类产品首先面临的风险为市场风险，金融市场的波动将导致股票价格的变化，从而可能影响产品的收益；再次考察止损线，止损线直接决定了优先级和次级之间的比例或者追加保证金的数额。

第 8 章 保险理财

 理财小故事

几年前，因为王先生发现妻子怀孕，他们取消了筹备半年多的美国之行。去美国是他们很早之前就着手规划的旅行，一来想去看看和图书、电影里不一样的美国；二来也可以探望一下在美国读书、工作的老朋友。旅行取消了，早早支付的机票钱眼看也要打水漂儿——由于预算有限，王先生在选择打折机票的同时，也放弃了全款退票的权利。这笔两人共计 1 万多元的损失，似乎不可避免了。当他郁闷地重新整理旅行资料时，无意中看到了申请签证时购买的境外旅游保险，其中包含一个名为"旅行取消"的责任，具体内容如下：当被保险人或其配偶被诊断出怀孕，需要取消原定行程时，对被保险人已预先支付但未使用且无法退回的交通、住宿、门票及其他本保险合同明确列明的旅行产品的费用，保险人按照本保险合同约定负责赔偿。逐字念完这段话，王先生突然发现自己可以申请理赔了。最后，除了 1 万多元的机票，6 000 多元不可退回的住宿费用也全部获得赔偿。

8.1 保险理财概述

8.1.1 保险理财概念

目前，我国可供选择的投资理财工具主要有储蓄、债券、保险、股票、基金、期货、外汇等，但我国居民主要的理财方式仍然是储蓄，大约占全部金融资产的 80%以上。银行储蓄虽然具有一定安全性，但无法规避通货膨胀的风险。保险理财不仅可以规避通货膨胀的风险，而且能将人生、财产等不可预料的风险转嫁给保险公司，是家庭财富管理必要的工具。

从经济学角度来看，保险是一种损失分摊的方法，由单位和个人缴纳保费建立保险基金，来分担少数成员的损失；从法律意义上说，保险是一种合同行为，即通过签订保险合同，明确双方当事人的权利与义务，被保险人以缴纳保费获取保险合同规定范围内的赔偿，保险人则有收取保费的权利和提供赔偿的义务。近年来，随着我国保险市场快速发展，保险产品不断创新，保险不再单纯是风险保障的工具，还增加了投资理财的功能，即出现了保障兼投资收益的产品，保险业迈入了一个新的发展阶段。

8.1.2 保险理财的特点

保险既具有保障功能，又具有投资理财的功能，是家庭理财的工具之一，但是它与银行存款、证券投资等理财工具又有很多不同之处，它的特点主要体现在以下几点。

1. 保险理财是一种经济补偿制度安排

经济补偿职能是保险的基本职能。通过保险理财，投保人获得了保险保障，实现了对危险损失的风险转移，是一种影响生产要素的所有者之间配置风险的制度。保险通过它的内在机制，不仅分散了风险、提供了经济补偿，而且可以在更广泛的层面上为增进社会福利做贡献。

2. 保险理财是合理避税的有效途径

居民个人缴纳的"四险一金"等费用是税前扣除的；而对于社会保险之外投保的商业人寿保险，国家并没有规定保费可以在税前扣除。与此同时，我国税法规定，企业或个体工商户投保的财产保险、运输保险等保险费是可以在税前扣除的，这对于那些拥有自己工厂、商店的人来说显然是一项优惠政策。我国税法明确规定企业或个体工商户投保财产保险、运输保险等险种，因保险事故遭受损失而得到的保险赔偿金，政府是免征所得税的；对于人寿保险给付，虽然税法并未明确规定免征所得税，但实际操作中居民个人所获得的寿险给付是不必交纳个人所得税的。综上所述，购买保险可享受国家的税收减免优惠。

3. 保险理财可以规避通货膨胀风险及利率风险

目前，我国投资渠道极为广阔，人们可以选择银行存款、购买股票、房地产投资、购买各种债券等多种投资方式，但是这些投资方式非常容易受到通货膨胀及利率波动等各种因素的影响，而保险产品则具有较强的稳定性，它本身就是一种分散风险的理财行为，其预定利率具有前瞻性且一般对国家的利率变化并不特别敏感。

8.1.3 保险理财的原则

金融理财师在为客户进行保险理财规划时，通常应遵循以下三个原则。

1. 商业保险与社会保险相结合的原则

在为个人或家庭提供保险理财规划时，金融理财师必须首先明确国家和企业层面所能提供的社会保险保障程度和内容，扣除这些已有的保障后，剩余的经济安全需要再通过家庭成员互助、个人储蓄和商业保险等个人层面得到满足。

2. 转移风险的原则

每一个投保人购买保险都是为了转移风险，以在发生保险事故时可以从保险公司获得约定的经济补偿。因此，任何人在投保前必须全面地、系统地分析自身或家庭面临的各种风险，明确哪些风险可以采用自留、避免、损失控制等非保险方法进行管理，哪些风险必须采用保险方法转移给保险公司。

3. 量力而行的原则

保险是一种经济行为，通常只有投保人先付出一定保费才能获得相应的保险保障。投保的险种越多，保障越全，保险金额越高，所需保费也就越多。因此，保险理财规划应该在个人或家庭财务规划的基础上进行，充分考虑个人或家庭的经济实力，量力而行，尽量在保费支出一定的情况下获得最大的保障。

8.1.4 保险理财的基本步骤

1. 确定保险标的

制订保险计划的首要任务就是确定保险标的。保险标的是指作为保险对象的财产及其相关利益，或者人的寿命和身体。投保人可以以其本人、与本人有密切关系的人、他们所拥有的财产及他们可能依法承担的民事责任作为保险标的。一般来说，各国保险法律都规定，只有对保险标的有可保利益才能为其投保，否则，这种投保行为是无效的。

对于财产保险，可保利益是比较容易确定的，财产所有人、经营管理人、抵押权人、承担经济责任的保管人都具有可保利益。人寿保险可保利益的确定就要复杂一些，因为人的生命和健康的价值是很难用经济手段加以衡量的。所以，衡量投保人对被保险人是否具有可保利益，就要看投保人与被保险人之间是否存在合法的经济利益关系，比如投保人是否会因为被保险人的人身风险发生而遭受损失。通常情况下，投保人对自己及与自己具有血缘关系的亲人，或者具有其他密切关系的人都具有可保利益。

购买适合自己或家人的人身保险，投保人有三个因素要考虑：一是适应性。自己或家人买人身险要根据需要保障的范围来考虑。二是经济支付能力。买寿险是一种长期性的投资，每年需要缴存一定的保费，每年的保费开支取决于自身的收入水平。三是选择性。个人或家人都不可能投保保险公司的所有险种，只能根据家庭的经济能力选择一些险种。在有限的经济能力下，为成人投保比为儿女投保更实际，特别是作为家庭经济支柱的成员，其生活的风险比小孩要高一些。

2. 选择保险产品

人们在生活中面临的风险主要可以归纳为人身风险、财产风险和责任风险。而同一个保险标的会面临多种风险。所以，在确定保险需求和保险标的之后，就应该选择准备投保的具体险种。例如，对人身保险的被保险人而言，他既面临意外伤害风险，又面临疾病风险，还有死亡风险等。所以，投保人可以相应地选择意外伤害保险、健康保险或人寿保险等。而对于财产保险而言，同一项家庭财产也会面临着不同方面的风险。例如，汽车面临意外损毁或者失窃的风险，这时投保人可以相应地选择车辆损失保险、全车盗抢保险，或者是两者的组合。投保客户只有在专业人员的帮助下准确判断自己准备投保的保险标的的具体情况，进行综合的判断与分析，才能选择合适自己的保险产品。

在确定购买保险产品时，还应该合理搭配险种。投保人身保险可以在保险项目上进行组合，如购买一两个主险附加意外伤害保险、重大疾病保险，使被保险人得到全面保障。但是在全面考虑所有需要投保的项目时，还需要进行综合安排，应避免重复投保，使用于投保的资金得到最有效的运用。这就是说，如果投保人准备购买多项保险，那么就应当尽量以综合的方式投保，因为这样可以避免各个单独保单之间出现重复，从而节省保险费。

3. 确定保险金额

在确定保险产品的种类之后，就需要确定保险金额。保险金额是当保险标的发生保险事故时，保险公司所赔付的最高金额。一般来说，保险金额的确定应该以财产的实际价值和人身的评估价值为依据。

财产的价值比较容易计算。对一般财产，如家用电器、私家车、住宅等，保险金额由投保人根据可保财产的实际价值自行确定，也可以按照重置价值，即重新购买同样财产所需的价值确定；对特殊财产，如古董等，则要请专家评估。购买财产保险时可以选择足额投保，也可以选择不足额投保。由于保险公司是按实际损失程度进行赔偿的，所以一般不会出现超额投保或者重复投保的情况。一般来说，投保人会选择足额投保，因为只有这样，当发生意外灾难时，才能获得足额的赔偿。如果是不足额投保，一旦发生损失，保险公司只会按照比例赔偿损失。例如，价值20万元的财产只投保了10万元，那么如果发生了财产损失，保险公司只会赔偿实际损失的50%。这样会使自己得不到充分的补偿，因而不能从购买保险产品中得到足够的保障。严格来说，人的价值是无法估量的，因为人是一种社会性生物，其精神的内涵超过了其物质的内涵。但是，仅从保险的角度，可以根据诸如性别、年龄、配偶的年龄、月收入、月消费、需抚养子女的年龄、需赡养父母的年龄、银行存款或其他投资项目、银行的年利率、通胀率、贷款等计算虚拟的"人的价值"。

在保险行业，对"人的价值"存在一些常用的评估方法，如生命价值法、财务需求法、资产保存法等。需要注意的是，这些方法都需要每年重新计算一次，以便调整保额。因为人的年龄每年都在增大，如果其他因素不变，那么他的生命价值和家庭的财务需求每年都在变小，其保险就会从足额投保逐渐变为超额投保。如果他的收入和消费每年都在增长，而其他因素不变，那么其价值会逐渐增大，原有保险就会变成不足额投保。所以每年请专业人士检视投保客户的保单是十分必要的。

4. 明确保险期限

在确定保险金额后,就需要确定保险期限,因为这涉及投保人缴纳保险费的多少与频率,所以与个人未来的预期收入联系尤为紧密。对于财产保险、意外伤害保险、健康保险等保险品种而言,一般多为中短期保险合同,如半年或者 1 年,但是在保险期满之后可以选择续保或者停止投保。但是对于人寿保险而言,保险期限一般较长,比如 15 年甚至直到被保险人死亡为止。在为个人制订保险计划时,应该将长短期险种结合起来综合考虑。

5. 选择合适的保险公司

投保人购买保险后,在保险期间内,投保人和被保险人与该保险公司具有切身利益关系,因此,选择合适的保险公司对于投保人来说非常重要。一般来讲,投保人在选择保险公司时,需要考虑保险公司在公司类型、险种价格、经营状况及服务质量等方面的差异。

8.2 保险需求分析

8.2.1 生涯规划与保险需求

"天有不测风云,人有旦夕祸福",人的一生不可避免会面临人身、财产、责任等风险。但在不同的人生阶段,保险需求的侧重点应不同,在进行保险理财规划的时候应考虑个人所处的生涯阶段,依据不同阶段的特点规划保险。

人生不同生涯阶段的保险需求如表 8-1 所示。

表 8-1 人生不同生涯阶段的保险需求

人生阶段	特 点	理财活动	保险需求
单身期 (刚工作至结婚)	收入低,没有资产积累	加强职业培训,提高收入水平	意外保险、医疗保险、责任保险
家庭形成期 (结婚至孩子出生)	置业等家庭消费高	储蓄购房首付款,增加定期存款、股票、基金等方面的投资	意外保险、医疗保险、人寿保险、财产保险、责任保险
家庭成长期 (孩子出生至上大学)	子女教育费用大增,财务负担非常重	偿还房贷,储蓄教育基金,建立多元化投资组合	意外保险、医疗保险、教育保险、人寿保险、财产保险、责任保险
家庭成熟期 (孩子上大学时期)	除子女教育费用外,开始产生医疗费用,财务负担也较重	准备退休金,进行多元化投资活动	意外保险、医疗保险、教育保险、人寿保险、财产保险、责任保险
家庭空巢期 (孩子工作至自己退休)	经济状况稳定,债务减少	准备退休金,降低投资风险组合	意外保险、医疗保险、人寿保险、财产保险、责任保险、养老保险
退休养老期 (退休后)	收入减少,保健、医疗费用增加	以固定收益投资为主	养老保险、医疗保险

8.2.2 保险需求的计算

1. 财产保险的需求分析

人们总是面临拥有和使用财产受损的风险，确定需要投保的风险之后，便需要估算财产保险的需求。对一般财产，如家用电器、私家车、住宅等，保险金额由投保人根据可保财产的实际价值或者重置价值自行确定；对特殊财产，如古董、字画等，则要请专家评估。

2. 人寿保险的需求分析

作为家庭理财中风险管理最重要的一部分，人寿保险能够帮助抵御家庭成员发生不测而对家庭财务带来的不良影响：当家庭的收入来源突然中断时，获得的保险金可以使家人在预计的年限内仍然拥有同样的生活水平。通常，在选择保险保障金额时，主要考虑的两个问题是对保险保障需求的大小及自身对保费的负担能力两个因素。人寿保险需求的计算方法包括生命价值法、遗属需求法和双十原则法等。

① 生命价值法。人的生命价值是指个人未来收入或个人服务价值扣除个人衣、食、住、行等生活费用后的资本化价值，此价值就是死亡损失的估算值。

② 遗属需求法。该方法是从需求的角度考虑某个家庭成员遭遇不幸后会给家庭带来的现金缺口。家庭重要成员死亡的财务需求包括如下方面：遗产处理费用、依赖期的需求（直到家庭成员成年）、特别需求（房屋按揭、教育经费、应急基金等）、退休需求（用人寿保险补充社保及其他退休收入的不足）。

③ 双十原则法。所谓的双十原则是指应有的保额一般为家庭年支出的10倍，合理的保费一般为家庭年收入的10%。前者可解释为一旦保险事故发生，能够给家人提供10年的保障。10年的保障额度可能没有生命价值法或遗属需求法那么高，但在现实生活中，10年的时间应该能让一个经历重大变故的家庭回到正常的生活轨道。后者可被解释为家庭收入扣除60%的生活费用、30%的投资之后，剩下的10%应当用于购买保险，以构造家庭的财物安全网。

3. 养老保险的需求分析

根据客户的养老目标，预测退休后的生活开支，进一步预测退休后可获得的基本养老金和其他可获得收入，从而计算出客户养老金的缺口。同时，还需要考虑通货膨胀、贴现率的影响，测算客户需要的养老金保额。

4. 健康保险的需求分析

健康保险的需求包括三个部分：一是被保险人因意外或疾病而产生的医疗费用；二是因意外或疾病而导致的收入损失；三是被保险人年老时生活不能自理而产生的护理费用。在计算医疗费用时，还需要考虑社会医疗保险和企业福利中提供的保障。

1999年，我国就提前进入老龄化社会，是目前世界老年人口最多的国家，占全球老年人口总量的1/5，而且老龄化程度不断上升。根据预测，到2030年，我国将迎来人口老龄化高峰，并持续20余年，这将给国家和社会带来不小的压力。众所周知，老年人对医疗服务的需求非常高，在我国老龄化程度和人口预期寿命均不断上升的背景下，金融理财师的保险规划不能仅仅局限于养老保险的需求测算，健康保险的需求分析同样应该放在非常重要的地位。

8.3 保险理财的误区和策略

8.3.1 保险理财的七大误区

保险理财，最终目的是希望通过保险使资产获得保值和增值。但是，一些消费者对保险理财存在认识误区，他们没有把握保险的本质特征，而是盲目投资，不仅没有得到应有的资产保值和增值，反而遭受了损失。

1. 误区之一：买保险可以发财

通过保险进行理财，是指通过购买保险对资金进行合理安排和规划，防范和避免因疾病或灾难而带来的财务困难。在减少损失的同时可以使资产获得理想的保值和增值，但绝不是"发横财"。一般来说，保险产品的主要功能是保障，而一些投资类保险所特有的投资或分红只是其附带功能，而投资是风险和收益并存的。之前一些购买了分红保险等投资保险产品的客户发现收益与预期值相差太远后纷纷退保。这固然与一些保险公司营销人员只强调投资收益前景的误导有关，但另外一些人购买保险只图赚钱的不成熟投保心态也是一个原因。

2. 误区之二：分红保险可以保证年年分红

分红保险的红利来源于保险公司经营分红保险产品的可分配盈余，包括利差、死差、费差等。其中，保险公司的投资收益率是决定分红率的重要因素。一般而言，投资收益率越高，年度分红率也会越高。保险公司每年的红利分配要根据业务经营状况来确定，必须符合各项监管法规的要求，并经过有关部门的审计。

投保的客户每年可以通过分红业绩报告、客户服务电话及书面通知等方式获知年度分红率，但按照规定，保险公司不得通过公共媒体公布或宣传分红保险的经营成果或者分红水平。

3. 误区之三：寿险产品是人死后或快死时才能得到的保险，所以投保了也没用

保险保障的不是疾病或死亡，而是在发生不幸时的资金来源。目前的寿险产品有终身寿险、养老寿险。终身寿险是在被保险人死亡、全残时，受益人可领取一笔保险金。而养老寿险则是除了在保险期间有死亡或全残的保障外，在保险期满时，还有一笔满期金可以作为被保险人的养老金。

4. 误区之四：孩子重要，要买保险也得先给孩子买

重孩子、轻父母是很多家庭购买保险时容易犯的错误。孩子当然重要，但是保险理财体现的是对家庭财务风险的规避。父母发生意外对家庭造成财务损失的影响要远远高于孩子的。因此，正确的保险理财原则应该是首先为父母购买寿险、意外险等保障功能强的产品，然后再为孩子按照需要买些健康类、教育类的险种。

5. 误区之五：不会使用保单借款功能

有些投保客户因临时用钱，而不得不退掉保险，损失了相当高的手续费。其实，目前很多保险产品都附加保单借款功能，即以保单质押：根据保单当时的现金价值，按70%～90%的比例通过保险公司贷款。这样既能解决燃眉之急，又避免了因退保而带来的损失。

6. 误区之六：基本医疗社保之外另购商业保险，就等于上了保险公司和社保部门的"双保险"

目前主要的医保险种一般可分为定额给付型、费用报销型和住院津贴型三大类。

费用报销型按被保险人的医疗诊治费用实际给付，住院津贴型和定额给付型则不考虑实际支出而以约定保险金额给付。按照保险法的规定，保险最基本的功用之一是损失补偿职能，对未来风险的经济补偿不得超过实际损失，不能因保险而获得额外利益。这一职能在费用报销型医疗保险中具体表现为已从社保部门报销的部分不能重复理赔，任何人都不可能因生病、住院而获益。享受社会医保的群体，购买商业医保时必须了解医保的类别，最佳选择应为住院津贴型的定额给付医疗保险而非报销型险种。

7. 误区之七：医疗保险买得越贵越好

第一，客户应该明确医疗保险可分为保证续保型和不保证续保型。保证续保型规定被保险人获得保险续保权后，将来无论新患何种疾病，保险公司都不得再对该被保险人拒保，也不得以被保险人有病为由增加保费或除去该疾病责任。不保证续保型是被保险人身体健康时年年缴纳保费，一旦患有某种严重疾病，次年保险公司有权终止合同，不再继续承保。第二，保险商品的使用价值不能用价格高低来衡量：没有最好的，只有最合适的。各种医疗保险险种的保障范围、保险期限、投保金额区别很大，因此保费高低、报销比例或补偿额度也各异。如果险种提供的保障相近，则应选择缴费方式灵活的而不是费率高的险种。选对的而不选贵的是保险消费效用最大化的原则。

8.3.2 保险理财策略

以上谈到了保险理财的几大误区，在面对市场上众多的保险产品时，我们应该怎么办呢？客户除了要具备保险理财的基本知识，还要明确保险理财的目的，保持良好心态，切忌盲目跟风，最好能够听从专家建议，购买保险前找专业的理财顾问仔细研究和分析自己家庭的财务特点，再选择适合的险种。

第 8 章　保险理财

① 处于不同时期的家庭，应使用不同的保险进行理财。人生的各个阶段需求不同，收入来源不同，缴费能力不同，保险理财的方式当然也应不同。在年轻时投保生存保险是最划算的，因为保费相对较低，而且保险公司一般保证固定利率收益，如万能寿险保费缴纳灵活，手头宽裕时可以多交点，较紧时可以少交甚至不交，还能享受保险公司的专家理财收益及分红。如果工作环境较危险，还应该投保意外伤害险。在年老时应避免高风险的投资工具，可以选择购买绩优股票、债券及年金保险，特别是年金保险，保险公司会按月或按年给付保险金，以维持生活需要。同时，老年人还应投保分红保险，享受保险公司的利润分成。寿险是长期性险种，预定利率是不允许保险公司单方面改变的，由于通货膨胀的效应，实际保险费支出是在降低的。

② 一般来说，消费习惯不同，理财方式也应不同。对高收入者来说，由于其家庭日常消费开支较高，若家庭收入主要支撑人不幸身故，就可能使家庭生活陷入困顿，因此应投保高额的寿险，以应对不幸的局面。而对于中低收入者来说，投保适当的重大疾病保险对自己及家庭都是不错的选择。对自由职业者来说，如果短期内不想参加社会保险，那么为自己购买一份商业保险就显得非常必要了：选择一家好的保险公司和一个信得过的寿险代理人，再根据自己的实际情况设计出医疗、意外、养老等合理组合的商业保险计划，为自己留好"后路"。

第9章 房地产投资

 理财小故事

张村有两位商贩 A 和 B，贩卖土豆，1 元一个，由于生意差大家都很无聊。

A 向 B 提议，干脆我们玩个游戏，你买我 1 个土豆，我也买你 1 个，这样大家也不亏，B 也同意了。

然后 A 买了 B 1 个土豆，付了 1 元，B 也买了 A 1 个土豆，也付了 1 元。一轮下来，B 提议，为了增加乐趣，每一轮下来价格往上涨一点。于是价格从 1 元逐渐升至 10 元。

刚好路过的行人看到早上卖 1 元的土豆到中午居然卖 10 元了，觉得价格还要涨，就买了 1 个，不到 1 小时发现土豆价格涨到了 20 元，越来越多的人发现土豆价格一直涨，纷纷抢购，后来土豆涨到了 1 万元，市场管理员发现大家都在抢土豆，紧急叫停，开始限购、限售。有人说这是隔壁王村、李村和外来人员把土豆价格抬高了。市场方马上规定，不是张村的人不能买张村的土豆，要买必须要来张村当 5 年长工。

大家停下来之后，心里那个高兴啊，因为大家发现所有人都赚钱了，没买到土豆的很后悔没多买几个，买到土豆的还想再买几个。

9.1 房地产投资的基本概念

9.1.1 房地产投资的概念

房地产投资是以房地产为对象，为获得预期效益而对土地和房地产开发、房地产经营，以及购置房地产等进行的投资。从广义上说，房地产投资的预期效益因投资主体不同而有所不同，政府投资注重宏观的经济效益、社会效益和环境效益；企业投资注重利润指标；购置自用的客户，则注重它的使用功能。追求的效益虽然有所不同，但各种效益是相互交叉、相互影响的。从狭义上说，房地产投资主要是指企业以获取利润为目的的投资。房地产投资是固定资产投资的重要组成部分，一般占全社会固定资产投资60%以上。它需要动员大量的社会资源，才可能使投资效益得到实现。

9.1.2 房地产投资的特征

1. 固定性和不可移动性

房地产的投资对象是土地及其地上建筑物，它们都具有固定性和不可移动性。不仅位置是固定的，而且土地上的建筑物及其某些附属物一旦形成，也不能移动。这一特点给房地产供给和需求带来重大影响，如果投资失误会给投资者和城市建设造成严重后果，所以投资决策对房地产投资更为重要。

2. 高成本性

房地产是一个资金高度密集的行业，投资一宗房地产，需要少则几百万，多则上亿元的资金。这主要是由房地产本身的特点和经济运行过程决定的。

1）土地开发的高成本性

由于土地的位置固定，资源相对稀缺，以及其具有不可替代性，土地所有者在出售和出租土地时就要将土地预期的生产能力和位置、面积、环境等特点作为要价的依据，收取较高的报酬；作为自然资源的土地，不能被社会直接利用，必须投入一定的资本进行开发，所有这些因素都使土地开发的成本提高。

2）房屋建筑安装的高成本性

房屋的建筑安装成本通常也高于一般产品的生产成本，这是由于房屋的建筑安装要耗费大量的建筑材料和物资，需要有大批技术熟练的劳动力、工程技术人员和施工管理人员，还要使用许多大型施工机械。此外，由于建筑施工周期一般较长，占用资金量较大，需要支付大量的利息成本。再加上在房地产成交时，由于普遍采用分期付款、抵押付款的方式，使房地产的投入资金回收缓慢，因此，也增加了房屋建筑物的成本。

3）房地产经济运作中交易费用高

一般而言，房地产开发周期长、环节多，涉及的管理部门及社会各方面的关系也多。这使得房地产开发在其运作过程中广告费、促销费、公关费都比较高昂，从而也增大了房地产的投资成本。

3. 回收周期长

对每一个房地产投资项目而言，它的开发阶段一直会持续到项目结束，是相当漫长的。房地产投资过程中要经过许多环节，从土地所有权或使用权的获得、建筑物的建造，一直到建筑物的投入使用，最终收回全部投资资金。房地产投资的资金回收周期长的原因如下。

一是因为房地产投资不是一个简单的购买过程，它要受到房地产市场各个组成部分的制约，如受到土地投资市场、综合开发市场、建筑施工市场、房产市场的限制，特别是房屋的建筑安装工程期较长。投资者把资金投入房地产市场，往往要经过这几个市场多次完整的运动才能获得利润。

二是由于房地产市场本身是一个相当复杂的市场，其复杂性不是单个投资者在短期内所能应付得了的。所以，一般投资者必须聘请专业人员进行辅助工作才能完成交易。这样又会增加一定的时间。

三是房地产投资的回收是通过收取房地产租金实现的，由于租金回收的时间较长，这样更会使整个房地产投资回收周期延长。

4．高风险性

由于房地产投资占用资金多，资金周转期又长，而市场是瞬息万变的，因此投资的风险因素也将增多。加上房地产的低流动性，不能轻易脱手，一旦投资失误，出现房屋空置，资金不能按期收回，投资者就会陷于被动，甚至债息负担沉重，导致破产、倒闭。

5．受环境约束

建筑物是一个城市的构成部分，又具有不可移动性。一个城市在客观上要求有一个统一的规划和布局。城市的功能分区、建筑物的密度和高度、城市的生态环境等都构成外在的制约因素。房地产投资必须服从城市规划、土地规划、生态环境规划的要求，把微观经济效益和宏观经济效益、环境效益统一起来，只有这样才能取得良好的投资效益。

6．低流动性

房地产投资成本高，不像一般商品买卖可以在短时间内完成。房地产交易通常要一个月甚至更长的时间才能完成；而且投资者一旦将资金投入房地产买卖中，其资金很难在短期内变现。所以房地产资金的流动性和灵活性都较低。当然房地产投资也有既耐久又保值的优点。房地产商品一旦由房地产管理部门将产权登记入册，获取相应的产权凭证后，即得到了法律上的认可和保护，其耐久保值性能要高于其他投资对象。

9.2 房地产价格及其影响因素

9.2.1 房地产价格

根据马克思主义的政治经济学理论，商品价格是价值的货币表现，价格本质上是一种从属于价值并由价值决定的货币价值形式，价值的变动是价格变动的内在的、支配性的因素，是价格形成的基础。同时，商品的价格还受到市场供求、消费者心理预期等因素的影响，商品价格总是以价值为基础上下波动，因此商品的价格与商品的价值经常不一致。

房地产价格是指建筑物连同其占用土地的价格，即"土地价格+建筑物价格"。房地产作为商品，房地产价格的基础仍然是价值，基本上也是房地产价值的货币表现，但又有其特殊性。房地产价格既包括土地的价格，又包括房屋建筑物的价格。房与地是不可分割的统一体，是土地价格和房屋价格的总和。房屋建筑物是人类劳动的结晶，具有价值，与一般商品价值的形成相同。但是土地是一种特殊的商品，不完全是劳动产品。一方面，原始土地是自然界的产物，并不包含人类劳动，其之所以具有价格是因为土地垄断引起的地租的资本化，所谓地租实质上就是土地使用者为使用土地而向土地所有人支付的费用，反映了土地的自然资源价值。从这个角度看，原始土地的价格并不是劳动价值的货币表现。另一方面，现实生活中的土地已经过了劳动加工，又凝结了大量的人类劳动。为了使土地符合人类经济性的运用，人们在开发利用土地过程中对原始土地进行改造，又投入了大量的物化劳动，特别是作为房屋建筑使用的土地，投入的基础设施等费用更高，而且越往后投入的劳动积累越多。这些投入的劳动凝结而成的价值与一般商品一样具有同等性质的劳动价值，从这个角度看土地价格绝大部分又是劳动价值的货币表现，它的价值量是由投入的劳动量衡量的。所以，房地产价值是房屋建筑物价值、土地自然资源价值及土地中投入劳动所形成的价值的统一，房地产价格就是这种综合性特殊价值的货币表现，由于房屋建筑物价值和土地中投入的劳动形成的价值占了主要部分，因此可以说房地产价格基本上是房地产价值的货币表现。

9.2.2　影响房地产价格的内部因素

　　影响房地产价格的内部因素主要是指成本费用因素。它指房地产开发成本费用，是房地产企业为开发一定数量的商品房所支出的全部费用。它包括开发成本、开发过程中缴纳给政府部门的各项税费、企业行政管理部门为组织和管理开发经营活动而发生的管理费用、财务费用及为销售开发产品而发生的销售费用，具体如下：

① 土地使用权出让金。
② 土地征用及拆迁安置补偿费。
③ 前期工程费。
④ 建安工程费。
⑤ 基础设施费。
⑥ 公共配套费。
⑦ 房地产税。
⑧ 管理费。
⑨ 财务费。
⑩ 营销费用。

9.2.3 影响房地产价格的外部因素

1. 政策导向

政策导向主要指货币金融政策,是政府或中央银行为影响经济活动所采取的措施,尤指控制货币供给及调控利率的各项措施。

2. 商品供求关系

房地产投资增加,将导致房地产市场供给的增加,在需求不变或者房地产需求弹性小于供给弹性的情况下,房价将下降。近几年各级政府加大对经济适用房和廉租房等保障性住房的建设,增加住房供给,对抑制房价过快增长起到一定的作用。

3. 市场预期

市场预期指人们对房地产价格上涨或下跌的一种判断,使人们做出是否购买住宅的决定。如果众多的购房者判断一致,并以这种判断指导行动,就会影响房价走势。我国近几年出现的全民炒房的局面,就是由于众多的投资者看好房地产市场预期,并纷纷投资房地产市场造成的。

4. 购买力

购买力取决于消费者的收入水平。消费者收入越高,对一定价格下的某种商品的需求量就越大,而个人收入取决于经济发展水平。

① 经济发展形势:可用 GDP 来反映经济发展形势,经济的高速发展必将推动房地产业的快速发展,可以反映整个宏观经济发展水平和房地产业发展经济背景的 GDP 同房价之间存在一定的相关性。

② 人民生活水平:用城镇居民人均可支配收入的增加来反映人民生活水平的提高。居民可支配收入决定了其实际购买能力,进而决定了居民的住房消费能力。城镇居民可支配收入的增加使居民用来购房的资金增加,也使居民产生改善居住水平的愿望。这样就刺激了居民对房地产的需求,从而在一定程度上推动房价的上涨。

9.3 房地产投资的风险分析

9.3.1 房地产投资面临的风险种类

① 市场竞争风险。市场竞争风险是指由于房地产市场上同类楼盘供给过多,市场营销竞争激烈,最终给房地产投资者带来的推广成本的提高或楼盘滞销的风险。市场风险的出现主要是由于开发者对市场调查分析不足所引起的,是对市场把握能力的不足。销售风险是市场竞争能力的主要风险。

② 购买力风险。购买力风险是指由于物价总水平的上升使得人们的购买力下降。在收入水平一定及购买力水平普遍下降的情况下，人们会降低对房地产商品的消费需求，这样导致房地产投资者的出售或出租收入减少，从而使其遭受一定的损失。

③ 流动性和变现性风险。首先，由于房地产是固定在土地上的，其交易的完成只能依靠所有权或是使用权的转移，而其实体是不能移动的。其次，房地产价值量大、占用资金多，决定了房地产交易的完成需要一个相当漫长的过程。这些都影响了房地产的流动性和变现性，即房地产投资者在急需现金的时候却无法将手中的房地产尽快脱手，即使脱手也难达到合理的价格，从而大大影响其投资收益。

④ 利率风险。利率风险是指利率的变化给房地产投资者带来损失的可能性。利率的变化对房地产投资者主要有两方面的影响：一是对房地产实际价值的影响，如果采用高利率折现会影响房地产的净现值收益。二是对房地产债务资金成本的影响，如果贷款利率上升，会直接增加投资者的开发成本，加重其债务负担。

⑤ 经营性风险。经营性风险是指由于经营上的不善或失误所造成的实际经营结果与期望值背离的可能性。产生经营性风险主要有3种情况：一是由于投资者得不到准确、充分的市场信息而可能导致经营决策的失误；二是由于投资者对房地产交易所涉及的法律条文、城市规划条例及税负规定等不甚了解造成的投资或交易失败；三是因企业管理水平低、效益差而引起的未能在最有利的市场时机将手中的物业脱手，导致其空置率过高，经营费用增加，利润低于期望值等。

⑥ 财务风险。财务风险是指由于房地产投资主体财务状况恶化而使房地产投资者面临着不能按期或无法收回其投资报酬的可能性。产生财务风险的主要原因有：一是购房者因种种原因未能在约定的期限内支付购房款；二是投资者运用财务杠杆大量使用贷款，这种方式虽然拓展了融资渠道，但是增大了投资的不确定性。

⑦ 社会风险。社会风险是指由于国家的政治、经济因素的变动引起的房地产需求及价格的涨跌而造成的风险。当国家政治形势稳定、经济发展处于高潮时，房地产价格上涨；当各种政治风波出现和经济处于衰退期时，房地产需求下降，房地产价格下跌。

⑧ 自然风险。自然风险是指由于人们对自然力失去控制或自然本身发生异常变化，如地震、火灾、滑坡等，给投资者带来损失的可能性。这些灾害因素往往又被称为不可抗拒的因素，其一旦发生，就必然会对房地产业造成巨大破坏，从而给投资者带来巨大的损失。

9.3.2 风险产生的因素分析

1. 地段

买住宅讲究地段，买商铺就更讲究地段了，两家商铺有可能相距不远，而租金、售价就相差很大。所以要对地段进行详尽的调查分析，才能达到预期目的。

商铺的地段一般分为三类：第一类是成熟的中央商务圈——经济活动最活跃的地区。这样的地区往往人气最旺，租赁需求也最多。第二类是成型中的商圈。这些地区多临近大型住宅区或就业中心区（能吸收大量就业人口的商务办公楼群或经济开发区），并且交通、通信、基础设施的管线网络发达。第三类是住宅小区内部。小区配套种类齐全，这也同样等于增加了人们可及的资源量和可选择性。后两类应是一般投资人的投资重点。

一般来说，就业中心区为住宅区提供了需求市场，住宅区为就业中心区提供了充足的劳动力，也为商铺的迅猛发展创造了条件。而商铺的兴起将促进住宅与就业的二度兴旺，特别是新建楼盘的品质和价位会有明显的提高，这反过来又会令商铺的增值更为可观。

2. 环境

生态、人文、经济等环境条件的改善会使房产升值。生态环境要看小区能否因绿地的变化而使气候有所改良。要重视城市规划的指导功能，尽量避免选择坐落在工业区住宅。每一个社区都有自己的文化背景。文化层次越高的社区，房产越具有增值的潜力。

3. 建筑品质

有投资价值的物业具有如下特征：一是要具备耐用性。物业越是耐用，投资人就越省钱，给投资人带来的回报就越多。耐用性具体体现在材质要经得住时间的考验；制造工艺要精细；设备也要耐用和有效率；有良好的物业管理。二是要具备适宜性。物业的功能空间布置要符合人的行为习惯。功能空间和用具的度要符合人体活动舒适性的要求；要有良好的通风采光，以维护人与自然的交流通道；要尽可能地引入人文或自然的景观。三是要具备可更改性。这意味着给人们行为方式的改变留下余地，室内的间隔是可拆改的，功能空间的位置是可调和、可重新组合的。这是出租型物业必备的条件。四是要有可观赏性。物业的风格和品位是各有差异的。在诸多风格中，能够形成一种主旋律、得到多数人推崇的才是有投资价值的。

4. 产权状况

拟投资购买的住宅、商铺，其产权一定要合法、有效，无任何法律纠纷和经济纠纷，还要弄清有无银行抵押或其他抵押，也要弄清是否已出租。产权的年期与法定房屋的功能也很重要，有的房屋位置虽然很好，但是其土地使用剩余年期已经不多了。有的房屋法定使用功能为住宅，但是转让时已作为商用。

5. 价值分析

投资者要对拟购房地产的现时市场价值进行估价，选择一家品牌好、信誉好、客源多的房地产机构，根据房子的各种因素，测算出房子在特定时间、地点、环境下的市场价格，并依照房子的实际情况选择不同的测算方法，最后将几种不同的结果综合考虑，得出一个最接近市场行情、最能反映房地产真实价值的价格。

房地产买卖投资赚取的是未来的收益，在投资购买某项房地产时，对未来市场价格走势的预测和判断尤为重要。

6. 房地产市场供需分析

房地产买卖投资大多数是在市场供不应求的情况下进行的，如果市场已经供过于求，投资者应当格外小心。这时要考虑两个因素：一是价格很低，将来升值空间大；二是做长线投资，否则很容易被套住。

9.3.3 风险的防范措施

房地产投资风险的防范与处理是针对不同类型、不同概率和不同规模的风险采取相应的措施和方法，避免房地产投资风险或使房地产投资过程中的风险降至最低程度。

1. 投资分散策略

投资分散策略是通过开发结构的分散，达到减少风险的目的，一般包括投资区域分散、投资时间分散和共同投资等方式。投资区域分散是将房地产投资分散至不同区域，从而避免某一特定地区因经济不景气而影响投资，达到降低风险的目的。而投资时间分散则是要确定一个合理的投资时间间隔，从而避免因市场变化而带来的损失。若贷款利率从高峰开始下降，而国家出让土地使用权从周期波谷开始回升，预示着房地产业周期将进入扩张阶段，此时应为投资最佳时机，可以集中力量进行投资。共同投资也是一种常用的风险分散方式。共同投资要求合作者共同在房地产开发上进行投资，利益共享、风险同担，充分调动了投资各方的积极性，最大限度地发挥各自优势。例如，与金融部门、大财团合作，可利用其资金优势，消除房地产筹资风险；与外商联盟，即可引进先进技术和管理经验，又能获得房地产投资开发的政策优惠。

2. 投资组合策略及保险

投资组合策略是投资者依据房地产投资的风险程度和年获利能力，按照一定的原则搭配各种不同类型的房地产以降低投资风险的投资策略。各种不同类型的房地产的投资风险大小不一，收益高低不同。如果资金分别投入不同的房地产，投资风险就会降低，其实质就是用个别房地产投资的高收益弥补低收益的房地产的损失，最终得到一个较为平均的收益。

对于房地产投资者来说，购买保险是十分必要的，它是转移或减少房地产投资风险的主要途径之一。保险在减轻或弥补房地产投资者的损失、实现资金循环运动、保证房地产投资者的利润等方面具有十分重要的意义。一般来说房地产保险业务主要有房屋保险、产权保险、房屋抵押保险和房地产委托保险。房地产投资者在购买保险时应当充分考虑所需要的保险险种，确定适当的保险金额，合理划分风险单位和厘定费率，以及选择信誉良好的保险公司。

第 10 章 信托投资

 理财小故事

　　张先生一直对孙子青睐有加,因为他继承了自己在商业上的天赋。因此,他希望能专门留一笔其他人都无权动用的资金给心爱的孙子。同时,作为父亲,张先生为花钱无节制的儿子的未来生活担忧,也想为儿子留一笔让他无法挥霍却能满足他的基本生活水平的资金。

　　经过多方打听,张先生最终决定投保某家信托公司的信托产品——托富未来。张先生可设立信托合同并约定保险金赔付的 60%归属孙子,剩余的 40%则归属儿子。归属孙子的部分,在孙子研究生毕业后可领取 50 万元,首次创业或承担特定职位时领取 100 万元,并在 35 岁时一次性领取剩余的全部金额。归属儿子的部分,在其年满 50 岁后每年领取一笔资金,供其养老开销;若张先生的儿子在此期间身故,未领取完的部分将仅归其孙子所有。受益人之间相互屏蔽,仅知道自己继承的部分。

10.1　信托的基本知识

10.1.1　信托的概念

　　信托是一种理财方式,是一种特殊的财产管理制度和法律行为,又是一种金融制度。信托与银行、保险、证券共同构成了现代金融体系。信托业务是一种以信用为基础的法律行为,一般涉及三方面当事人,即投入信用的委托人、受信于人的受托人,以及受益于人的受益人。

　　信托就是信用委托,信托业务是由委托人依照契约或遗嘱的规定,将财产上的权利转给受托人(自然人或法人),受托人按规定条件和范围,占有、管理、使用信托财产,并处理其收益。

10.1.2 信托的职能与作用

1. 信托的职能

从国外信托业的发展经验来看，信托业的职能主要有财产管理、融通资金、协调经济关系、社会投资和为社会公益事业服务五种。

信托业以其有别于其他金融机构的职能，在现代金融机构体系中占有重要的一席之地，并以其功能的丰富性获得"金融百货公司"之美誉。但必须明确的一点是，虽然时至今日信托业的职能很多，但其原始功能——财产管理功能仍然是基本职能，其他诸种职能都是在这一职能的基础上衍生而来的。

中国信托业的职能定位是以财产管理功能为主，以融通资金功能次之，以协调经济关系功能、社会投资和为社会公益事业服务为辅。

2. 信托的作用

1）拓宽投资者的投资渠道

对于投资者来说，存款或购买债券较为稳妥，但收益率较低；投资股票有可能获得较高收益，但对于投资经验不足的投资者来说，投资股市的风险也很大，而且在资金量有限的情况下，很难做到组合投资、分散风险。此外，股市变幻莫测，投资者缺乏投资经验，加上信息条件的限制，难以在股市中获得很好的投资收益。

信托作为一种新型的投资工具，把众多投资者的资金汇集起来进行组合投资，由专家来管理和运作，可以专门为投资者设计间接投资工具，投资领域涵盖资本市场、货币市场和实业投资领域，大大拓宽了投资者的投资渠道。信托之所以在许多国家受到投资者的欢迎，与信托作为一种投资工具所具有的独特优势有关。

2）促进产业发展和经济增长

信托吸收社会上的闲散资金，为企业筹集资金创造了良好的融资环境，起到了把储蓄资金转化为生产资金的作用。

这种把储蓄转化为投资的机制为产业发展和经济增长提供了重要的资金来源，特别是对于某些基础设施建设项目，个人投资者因为资金规模的限制无法参与，但通过信托方式汇集大量的个人资金投资于实业项目，不仅增加了个人投资的渠道，也为基础设施融资提供了新的来源。随着信托的发展壮大，信托的这一作用将越来越大。

3）促进金融市场的发展和完善

证券市场是信托重点投资的市场之一，信托的发展有利于证券市场的稳定。信托由专家来经营管理，他们精通专业知识，投资经验丰富，信息资料齐备，分析手段先进，投资行为相对理性，客观上能起到稳定市场的作用。

同时，信托一般注重资本的长期增长，不会在证券市场上频繁进出，能减少证券市场的波动。

信托有利于货币市场的发展。信托投资公司可以参与同业拆借,信托投资公司可以用自有资产进行担保,这些业务是对中国货币市场的补充。

商业银行作为货币市场的主要参与者,有其运作的规模效应,但也限制了它的灵活性。信托虽没有商业银行的资金优势、网络优势,但可以直接联系资本市场和实业投资领域,加上其自有的业务灵活性,对于企业不同的融资需求和理财需求能够设计个性化的方案,丰富货币市场的金融产品。

10.1.3 信托基本原理

1. 信托主体

信托主体包括委托人、受托人及受益人。

1)委托人

委托人是信托的创设者,他应当是具有完全民事行为能力的自然人、法人或者依法成立的其他组织。委托人提供信托财产,确定谁是受益人及受益人享有的受益权,指定受托人,并有权监督受托人实施信托。

2)受托人

受托人承担着管理和处分信托财产的责任,应当是具有完全民事行为能力的自然人或者法人。受托人必须恪尽职守,履行诚实、信用、谨慎、有效管理的义务;必须依照法律的规定和信托文件管理信托事务。

3)受益人

受益人是在信托中享有信托受益权的人,可以是自然人、法人或者依法成立的其他组织,也可以是未出生的胎儿。公益信托的受益人则是社会公众,或者一定范围内的社会公众。

2. 信托客体

信托客体是指信托关系的标的物。信托客体主要是指信托财产,是委托人通过信托行为转移给受托人并由受托人按照一定的信托目的进行管理或处置的财产,信托财产通常具有转让性、独立性、有限性、有效性等特征。

1)信托财产的范围

信托财产是指受托人承诺信托而取得的财产;受托人因管理、运用、处分该财产而取得的信托利益也属于信托财产。我国对于信托财产的具体范围没有具体规定,但必须是委托人自有的、可转让的合法财产。法律法规禁止流通的财产不能作为信托财产;法律法规限制流通的财产须依法经有关主管部门批准后,方可作为信托财产。

2)信托财产的特殊性

信托财产的特殊性主要表现为独立性。信托财产的独立性是以信托财产的权利主体与利益主体相分离的原则为基础的，是信托区别于其他财产管理制度的基本特征。

信托制度具有更大的优越性。其体现为：安全性，成立信托固然不能防止财产因市场变化而可能遭受的投资收益的损失，但可以防止许多其他不可预知的风险；保密性，设立信托后，信托财产将属于受托人，往后的交易以受托人名义进行，使原有财产人的身份不致曝光；节税，在国际上信托是避税的重要方式，我国在这方面的立法还需完善。

3）信托财产的物上代位性

在信托期内，信托财产的形态可能发生变化。如信托财产设立之时是不动产，后来卖掉变成资金，然后以资金买入债券，再把债券变成现金，但它仍是信托财产，其性质不发生变化。

4）信托财产的隔离保护功能

信托关系一旦成立，对受托人的债权人而言，受托人享有的是"名义上的所有权"，即对信托财产的管理处分权、而非"实质上的所有权"，自然不能对不属于委托人的财产有任何主张。所以受托人的债权人不能对信托财产主张权利。

5）信托财产不得强制执行

由于信托财产具有独立性，因此，委托人、受托人、受益人的一般债权人是不能追及信托财产的，对信托财产不得强制执行是一般原则。除非出现以下情形：一是设立信托前债权人已对该信托财产享有优先受偿的权利，并依法行使该权利；二是受托人处理信托事务所产生的债务，债权人要求清偿该债务的；三是信托财产自身应负担税款；四是法律规定的其他情形。

3. 信托行为

信托行为是指以信托为目的的法律行为。信托约定（信托关系文件）是信托行为的依据，即信托关系的成立必须有相应的信托关系文件做保证。信托行为的发生必须由委托人和受托人进行约定。

委托人立下遗嘱，属于法律行为，从信托的本质出发，作为法律行为之一的信托行为应具有两大特点。

1）信托行为是一种角色行为

法律角色是同一定的法律地位有关的一套行为模式，是与行使权利和履行义务联系在一起的。行为者按照法律为本角色规定的权利与义务活动，就是角色行为。判定一种法律行为是否属于角色行为，主要是根据行为本身是否出自或应否符合某一特定的法律角色。

在信托制度之下，不论是委托人、受托人、还是受益人，其在信托法律关系中的地位、作用及活动范围均受信托法的严格限制，其行为具有典型的角色性。

2）信托行为是一种抽象行为

行为的抽象性与具体性不在于行为本身，而在于行为的效力范围。依此界定，抽象行为是针对不特定对象而做出的、具有普遍法律效力的行为,具体行为是针对特定对象而做出的、仅有一次性法律效力的行为。

在信托行为成立生效后,其最重要的一个法律后果是产生了信托财产的破产隔离功能。由此可知,信托行为具有抽象性。

10.2 信用委托机构

10.2.1 信托机构及其管理

信托机构的设立是对信托公司市场进入的控制。这是有效监管的第一道防线,只有守住这道防线,才能将那些有可能对金融体系健康运转造成危害的机构拒之门外。信托行业风险频发的历史教训也从反面证明了制定严格的机构准入标准的必要性。

1. 信托机构的设立及管理

经营信托业务必须具备一定条件,主要包括资本充足、符合社会公众对信托业务的要求、具有经营管理能力等。

1)信托机构建立的条件

信托投资公司是一种以受托人的身份代人理财的金融机构。它与银行信贷、保险并称为现代金融业的三大支柱,也是投资公司的一种,成立信托投资公司需要满足以下条件:

① 设立信托投资公司需人民银行批准,并领取《信托机构法人许可证》。
② 具有符合公司法和人民银行规定的公司章程。
③ 具有人民银行规定的入股资格的股东。
④ 注册资金不低于3亿元。
⑤ 有具备从业资格的高级管理人员和信托从业人员。
⑥ 具有健全的组织机构管理办法、信托操作规范、风险控制等制度。

2)组织机构的管理办法

信托组织机构的设立需要相关法律的约束才能发展。根据《中华人民共和国中国人民银行法》等法律和国务院有关规定,中国银行业监督管理委员会制定了《信托投资公司管理办法》。其目的是加强对信托投资公司的监督管理,规范信托投资公司的经营行为,促进信托业的健康发展。

2. 信托业务的操作流程

在信托机构中,各个岗位各司其职,信托机构在接受一单任务前,总是要经过前期考察、立项、预审、终审等流程。每个流程都要根据法律法规层层把关。

信托业务的操作流程如下:

① 项目前期考察—信托项目立项。
② 信托项目预审—信托项目终审—信托项目报备。
③ 信托项目成立—信托项目推介—信托项目后续管理。
④ 信托项目清算—信托项目披露。

1）审查

① 信托项目应经过信托管理部、计划理财部、风险管理部、法律事务部分别审查，审查完成后提交项目审查委员会进行会审，会审通过以后，再提交风险控制委员会进行审批。

② 若信托项目涉及关联交易的，应经关联交易委员会审批，并按规定实行银行托管。

③ 信托资金涉及证券投资的，应经证券投资决策委员会审核通过。面向自然人推介并销售的集合资金信托计划应报董事会审批。

2）报备

经公司审批后的集合资金信托计划，应向银监局报告、备案；异地集合资金信托计划应向当地银监局和推介地银监局报告、备案。

3）推介

① 本地推介和异地推介。
② 公司直销和金融机构代理推介。
③ 对委托人的尽职调查。

3. 网上信托业务流程

所谓网上信托，是指委托方通过信托公司或其他信托机构提供的网络平台，在网上签订信托合同、转让信托产品、查询信托财产及有关交易情况的信托业务运作方式。

网上信托产品的购买流程如下：

① 遴选产品。选择优质的信托项目，要从三个维度考虑，即安全性、流动性、收益性。信托的收益分固定收益、浮动收益，以及"固定收益＋超额收益"。挑选固定收益类信托产品，需从信托公司、行业、融资方、抵押/质押物、收益和期限等方面把关。

② 选择渠道。信托产品的购买包括银行、信托公司和第三方理财公司三条渠道。一般来讲，银行的信托产品种类繁多，网点众多，购买方便，但收益率偏低；信托公司产品收益率高，但产品相对单一，异地购买也是难题；第三方理财收益较高，选择性比较大，是中产阶层理想的理财渠道。

③ 认购缴款。推荐期届满，投资者确认份额后，除银行购买信托产品外，投资者采取在信托公司直接购买或通过第三方理财公司购买信托产品，需保证在约定日期前将其足额的认购资金以银行转账形式划入受托人为本信托计划单独开立的银行托管资金账户内（信托专户）。第三方理财公司不能通过自由账户为投资者代缴、代存资金。

④ 签署合同。委托人（投资者）交款后签署信托合同及相关文件，签约时委托人须向

受托人提供以下材料：银行转账凭证原件、信托利益划付账户、身份证明文件及信托公司要求的其他材料。

⑤ 购买成功。委托人（投资者）完成缴款，信托计划成立后，信托公司将在成立后约定时间内向受益人发放受益权证书。

10.2.2 信托公司业务风险防控

1. 面临的风险

信托公司因其推出的信托品种涉及的行业不同面临着不同的风险，如利率、汇率、政策风险等。

1）操作风险

操作风险可以理解为金融机构系统不完善、管理失误缺位、内部控制不健全和无效或其他人为原因导致损失的可能性。现阶段的信托资金投向主要集中在两个方面：贷款类和证券投资类。这两项业务也是银行和证券公司的传统主营业务，信托公司在这两个环节的人才储备不足也是加剧信托公司操作风险的最大客观因素。

2）法律风险

法律风险主要是指合同的文书不符合相关法律规定的要式及真实意思表示不明确，与合同双方当事人因履行过程中的争执纠纷引发诉讼等产生的风险。可以说信托公司的信托业务从信托计划的推出、运用到分配的全过程，每个环节都要涉及合同的问题。对于合同的内容、格式等要素在"一法两规"中都有明确的规定。

3）技术风险

监管层下一步推出的政策可能涉及信托资金运用信息披露及关联方交易等事项，将要求信托公司真正做到财务上的自营和信托业务的分账核算，对信托资金运作的全过程分时、分类披露，特别关注的是信托公司关联方交易的性质、定价、内容等事项。《信托公司集合资金信托业务信息披露暂行规定》《信托业务关联交易指引》等法规的正式出台将使得信托公司现有业务趋向透明，也迫使其对现有的不合规业务进行整改。

4）制度风险

不少信托公司尽管改制完毕，引入社会股东，但是经营风格上仍沿袭国有企业，先进的管理机制成为摆设。一方面机构臃肿，人浮于事，另一方面自营、信托业务"一套人马、两套班子"，缺乏优秀的研发、管理类人才。经营层不思进取，没有建立风险控制委员会，弱化内部审计部门作用，更有甚者还使信托公司成为大股东的提款机。

2. 信托风险防范措施

1）形成一个核心的盈利模式

多元化的产品投资渠道一定程度上增加了盈利点，但是需要很强的驾驭能力相匹配，否则只能适得其反。

在理财领域，专业化能力竞争加剧，"广种薄收"的观念早应更新。面对证券公司的集合资金理财业务和基金市场的低门槛，信托公司的理财优势应集中体现在某一方面或某几个方面。

"术业有专攻"，不能只看到信托品种横跨资本、货币、产业市场，没有足够的人才、技术储备就贸然进入新的领域。形成特色的盈利模式不仅能快速占领市场，而且能增强抵抗风险的能力。

2）增强研发能力

（1）研究能力

研究能力主要指对国家宏观政策和相关法律法规分析、理解、把握的能力。金融市场是一个国家经济运行的"晴雨表"，相关政策法律的效力应最先反映在金融市场中的某一个或某几个行业中，作为非银行性金融机构的信托公司由此把握政策走向，合理规避政策风险，推出抗风险能力强的信托品种。

（2）调研能力

先进的研究理论切实转化为适销对路的产品需要较高的调研水平。任何产品必须符合当地的市场需求、消费偏好、消费能力、产业结构等。

例如，以未来的高速公路收费收入做担保设立的高速公路项目的受益信托品种，需要对公路的使用年限、车辆流量、收费标准等相关项目进行调研，不能仅局限于对方提供的设计能力上。

财政支持的基础建设项目需要对财政收入水平、支付结算方式进行分析、调研，不能依靠口头承诺。房地产信托品种需要对开发商的实力、资本真实性、开发项目的销售前景、抵押权的真实性等进行考察，不能仅对其财务报表做简单分析。

3）完善内部治理结构

现代企业制度的建立、健全不是形式的要求，而是要让"产权清晰、责权明确、科学管理"的公司内部治理结构充分发挥作用，真正做到责、权、利明确，防范风险，提高效率，为信托公司业务做强、做大打下良好的基础。行业所面临的风险和对投资报酬率的内在要求是影响现代企业财务管理目标实现的重要因素，也是信托公司稳健经营、持续发展必须解决的问题。无论从监管层面还是地方政府态度上看，信托公司现在面临的外部环境可以说是历史上最好的。

3. 信托公司开展尽职调查的五大原则

对于信托产品而言，由于其信托目的和受托责任各不相同，每个信托项目涉及的交易结构和调查内容也存在诸多差异。因此，每个信托产品的尽职调查必须要有较强的针对性，以求最大限度地实现信托目的并保障受益人的利益。

总结下来，信托产品的尽职调查可以遵循以下几项原则。

1）全面性原则

调查内容要在受托职责范围内尽可能系统、全面，尽可能覆盖信托产品运作和管理中的各个方面，充分规避各种潜在风险。

同时，尽职调查人员还必须采集和调查所有相关的材料，从各种基础性材料中发现事实、发现问题、验证判断，尽职调查要涵盖目标企业或目标项目有关管理运营的全部内容。

2）独立性原则

尽管信托公司常常聘请具备资质的专业机构协助开展尽职调查工作，但是，受托责任的履行必须建立在独立判断的基础上。

无论是自行调查或是委托调查，信托公司应当能够独立进行尽职调查，并作出自己的判断，信托公司的尽职调查人员应保持客观态度，并在工作上与其他专业机构保持独立。

3）审慎性原则

信托公司在开展尽职调查时，应保持在调查流程方面和获取资料方面的谨慎态度，对任何资料、信息及相关人员口头陈述中所发现的问题，均应保持审慎的怀疑态度，并做更深入的了解和探究。

信托公司还应结合风险控制的重要性原则，委派专人对尽职调查工作中的相关计划、工作底稿及报告进行复核。

4）透彻性原则

由于信托产品具有较强的灵活性和特殊性，往往涉及很多周密、细致的环节，需要对信托财产和相关权益作出全面、透彻的了解，要与相关当事人、政府机构和中介机构等进行调查和沟通。以股权为例，尽职调查要明确股权的性质、所属及章程中的相关限制，了解资本市场对于股权抵押、转让方面的规定，包括董事会对此的特殊规定。

以专利为例，尽职调查不仅需要了解专利权的权属和状态，还要明确其是否存在纠纷、有效期限、地域范围及专利许可情况等内容。

5）区别性原则

针对不同的信托产品和信托项目，尽职调查应该有所侧重。

首先，尽职调查会因不同的信托目的而不同，通常情况下，资产管理业务的尽职调查内容远远大于纯受托事务管理的尽职调查内容。

其次，尽职调查会因不同的信托财产而不同，以实物资产作为信托财产的尽职调查更注重资产价值和相关权益，而以股权为信托财产的尽职调查则更注重目标企业的经营状况和相关信用增级手段。

最后，尽职调查会因不同的目标企业所处的行业、背景而不同，也会因企业不同的治理结构、规模、成长阶段而不同。

10.3 信托投资理财的操作与技巧

随着信托在中国的不断发展壮大，为适合国情发展，信托在业务类型方面不断进行调整，作为一种理财方式，信托已经成为一种日渐被人们所接受和信赖的理财助手，它的安全性和灵活性更大程度地满足了人们的需求，降低了理财风险，更为人们以后的生活勾勒出理想的蓝图。

10.3.1 信托投资的操作方法

面对市场上这么多的信托理财产品和国内众多的信托公司，投资者如何才能有效地选择和做出正确的判断呢？

1. 做好购买前的准备工作

首先，投资者要看信托公司的整体情况，要选择那种资金实力雄厚、诚信度高、资产状况良好、资产运作能力高并且其历史业绩一直表现良好的信托公司。

其次，投资者要关注具体信托产品的基本要素，包括投资方向和投资策略、运作期限、流动性设计、预期收益率等，投资者要选择适合自己经济能力、风险承受能力的信托产品。

最后，投资者对信托公司的资产管理能力和具体产品的风险控制能力要有所了解。

2. 在认购风险申明书中签字

委托人认购信托产品前应当仔细阅读信托计划文件的全部内容，并在认购风险申明书上签字，申明愿意承担信托计划的投资风险。认购风险申明书至少应当包含以下内容：

① 信托计划不承诺保本和最低收益，具有一定的投资风险，适合风险识别、评估、承受能力较强的合格投资者。

② 委托人应当以自己合法所有的资金认购信托单位，不得非法汇集他人资金参与信托计划。

③ 信托公司因违背信托计划文件的规定、处理信托事务不当而造成信托财产损失的，由信托公司以固有财产赔偿，不足赔偿的，由投资者自担。

④ 委托人在认购风险申明书上签字，即表明已认真阅读并理解所有的信托计划文件，愿意依法承担相应的信托投资风险。

3. 签订书面信托合同

信托合同是信托人接受委托人的委托，以自己的名义用委托人的费用为委托人办理购销、寄售等事务，并收取相应酬金的协议，又称"行纪合同"。投资者购买信托产品时，要前往信托公司营业场所，与信托公司签订书面信托合同及相关信托文件，在签订合同之前，投资者应仔细阅读所有条款后签字确认。

书面信托合同应包括以下内容：信托目的；受托人、保管人的姓名和住所；信托资金的币种和金额；信托计划的规模与期限；信托资金管理、运用和处分的具体方法或安排；信托利益的计算、向受益人交付信托利益的时间和方法；信托财产税费的承担、其他费用的核算及支付方法；受托人报酬计算方法、支付期间及方法；信托终止时信托财产的归属及分配方式；信托当事人的权利与义务；受益人大会召集、议事及表决的程序和规则；新受托人的选任方式；风险揭示；信托当事人的违约责任及纠纷解决方式；信托当事人约定的其他事项。

4. 交付委托资金，书面指定该信托计划的受益人

① 信托公司推介信托计划时，可与商业银行签订信托资金代理收付协议。委托人以现金的方式认购信托单位，可由商业银行代理收付。信托公司委托商业银行办理信托计划收付业务时，应明确界定双方的权利与义务关系，商业银行只承担代理资金收付责任，不承担信托计划的投资风险。信托公司可委托商业银行代为向合格投资者推介信托计划。

② 待信托计划募集成立后，信托关系生效，信托公司应当将信托计划财产存入信托财产专户，并在 5 个工作日内向委托人披露信托计划的推介、设立情况。

③ 若信托计划推介期限届满，未能满足信托文件约定的成立条件的，信托公司应当在推介期限届满后 30 日内返还委托人已缴付的款项，并加计银行同期存款利息。由此产生的相关债务和费用，由信托公司以固有财产承担。

5. 信托计划财产的保管

信托计划的资金实行保管制。信托计划存续期间，信托公司应当选择经营稳健的商业银行担任保管人。信托财产的保管账户和信托财产专户应当为同一账户。对非现金类的信托财产，信托当事人可约定实行第三方保管。信托公司依信托计划文件约定需要运用信托资金时，应当向保管人书面提供信托合同复印件及资金用途说明。

6. 信托计划的运营与风险管理

信托公司管理信托计划，应设立为信托计划服务的信息处理部门，并指定信托经理及其相关的工作人员。每个信托计划至少配备一名信托经理。担任信托经理的人员，应当符合中国银行业监督管理委员会规定的条件。信托公司对不同的信托计划，应当建立单独的会计账户，分别核算、分别管理。对于信托公司管理信托计划而取得的信托收益，如果信托计划文件没有约定其他运用方式的，应当将该信托收益交由保管人保管，任何人不得挪用。

7. 信托计划的变更、终止与清算

信托计划存续期间，受益人可以向合格投资者转让其持有的信托单位，信托公司应为受益人办理受益权转让的有关手续。信托计划终止，信托公司应当于终止后 10 个工作日内做出处理信托事务的清算报告，经审计后向受益人披露。清算后的剩余信托财产，应当依照信托合同约定，按受益人所持有的信托单位比例进行分配。分配方式可采用现金方式、维持信

托终止时财产原状方式或者两者的混合方式。

采取现金方式的,信托公司应当于信托计划文件约定的分配日前或者信托期满日前变现信托财产,并将现金存入受益人账户。

采取维持信托终止时财产原状方式的,信托公司应于信托期满后的约定时间内完成与受益人的财产转移手续。信托财产转移前,由信托公司负责保管。保管期内,信托公司不得运用该财产。

8. 受益人大会

受益人大会由信托计划的全体受益人组成,受益人大会由受托人负责召集,受托人未按规定召集或不能召集时,代表信托单位10%以上的受益人有权自行召集。受益人大会可以采取现场方式召开,也可以采取通信等方式召开。每个信托单位具有一票表决权,受益人可以委托代理人出席受益人大会并行使表决权。受益人大会应当在有代表50%以上信托单位的受益人参加时,方可召开;大会就审议事项做出决定,应当经参加大会的受益人所持表决权的2/3以上通过;但更换受托人、改变信托财产运用方式、提前终止信托合同,应当经参加大会的受益人全体通过。

10.3.2 信托投资理财的技巧

1. 投资信托的四个原则

1) 不要把信托和企业债券混为一谈

从发行主体、投资方向、当事人之间的关系来讲,信托与企业债券不能混为一谈。

2) 信托不是银行信贷

信托和银行信贷都是一种信用方式,但两者在经济关系、行为主体、承担风险与清算方式上都有区别。

3) 投资信托门槛较高

一般购买一份信托合同的起点是 5 万元,但受一个信托计划只能发行 200 份信托合同的限制,当融资规模较大时,购买一份信托合同的起点就可能高于 5 万元。单个集合信托计划的规模在 6 000 万元至 1 亿元,为在 200 份合同内完成单个信托计划规模,一般每份信托合同金额要在 30 万元以上。不过,在实际操作中,每一份信托合同金额不可能恰好都是超过 30 万元的整数,只要你有 5 万元以上的资金,并与信托客户经理积极沟通,还是有可能买到信托产品的。

4) 根据信托投资项目的收益和风险选择信托投资项目

作为一种高风险、高回报的理财产品,信托投资的风险介于银行存款和股票投资之间。由于信托产品 200 份发行上限的限制,信托投资主要面向资金较雄厚的中高端投资者。投资者在选择信托产品时应该根据自身的风险承受能力,综合分析具体产品的特点,有选择地进行投资。

2. 投资者投资信托主要考虑的三个因素

1）看信托公司的整体情况

对于相同类型的信托产品，投资者还需要比较发售信托产品的公司情况，选择有信誉和资金实力雄厚的信托投资公司发售的信托产品，降低信托投资的风险。

2）看产品设计

投资者在选择信托产品时不可盲目追逐高收益，要重点关注信托产品的基本要素，包括投资方向、投资策略、运作期限、流动性设计、预期收益率等，选择适合自己经济能力、风险承受能力的信托产品。

3）看风险控制

如果不能根据信托产品的特性判断不同产品的风险，并按照自身承受风险的程度选择恰当的产品，那么投资信托产品也许最后不仅不能带来期望的收益，甚至可能带来一定的损失。

3. 信托产品的投资理财攻略

对固定投资信托产品的投资者来说，不论是与银行相比还是与同期债券相比，信托产品都有非常明显的优势。那么，投资者如何选择合适的信托产品呢？

对于中老年投资者来说，未来的收入预期不高，资金增值的目的在于养老和医疗，应该选择以项目为主的预计收益稳定的信托产品，而对那些在资本市场运作的、预计收益在一定范围波动的信托产品，即使参与也是少部分。

对于中青年投资者来说，未来工作年限还很长，预期收入还将增加，相对抗风险能力较强，则可以相应参与一些资本市场运作的信托产品，以获得较高的收益。投资者预计未来一年内现金需求比较大的，可以选择投资一年期限的信托产品；而如果这笔资金在未来的若干年内变现需求不大，可以选择投资期限在3~5年的品种，以获得更高的收益。

4. 信托产品的认购技巧

从目前国内信托公司推介信托产品的方式来看，投资者可以通过三种方式了解信托投资的信息：

① 与信托公司联系或者浏览信托公司的网站，询问近期信托产品的开发情况和市场推介情况。

② 从银行方面询问有无信托投资的信息。

③ 在一些报纸上读到有关信托投资方面的信息。

投资者一旦确定要认购，就必须及时与信托公司的客户服务人员取得联系。预约成功后，在约定的期限内到信托公司指定地点办理缴款签约手续，完成认购过程。

第 11 章 黄金投资

 理财小故事

商人带两袋大蒜到某地，当地人没见过大蒜，极为喜爱，于是赠送商人两袋金子。另一商人听说，便带两袋大葱去，当地人觉得大葱更美味，金子不足以表达感情，于是把两袋大蒜给了他。

虽是故事，但理财往往如此，得先机者得金子，步后尘者就可能得大蒜！善于走自己的路，才可能走别人没走过的路。黄金投资就是如此，有些人因为贪婪，想得到更多的东西，却把现在的也失掉了，贪婪的心像沙漠中的不毛之地，吸收一切雨水，却不滋生草木以方便他人。

对黄金投资有兴趣却无从下手的人，可以通过本章的学习对黄金投资的基础知识进行了解，及时规避风险。

11.1 黄金投资入门

11.1.1 黄金投资品种

1. 现货

现货黄金是即期交易，指在交易成交后立即交割或数天内交割。现货黄金一般分为实物金与纸黄金。前者交易的标的物主要是金锭和珠宝首饰等实物，如金条，金币等。而纸黄金更多是一种虚拟的账面交易，大部分不牵涉实物交割，只在账户上反映黄金持仓量，是一种记账符号，通过买卖赚取差价，更多以现金作为对冲方式。

2. 黄金 T+D

所谓 T+D，就是指由上海黄金交易所统一制定的、规定在将来某一特定的时间和地点交割一定数量标的物的标准化合约。在交割期限上黄金期货有固定交割日期；黄金 T+D 没有固定交割日期，可以一直持仓；黄金 T+D 有夜场交易，黄金期货没有；黄金期货无持仓费用，黄金 T+D 持仓期间每天将会产生合约总金额万分之二的递延费。

3. 期货

黄金期货交易的主要目的是套期保值，是现货交易的补充，成交后不能立即交割，而由交易双方先签订合同，交付押金后在预定的日期进行交割。其主要优点在于以少量的资金就可以掌握大量的期货，并事先转嫁合约的价格，具有杠杆作用。期货合约可于任一交易日变现，具有流动性；也可以随时买进和结算，具有较大弹性。

4. 期权

黄金期权是买卖双方在未来约定的价位具有购买或卖出一定数量标的的权利，而非义务。如果价格走势对期权买卖者有利，则会行使其权利而获利；如果价格走势对其不利，则放弃买卖的权利，损失只有当时购买期权时的费用。买卖期权的费用由市场供求双方力量决定。由于黄金期权买卖涉及内容较多，期权买卖投资战术也较复杂，目前世界上黄金期权市场并不多。

5. 交易所交易基金

ETF 的全称是 exchang traded fund。黄金 ETF 是指以黄金为基础资产，追踪现货黄金价格波动的金融衍生品。其基本原理是由大型黄金生产商向基金公司寄售实物黄金，随后由基金公司以此实物黄金为依托，在交易所内公开发行基金份额，销售给各类投资者。

11.1.2 国际黄金市场参与者

1. 国际金商

最典型的国际金商就是伦敦黄金市场上的五大金商，由于其与世界上各大金矿和黄金商有广泛的联系，而且下属的各个公司又与许多商店和黄金顾客联系，因此五大金商会根据自身掌握的情况不断报出黄金的买价和卖价。

2. 银行

银行又可以分为两类：一类是仅代客户进行买卖和结算，本身并不参与黄金买卖，以苏黎世的三大银行为代表，他们充当生产者和投资者之间的经纪人，在市场上起到中介作用；另一类是做自营业务的，如在新加坡黄金交易所里就有多家自营商是银行。

3. 对冲基金

近年来，国际对冲基金，尤其是美国的对冲基金活跃在国际金融市场的各个角落。在黄金市场上，几乎每次大的下跌都与基金公司借入短期黄金、在即期黄金市场抛售和在纽约商品交易所黄金期货上构筑大量的淡仓有关。

4. 各种法人机构和个人投资者

各大金矿、黄金生产商、黄金制品商（如各种工业企业）、首饰行及私人购金收藏者等

第 11 章 黄金投资

为回避风险，会将市场价格波动的风险降至最低程度；而专门从事黄金买卖的投资公司、个人投资者等则希望从黄金价格涨跌中获得利益，因此愿意承担市场风险。

5. 经纪公司

经纪公司是以交易所会员的身份，专门代理客户进行黄金交易并收取佣金的经纪组织。在纽约、芝加哥、香港等黄金市场里有很多经纪公司，他们本身并不拥有黄金，只是派出场内代表在交易所为客户代理黄金买卖，收取客户的佣金。

11.1.3 黄金投资与其他投资的区别

1. 与股票投资对比

① 黄金投资可以 24 小时交易，而股票为限时交易。

② 黄金投资无论价格涨跌均有获利机会，获利比例无限制，亏损额度可控制。而股票只有在价格上涨的时候才有获利机会。

③ 黄金投资受全球经济影响，不会被人为控制。而股票容易被人为控制。

④ 股票投资交易需要从很多股票中进行选择，黄金投资只需要专门研究和分析一个项目，更为节省时间和精力。

⑤ 黄金投资交易不需要缴纳任何税费，而股票需要缴纳印花税。

2. 与期货投资对比

黄金期货合约与远期合约是有区别的。首先，黄金期货是标准合约的买卖，对买卖双方来讲必须遵守，而远期合约一般是买卖双方根据需要而签订的合约，各远期合约的内容在黄金成色等级、交割规则等方面都不相同；其次，期货合约转让比较方便，可根据市场价格进行买进卖出，而远期合约转让就比较困难，除非有第三方愿意接受该合约，否则无法转让；再次，期货合约大都在到期前平仓，有一定的投资价值，价格也在波动，而远期合约一般到期后交割实物。最后，黄金期货买卖是在固定的交易所内进行，而远期交易一般在场外进行。

11.2 黄金投资分析

11.2.1 黄金投资基本面分析

1. 美元因素

美元和黄金是相对的投资工具，如果美元的走势强劲，投资美元就会有更大的收益，因此黄金的价格就会受到影响。相反，在美元处于弱势的时候，投资者又会减少其资本对美元的投资，而投向金市，推动金价强劲。同时，由于国际金价用美元计价，黄金价格与美元走势的互动关系非常密切，一般情况下呈现美元涨、黄金跌和美元跌、黄金涨的逆向互动关系。在基本面、资金面和供求关系等因素均正常的情况下，黄金与美元的逆向互动关系是投资者判断金价走势的重要依据。

2. 供给与需求

当黄金供给大于需求时，金价趋向下跌；当需求大于供给时，黄金价格将上涨。黄金生产量的增减会影响黄金的供求平衡。同时，黄金的生产成本也会影响产量。黄金除了是一种保值工具之外，还具有工业用途和装饰用途。电子业、珠宝业等用金工业在生产上出现的变动都会影响黄金的价格。

1）黄金的供应

（1）黄金生产

除禁止开采的南极洲外，全球各大洲均有黄金矿产。全世界运营的金矿共有几百家，规模不等。目前，全球矿产的整体水准相对稳定，过去5年的年均产量约为2 485吨。然而，新开发的矿场只能取代旧有的生产，未能大幅增加全球总产量。

新金矿一般需10年才能出产黄金，意味着矿产相对缺乏弹性，不能迅速回应金价前景的转变。黄金生产可分为6个主要阶段：寻找金矿、建设通往矿层的渠道、开采矿石或破开矿层、把破碎的矿石从矿场运送到工厂再作处理、加工及炼制。这些基本程序适用于地下及地面运作。全球主要炼金厂主要以金矿中心为根据地，或位于全球主要贵金属加工中心。

炼金厂一般向矿商收取费用，而非买入黄金，然后在炼制后向市场销售。经炼制的金条（纯度为99.5%或以上）将售予黄金交易商，然后交易商将与投资者进行买卖。供求循环以上述的黄金市场为核心，而非依赖矿商和加工厂之间达成大型的双边合约，这样有助黄金自由流动，并支持自由市场机制。

（2）回收黄金

黄金有价意味着经过熔金、再炼制及再使用，把大部分用途的黄金还原在经济上是可行的。在2004年至2008年，回收黄金平均占每年供应流动的28%。

（3）央行沽售

央行及跨国组织持有略低于五分之一的全球非矿产金库存，一般来说，尽管不同国家的比重存在差异，政府持有的黄金占官方储备约10%。多家央行在过去10年增加黄金储备，央行沽出的黄金较买入为多，并在2004年至2008年，平均每年供应447吨的黄金。

当政府需要套取外汇时，不管当时黄金的价格如何，都会沽出所储备的黄金，这可能带来金价下行的压力。

2）黄金的需求

（1）珠宝需求

整体来说，珠宝的需求受消费者的承受能力及购买意愿所影响。在价格稳定或逐步攀升期间，需求一般上升，并在金价波动期间下跌。近年来，发展中国家的珠宝消费在一段期间持续下跌后急速增长，尽管经济困境可能对此有所抑制，但中国等国家仍为未来需求增长提供了潜力。

（2）投资需求

由于大量的投资需求在场外市场交易，计算投资需求殊不容易，但毋庸置疑，近年来，可识别的黄金投资需求显著上升。散户及机构投资者投资黄金的原因和动机各有不同，而预期市场对这项贵金属的需求增长将持续超越供应增幅，这显然为投资提供充分的理论依据。

（3）工业需求

工业、医疗应用占黄金需求约11%。黄金拥有高热传导及导电能力，加上防蚀能力强劲，因此逾半数的工业需求来自电器配件。此外，在医疗上使用黄金的历史悠久，时至今日，多种生物医疗应用均利用黄金的生物相容性防止细菌滋生及防蚀。最近的研究发现黄金具有多种新的实际用途，包括用作燃料电池催化剂、化学加工及控制污染等。

3. 通胀因素

物价指数上升意味着通货膨胀的加剧。通胀的到来会影响一切投资的保值功能，故此黄金价格也会有所升降。虽然黄金作为对付通货膨胀的武器的作用已不如以前，但是高通胀仍然会对金价起到刺激作用。

以实际可购买的货物及服务计算，多年来黄金的价值大致维持稳定。可见黄金的实际价格不仅经受住了一个世纪的风云变幻和不断的地缘政治冲击，而且在保持购买力方面表现出色。相比之下不少货币的实际价值普遍下跌。

4. 风险偏好因素

1）地缘政治

由于黄金市场主要由流动性资产构成，每日国际市场成交量近万亿美元，与股市、债市相比，其对于政治等因素的反映程度要大很多。由于政治事件一般来讲结果是很难准确预测的，多数具有偶然性、突发性，因此市场对此类事件比较敏感，反映在黄金价格短期波动上往往会夸大其对经济的真实影响。从具体形式上看，政治事件一般有战争、边界冲突、政治丑闻、政府首脑更迭、政局不稳，以及由此引发的金融危机等。

2）金融危机

金融危机是指一个地区或几个地区的金融环境受商业破产、金融机构倒闭等因素的影响造成短暂或是周期性的恶化，通常表现为市场经济出现萧条，资金流动性减弱，投资者恐慌情绪严重。而在市场极为动乱的情况下，资金的避险需求就随之高涨，而黄金恰恰是世界上首选的避险工具，强大的避险买盘势必推动金价节节攀升。

金融危机的爆发将会在很大程度上拖累整体经济的发展，那么与这些实体经济联系密切的投资将受到连累，如股市和楼市。从2008年以来的危机中我们可以看出，房市的疲软是这场危机挥之不去的阴影，作为投资工具的黄金，一定会在闲置资金中吸引一定份额，从而加大多头力量，提振金价上扬。

5. 原油等大宗商品的影响

由于"金砖四国"经济的持续崛起，对有色金属等商品的需求持续强劲，加上国际对冲基金的投机炒作，导致有色金属、贵金属等国际商品价格自2001年起持续强劲上扬，这就是商品市场价格联动性的体现。投资者在判断黄金价格走势时，必须密切关注国际商品市场，尤其是有色金属价格的走势。

黄金和石油都属于大宗商品，两者最为重要的共同点在于能够抵御通货膨胀的能力。石油一般被称为黑色黄金，与黄金一样会随着通货膨胀的上扬而不断上涨，因此是抵御物价高企的优良投资者品种。从长期来看，石油与黄金价格之间保持非常好的联动关系，只是偶然出现一定的偏离，但随后必然会出现回归。

11.2.2 黄金投资技术面分析

1. K线理论

K线是指将黄金每日、每周、每月的开盘价、收盘价、最高价、最低价等涨跌变化状况用图形的方式表现出来，如图11-1所示。最上方的一条细线称为上影线，中间的一条粗线称为实体，下面的一条细线为下影线。当收盘价高于开盘价，也就是黄金走势呈上升趋势时，我们称这种情况下的K线为阳线，中部的实体用空白或红色表示。这时上影线的长度表示最高价和收盘价之间的价差，实体的长短代表收盘价与开盘价之间的价差，下影线的长度则代表开盘价和最低价之间的差距。

2. 趋势理论

1）按照趋势的周期分类

黄金价格走势有三种趋势：短期趋势（持续数天至数个星期）、中期趋势（持续数个星期至数个月）、长期趋势（持续数个月至数年）。任何市场中，这三种趋势必然同时存在，彼此的方向可能相反。

长期趋势最为重要，也最容易被辨认、归类与了解。它是投资者主要的考量因素，对于投机者较为次要。中期趋势与短期趋势都处于长期趋势之中，唯有明白它们在长期趋势中的位置，才可以充分了解它们，并从中获利。

第 11 章 黄金投资

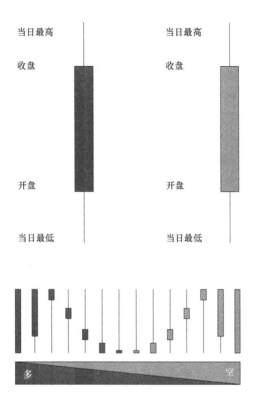

图 11-1 K 线图

中期趋势对于投资者较为次要，却是投机者的主要考虑因素。它与长期趋势的方向可能相同，也可能相反。如果中期趋势严重背离长期趋势，则被视为次级的折返走势或修正。次级折返走势必须谨慎评估，不可将其误认为是长期趋势的改变。

短期趋势最难预测，唯有交易者才会随时考虑它。投机者与投资者仅在少数情况下才会关心短期趋势：在短期趋势中寻找适当的买进或卖出时机，以追求最大的获利，或尽可能减少损失。

2）按照趋势的方向分类

在一个价格运动中，如果其包含的波峰和波谷均高于前一个波峰和波谷，那么就称为上涨趋势；如果其包含的波峰和波谷都低于前一个波峰和波谷，那么就称为下跌趋势；如果后面的波峰与波谷都基本与前面的波峰和波谷持平的话，那么就称为振荡趋势，或者横盘趋势。

根据趋势的定义，我们可以画出趋势线来对走势情况进行衡量。对于上涨趋势，我们可以连接底点，使得大部分底点尽可能处于同一条直线上；而对于下降趋势，我们可以连接其顶点，使得大部分顶点尽可能处于同一条直线上；对于横盘趋势，我们可以将顶点和底点分别以直线连接，形成振荡区间。那么当价格运动突破了相应的趋势线后，我们就可以认为趋势可能正在反转。

趋势本身是由不同级别的大小趋势组成的，其中高级的趋势方向决定最终价格运动的方向，因此在使用趋势线时，要特别注意当前使用的趋势线是处于哪一级别的趋势之上的，从而决定此趋势线所说明的价格运动范围。

3．移动平均线

1）移动平均线的含义

移动平均线（MA）是以道琼斯的平均成本概念为理论基础，采用统计学中"移动平均"的原理，将一段时期内的黄金价格平均值连成曲线，用来显示金价的历史波动情况，进而反映黄金价格未来发展趋势的技术分析方法。

移动平均线常用线有 10 天、20 天、30 天、60 天、100 天和 200 天的指标。其中，10 天、20 天和 30 天的是短线炒作的参照指标，被称作日均线指标；30 天和 60 天的是中期均线指标，被称作季均线指标；100 天、200 天的是长期均线指标，被称作年均线指标。

2）移动平均线的基本特性

（1）趋势的特性

移动平均线能够表示金价趋势的方向，所以具有趋势的性质。

（2）稳重的特性

移动平均线不像 K 线会大幅度起起落落，而是起落相当平稳。向上的通常会缓缓向上，向下的通常会缓缓向下。

（3）安定的特性

通常愈长期的移动平均线，愈能表现安定的特性，即移动平均线不轻易往上、往下，必须等到金价涨势真正明朗了，移动平均线才会往上延伸，一般金价开始回落之初，移动平均线是向上的，等到金价下滑显著时，才见移动平均线走下坡，这是移动平均线最大的特点。愈短期的移动平均线，安定性愈差；愈长期的移动平均线，安定性愈强，但也因此使得移动平均线有延迟反应的特性。

（4）助涨的特性

金价从平均线下方向上突破，平均线也开始向右上方移动，可以看作多头支撑线，金价回跌至平均线附近，自然会产生支撑力量。短期平均线向上移动速度较快，中长期平均线向上移动速度较慢，但都表示一定期间内平均成本的增加。卖方力量若稍强于买方，金价回跌至平均线附近，便是买进时机，这是平均线的助涨功效，直到金价上升缓慢或回跌，平均线开始减速移动，金价再回落至平均线附近，平均线失去助涨效能，将有重返平均线下方的趋势，此时最好不要买进。

（5）助跌的特性

反过来说，金价从平均线上方向下突破，平均线也开始向右下方移动，成为空头阻力线，金价回升至平均线附近，自然产生阻力，因此平均线往下走时金价回升至平均线附近便是卖出时机，平均线此时有助跌作用。直到金价下跌缓慢或回升，平均线开始减速移动，金价若再与平均线接近，平均线便失去助跌意义，将有重返平均线上方的趋向，此时不需急于卖出。

11.3 黄金投资策略和风险控制

11.3.1 黄金市场的投资风险

黄金是一项独特的资产，并不附带信贷风险。黄金并非债务，不会像债券附带不支付票息或赎回金额的风险，亦不会像股票需要承担企业可能倒闭的风险。此外，黄金有别于货币，其价值不会受发行国的经济政策影响，亦不会受该国的通胀水平的制约。同时，黄金的买家相当广泛，包括珠宝业、金融机构以至工业产品制造商，并提供一系列广泛的投资渠道，包括金币与金条、珠宝、期货及期权、交易所买卖基金，因此流动性风险相当低。黄金固然受市场风险所影响，从20世纪80年代金价大幅下跌便可见一斑。然而，金价相关的多项下跌风险与其他资产的风险迥然不同，有助提升利用黄金分散投资组合的吸引力。

我们可以用波幅来量度市场风险。波幅是量度某项证券或市场指数的回报分布。通常一项资产的波幅越高风险便越大。

11.3.2 黄金投资的风险控制

1. 分散投资组合

资产配置是任何投资策略中重要的一环。通过平衡不同相关性的资产类别，投资者可望取得最高的回报和承担最低的风险。不少投资者在投资组合中加入黄金白银等商品，以抵御某项资产或资产类别的负面变动。

黄金在近年有着强劲的回报，但黄金对投资组合最重要的价值在于黄金与大部分资产不存在相关性，原因是影响金价的因素与影响其他资产表现的因素有别。

从地域及行业的层面来看，黄金的需求来源远较其他资产广泛，这正好说明为何金价独立于其他资产，以及为何金价攀升多年后可识别的需求仍然殷切。对于黄金白银商品来说，这种情况并不常见，黄金白银商品需求一般由非选择性开支所带动，因此较易受经济周期变化的影响。近期地域及行业层面的投资需求增长，进一步扩大了黄金需求的范围，这可以弥补经济衰退对珠宝需求的影响。

相对于不少另类资产，黄金提供更佳的分散投资良机。多项独立的研究显示，在市场受压或不稳定期间，另类资产及传统分散投资工具通常未能发挥效用，但即使购入少量黄金，在金融市场稳定及不稳定期间，均可显著改善投资组合表现的稳定性。

2. 规避风险，保住本金

成为长期持续赚钱的人，首先要先学会保住自己的本金，让自己的资金活着。黄金市场行情时而疯狂上涨，时而秋风扫落叶般下跌，如果不能有效地保住本金，就会被市场横扫出局。现金永远都很重要。当系统性风险爆发时，能够保持现金的人才是真正的大赢家。

在席卷全球的金融危机之下，保存实力是很多投资者惨败之后的教训。而保住本金并非只意味着活期存款或者货币型基金，这里涉及一个理念问题。保住本金只是一种观念，时刻提醒自己谨慎投资而已。

黄金投资主要是控制仓位，这类保证金交易，一般持仓资金不超过总资金的50%，不得超越自己的风险承受能力；一定要选择适合自己的操作模式，做好心态控制。因为产品是没有风险的，有风险的是人，成熟的投资者会想办法从操作策略上规避风险，并需要一个专业的投资策略。

3. 判清形势，顺势投资

曾有位著名的投资高手，某天他苦思冥想为什么买进的仍在下跌。这时，他6岁的小女儿进来了，要爸爸陪她玩。他很不耐烦地说："我正在思考问题呢。"谁知道，那个小姑娘瞥见了那张走势图，不屑地说："不就是还要向下吗？有什么好多想的。"一语惊醒梦中人，第二天这个投资高手不仅平了多仓，而且还放空不少头寸，赚了不少钱。

顺势而为就是要依照金价的运动方向进行操作，具体就是在金价的上升阶段持有跟进而不要抛出，而在金价的下跌阶段沽出而不要买进。

到目前为止，西方的金融技术分析系统的核心理念就是市场趋势一旦形成，就要持续一段时间，这也是金民顺势而为的主因。首先要看对方向，方向不对努力白费，换言之就是把握金市的运行规律，对投资市场来说首先要辨明趋势。

当黄金形成趋势，无论是升势还是跌势，其力量是巨大的。一个大的上升或下跌的形成绝非一朝一夕。首先有资金的推动，其次是市场力量的聚集、汇拢，最后形成一个巨大的浪潮。翻阅金市历史的K线图，不难发现金市趋势的魅力是无穷的。K线图一旦形成上升趋势，金价易涨难跌，顺势做多的机会大于风险，因为金价走势需要很多因素促成，而且是逐渐形成的，一旦趋势形成，很多投资者会进行相应方向的操作，金价的走势就变得难以阻遏了，一般不会随投资者的意愿而转变。

4. 认清点位，规避风险

市场总是在涨跌中进行，沿着曲线和波浪运行。为什么很多投资者会经常抱怨：明明看对了方向，却没有把握行情。如果没有很好的入市点位，即使看对方向，通常也会让你备受煎熬。没有只涨不跌的市场，也没有只跌不涨的市场，涨涨跌跌、跌跌涨涨是市场运行的规律。

操作上我们把握的是一个进场点和两个目标点（获利点、止损点）。只有把一笔单子从进场放到出场才算终结。对于短线操作者来讲，可以遵守区间突破跟进，而不建议盲目追涨追空。

对于中线操作者，建议不到目标点位不出手，到了自己的进场点位就要果断出击。从历史图表上发现，行情一段时间的上涨多数会面临回调。如果趋势看涨，每次回调正是寻求进场做多的点位。

5. 规范操作，及时止损

投资本身没有风险，失控的投资才有风险。杠杆效应使风险加大，止损是必须的。假如所有的交易都不设止损，那么数十次成功的交易会被一次失败的交易毁掉。不断的成功使交易者的成就感不断膨胀，风险意识逐渐淡忘，持仓量越来越大，对自己的判断越来越自信，但往往这个时候危险正悄悄向自己逼近。

交易是不可能100%成功的，数十次的成功为以后的失败积累了时间，这不以人的意志为转移，是概率使然。一旦失败的交易来临，交易者浑然不知，自以为判断没有问题，但结果往往是最终以巨额亏损收场，甚至血本无归。

假如都止损，同样市场上会出现另外一种现象，就是所有的交易都设置了止损，但止损经常被打掉，止损触发后，行情又拐头向对自己原有头寸有利的方向发展，交易者经常陷入"建仓—止损—再建仓—再止损"的恶性循环之中。此时，所有的分析和预测都不重要，因为止损成为交易者如影相随的噩梦。

止损分为正确的止损与错误的止损，唯有投资理论才可衡量其正确性。70%以上的大损失均来自于不愿接受小损失和相对小的损失或不愿正视损失。投资理论在发出止损信号时，是经过建立投资理论综合性得出的一种有根据的止损。

第12章 金融衍生品投资

理财小故事

某投资者 A 从事现货贸易数十年，具有极其丰富的现货贸易经验，听说期货这一交易工具后很感兴趣，马上开户并投资 20 万元。头三天，他没有急于做交易，而是在电脑前熟悉行情。每天，他给出一个合约当日最高价、最低价、收盘价的预测。令人惊奇的是，他每天的预测都十分准确，几乎没有误差。他信心满满，认为做期货很简单。于是，第四天他正式开始交易，满仓买入某一合约。但遗憾的是，这一天该合约价格并没有按照他的预期上涨，而是略有下跌。他持仓过夜。第五天，该合约又跌了一些，浮动亏损大约 4 万元。他还是没动。随后几天，该合约一路阴跌不止。经纪公司不断发出追缴保证金通知，他不愿追加资金，于是所持头寸逐步被强平。最后，当账户上只剩下 2 万余元时，他将所剩无几的头寸平仓离场。同时他也离开了期货市场，表示以后再也不碰期货了。

某投资者 B 是江浙一带的民营企业家。在某期货投资顾问的介绍下，于 2007 年 4 月进入期货市场，投资 100 万元。投资顾问推荐他买入正处于良好上升势头的橡胶。初期有所获利，但随后橡胶价格开始下跌。投资顾问坚定看好橡胶市场，建议 B 继续加仓买入。满仓之后价格仍在下跌，投资顾问建议 B 追加资金，越跌越买，B 照做了。到了 2007 年 7 月，B 累计投入的资金已经超过了 1 000 万元，但账面上剩余的资金只有不到 400 万元。好在橡胶价格止住了跌势，开始回升。到了 2008 年 2 月，账面资金已经达到了 1 200 余万元。平仓出场后获利 200 余万元。B 尝到了逢低加死码的甜头，认为在有充足资金准备的条件下，这是个不错的操作方法。2008 年 7 月，沪锌价格跌到了上市以来的最低价 1.5 万元以下。B 认为这是个不错的投资机会，于是开始越跌越买。到 2008 年 9 月，锌价跌至 1.4 万元左右，B 认为更值得买了，于是共计投入资金 2 000 万元左右买入。不料，2008 年国庆长假过后，由于席卷全球的金融风暴影响，所有商品的价格直线暴跌，很多品种出现多次三板强平。好在锌的第三个停板并没有封死，在经纪公司的配合下，B 在即将穿仓的危险状态下及时平仓,但所投入的 2 000 万元资金仅剩余 4 万。B 黯然离开期货市场。

某投资者 C 是个人投资者,进入期货市场已经两三年了,看了很多期货书籍,对各种分析方法都很熟悉。他把约翰•墨菲的《期货市场技术分析》、史蒂夫•克罗的《克罗谈期货投资策略》等看了个遍,道氏理论、甘氏理论、波浪理论等也说得头头是道,能把"让盈利奔跑,截断亏损""趋势是你的朋友""计划你的交易,交易你的计划"等期市格言倒背如流。但是,他的交易结果很糟糕。问题出在哪里呢?

行为金融学认为,人是不理性的,或者说,人不是完全理性的。在金融投资领域,当需要作出判断的时候,没有经过专门训练的人,其本性往往会导致错误的操作。要改变这种现状,就需要从人的本性入手。

12.1　金融衍生品投资入门

12.1.1　期货及相关衍生品

1. 期货

期货是由期货交易所统一制定的、规定在将来某一特定时间和地点交割一定数量标的物的标准化合约。期货由现货交易衍生而来,是与现货相对应的交易方式。

2. 远期

远期也称为远期合同或远期合约,是指交易双方约定在未来的某一确定时间,以确定的价格买卖一定数量的某种标的资产的合约。远期交易最早作为一种锁定未来价格的工具,交易双方需要确定交易的标的物、有效期和交割时的执行价格等内容,双方都必须履行协议。常见的远期交易包括商品远期交易、远期利率协议、外汇远期交易、无本金交割外汇远期交易及远期股票合约等。

3. 互换

互换是指两个或两个以上当事人按照商定条件,在约定时间内交换一系列现金流的合约。远期合约可以看作仅交换一次现金流的互换。在大多数情况下,由于互换双方会约定在未来多次交换现金流,因此互换可以看作一系列远期的组合。由于其标的物及计算现金流的方式很多,互换的种类也很多,最常见的是利率互换和货币互换,此外还有商品互换、股权类互换、远期互换等。

4. 期权

期权是一种选择的权利,即买方能够在未来的特定时间或者一段时间内按照事先约定的价格买入或者卖出某种约定标的物的权利。期权是给予买方(或持有者)购买或出售标的资产的权利，可以在规定的时间内根据市场状况选择买或者不买、卖或者不卖，既可以行使该权利，也可以放弃该权利。而期权的卖出者则负有相应的义务，即当期权买方行使权利时，期权卖方必须按照指定的价格买入或者卖出。期权在交易所交易的是标准化的合约；也有在场外交易市场交易的，它是由交易双方协商确定合同的要素，为满足交易双方的特殊需求而签订的非标准化合约。按照标的资产划分，常见的期权包括利率期权、外汇期权、股权类期权和商品期权等。

12.1.2 期货及衍生品市场的形成与发展

1. 期货市场的形成与发展

期货交易萌芽于远期现货交易。从历史发展来看，交易方式的长期演进，尤其是远期现货交易的集中化和组织化为期货交易的产生和期货市场的形成奠定了基础。

较为规范化的期货市场在19世纪中期产生于美国芝加哥。芝加哥作为连接中西部产粮区与东部消费市场的粮食集散地，已经发展成为当时全美最大的谷物集散中心。随着农业的发展，农产品交易量越来越大，同时由于农产品生产的季节性特征、交通不便和仓储能力不足等原因，农产品的供求矛盾日益突出。具体表现为：每当收获季节，农场主将谷物运到芝加哥，谷物在短期内集中上市，交通运输条件难以保证谷物及时疏散，使得当地市场饱和，价格一跌再跌，加之仓库不足，致使生产者遭受很大的损失。到了来年春季，又出现谷物供不应求和价格飞涨的现象，使得消费者深受其苦，粮食加工商因原料短缺而困难重重。在这种情况下，储运经销应运而生。当地经销商在交通要道设立商行，修建仓库，在收获季节向农场主收购谷物，来年春季再运到芝加哥出售。当地经销商的出现，缓解了季节性的供求矛盾和价格的剧烈波动，稳定了粮食生产。但是，当地经销商面临着谷物过冬期间价格波动的风险。为了规避风险，当地经销商在购进谷物后就前往芝加哥，与那里的谷物经销商和加工商签订来年交货的远期合同。

随着交易量的增加和交易品种的增多，合同转卖的情况越来越普遍。为了进一步规范交易，芝加哥期货交易所于1865年推出了标准化合约，取代了原先使用的远期合同。同年，该交易所又实行了保证金制度，以消除交易双方由于不能按期履约而产生的诸多矛盾。1882年，交易所允许以对冲合约的方式结束交易，而不必交割实物。一些非谷物商看到转手谷物合同能够盈利，便进入交易所，按照"贱买贵卖"的商业原则买卖谷物合同，赚取一买一卖之间的差价，这部分人就是投机商。专门联系买卖双方成交的经纪业务日益兴隆，发展成为经纪行。为了处理日益复杂的结算业务，专门从事结算业务的结算所也应运而生。

随着这些交易规则和制度的不断健全和完善，交易方式和市场形态发生了质的飞跃。标准化合约、保证金制度、对冲机制和统一结算的实施，标志着现代期货市场的确立。

第 12 章 金融衍生品投资

2. 远期市场的形成与发展

欧洲的远期交易萌芽于古希腊和古罗马时期，现代化远期合约最早作为一种套期保值的工具兴起于 20 世纪 80 年代。第一个外汇远期市场于 19 世纪 70 年代诞生于维也纳，真正兴起却是在布雷顿森林体系结束后，各国汇率风险加剧，外汇远期合约于 1973 年应运而生。截至 2014 年 6 月，其名义本金金额已居远期市场第二位，居于第一位的是于 1983 年诞生于伦敦银行间同业拆借市场的远期利率协议。目前，远期利率协议和远期外汇协议占到远期市场名义本金金额的 90% 以上，商品远期协议市场规模相对狭小。

3. 互换市场的形成与发展

互换交易的起源可以追溯至 20 世纪 70 年代末，当时的货币交易商为了逃避英国的外汇管制而开发了货币互换。1981 年，IBM 与世界银行在伦敦签署的利率互换协议是世界上第一份利率互换协议，并于 1982 年引入美国。利率互换已成为所有互换交易乃至所有金融衍生品中最为活跃、交易量最大、影响最深远的品种之一。

早期的互换交易中，金融机构扮演着经纪人的角色，为客户寻找交易对手并赚取佣金。但是短期内匹配对手相当困难，因此许多国际金融机构引入了做市商制度，作为交易双方的对手方，为互换市场提供了充足的流动性。与此同时，互换的标准化也稳步推进。1985 年国际互换商协会成立，并制定了互换交易的行业标准、协议范本和定义文件等。国际互换商协会制定的 ISDA 主协议已成为全球金融机构签订互换及其他多种 OTC 衍生产品的范本。ISDA 主协议具有特殊的三项制度基础，即单一协议、瑕疵资产与终止净额结算，包括协议主文、附件和交易确认书三部分，有效维系了国际金融衍生产品市场的平稳发展，并为越来越多国家或地区的立法机关所认可。

4. 期权市场的形成与发展

期权萌芽于古希腊和古罗马时期，在 17 世纪 30 年代的"荷兰郁金香"时期出现了最早的期权交易。到了 18 世纪和 19 世纪，美国和欧洲的农产品期权交易已相当流行，但均为场外交易，1973 年芝加哥期货交易所成立，第一张标准化期权合约出现。1982 年芝加哥期货交易所推出了以长期国债期货为标的物的期权交易，1983 年芝加哥商品交易所推出了股价指数期权。随着指数期权的成功，芝加哥期货交易所陆续推出了大豆、玉米、小麦等品种的期货期权。美国期权交易的示范作用带动了世界各国期权市场的发展。

伴随着场内标准化期权的繁荣，场外期权也获得了长足发展。20 世纪 90 年代之后，场外奇异期权日益增多，既保证了交易者的个性化需求，也满足了开发者的利润空间。场外期权越来越有竞争力，一方面迫使一些交易所开始推出非标准化的期权交易，如灵活期权；另一方面，促使交易所合作日益加强，并购浪潮不断涌现。

12.1.3　中国期货及衍生品市场发展概况

国际衍生品市场形成了远期、期货、互换、期权、资产支持证券、信用衍生工具六大类产品相互补充的完整构架。

我国现代化的远期协议合约是20世纪末开始起步的。1997年中国银行开始进行远期结售汇试点，2003年四大国有商业银行全面展开远期结售汇业务。在亚洲金融危机后，离岸市场出现了人民币无本金交割远期。由于我国实行资本管制，境内人民币远期市场迟迟得不到发展，直到2005年人民币汇率机制改革之后，中国人民银行才正式建立人民币远期市场。而人民币远期利率协议直到2007年才正式推出。

上海清算所为场外市场提供结算服务。目前，上海清算所已推出了外汇远期、人民币远期运费协议等远期合约。

我国互换市场起步较晚，2005年11月25日，中国人民银行在银行间外汇市场与包括4家国有银行在内的10家商业银行首次进行了美元与人民币1年期货币掉期业务操作，宣告中国人民银行与商业银行之间的货币掉期业务正式展开。自此，货币互换参与机构不断增加，业务不断丰富。2007年商业银行之间可以两两进行交易，2011年允许外汇指定银行对客户开展人民币外汇货币掉期业务，2012年汇丰银行在外汇市场上达成了首笔无本金交换人民币外汇货币掉期业务，现阶段银行间远期外汇市场已开展了6个货币对的货币掉期业务。利率互换则是伴随着我国利率市场化逐渐兴起的，2004年中国人民银行扩大金融机构贷款利率浮动区间，2006年开展了利率互换试点，国家开发银行与光大银行进行了第一笔利率互换交易。经过两年试点，2008年人民币利率互换交易开始正式全面推进。2010年之后，利率互换市场发展尤为迅速，成交量不断增加。

12.2　金融衍生品交易所与投资者

12.2.1　期货交易所

期货交易所是为期货交易提供场所、设施、相关服务和交易规则的机构。自身不参与交易，期货交易所的主要职能包括提供交易场所、设施和服务；设计合约、安排合约上市；制定并实施期货市场制度与交易规则（保证金制度、涨跌停板制度、持仓限额制度、大户持仓报告制度、强行平仓制度、当日无负债制度、风险准备金制度）；组织并监督期货交易，监控市场风险；发布市场信息。

期货交易所组织形式包括会员制和公司制。会员制期货交易所由全体会员共同出资组建，缴纳一定的会员资格费，作为注册资本。缴纳会员资格费是取得会员资格的基本条件之一,这不是投资行为。会员制期货交易所是实行自律性管理的非营利性会员制法人。公司制期货交易所由若干股东共同出资组建,以营利为目的,股份可以转让,盈利来自从交易所进行的期货交易中收取的各种费用,不参与合约标的物的买卖。

12.2.2 结算机构

结算机构是某一交易所的内部机构,仅为该交易所提供结算服务。结算机构是独立的结算公司,可为一家或多家期货交易所提供结算服务。国际上结算机构通常采用分级结算制度。期货市场的结算体系采用分级、分层的管理体系。期货交易的结算分三个层次:第一层,结算机构对结算会员进行结算;第二层,结算会员对非结算会员进行结算;第三层,非结算会员对客户进行结算。

12.2.3 其他中介与服务机构

1. 期货公司

期货公司属于非银行金融机构。期货公司是指代理客户进行期货交易并收取交易佣金的中介组织。期货公司的主要职能是根据客户指令代理买卖期货合约、办理结算和交割手续;对客户进行管理,控制客户交易风险;为客户提供期货市场信息,进行期货交易咨询,充当客户的交易顾问等。国务院期货管理机构按其商品期货、金融期货业务种类颁发许可证。除申请经营境内期货经纪业务外,还可申请经营境外期货经纪、期货投资咨询,以及证监会规定的其他期货业务。期货公司业务包含经纪业务、期货投资咨询业务、资产管理、风险管理等创新业务。

期货公司作为衔接场外期货交易者与期货交易所之间的桥梁和纽带,降低了期货市场的交易成本和期货交易中的信息不对称程度;高效率地实现转移风险的职能,并通过结算环节防范系统性风险的发生;通过专业服务实现资产管理的职能。

2. 介绍经纪商

券商(IB)主要提供以下服务:协助办理开户手续、提供期货行情信息和交易设施、证监会规定的其他服务。券商不得代客户进行期货交易、结算或交割,不得代期货公司、客户收付保证金,不得利用证券资金账户为客户存取、划转期货保证金。券商只能接受其全资拥有或控股的,或被同一机构控制的期货公司的委托从事介绍业务,不得接受其他期货公司的委托从事介绍业务,券商申请介绍业务资格应符合净资本不低于 12 亿元等一系列条件和风险控制指标。

3. 其他期货中介与服务机构

期货保证金存管银行是由交易所指定,协助交易所办理期货交易结算业务的银行。交易所有权对存管银行的期货结算业务进行监督。权利和义务在全员结算制度和会员分级结算制度下略有差异。

交割仓库也称为指定交割仓库，是由期货交易所指定的、为期货合约履行实物交割的交割地点。交割由期货交易所统一组织进行。期货交易所不得限制实物交割总量，并应当与交割仓库签订协议，明确双方的权利和义务。交割仓库不得有下列行为：出具虚假仓单；违反期货交易所业务规则，限制交割商品的入库、出库；泄露与期货交易有关的商业秘密；违反国家有关规定参与期货交易；国务院期货监督管理机构规定的其他行为。指定交割仓库的日常业务分为三个阶段：商品入库、商品保管、商品出库。

12.2.4　期货交易投资者

1. 个人投资者

参与期货交易的自然人称为个人投资者。根据我国《金融期货投资者适当性制度实施办法》，个人投资者在申请开立金融期货交易编码前，需先由期货公司会员对投资者的基础知识、财务状况、期货投资经历和诚信状况等进行综合评估。个人投资者参与期货交易，应满足资金、交易经历、风险承受能力、诚信状况等条件。

2. 机构投资者

对冲基金，又称避险基金，是指"风险对冲过的基金"，是一种充分利用各种金融衍生品的杠杆效应，承担较高风险、追求较高收益的投资模式，属于私募基金。美国的对冲基金以有限合伙制为主——一般合伙人管理，有限合伙人出资。

共同基金为利益共享、风险共担的集合投资方式。对冲基金和共同基金的区别在于对冲基金并不需要在美国联邦投资法下注册，而共同基金则受到监管条约的限制；共同基金投资组合中的资金不能投资期货等衍生品市场，对冲基金可以。

商品投资基金是指广大投资者将资金集中起来，委托给专业的投资机构，并通过商品交易顾问进行期货和期权交易，投资者承担风险并享受投资收益的一种集合投资方式。

12.3　金融衍生品投资交易

12.3.1　期货

1. 期货合约的种类

期货合约是由交易所设计，规定缔结合约的双方在将来某一特定的时间和地点按照合约规定的价格交割一定数量和质量的实物商品或金融产品，并经国家监管机构审批后可以上市交易的一种标准化合约。它是一种基于标的物资产未来确定价格的可交易标准化合约。期货合约的持有者可通过交收现货或进行对冲交易履行或解除合约义务。

第12章 金融衍生品投资

期货经过100多年的发展，标的资产范围不断扩大。现在的期货合约根据标的物的不同主要分为以下两类。

商品期货。以商品为标的物的期货合约，主要包括：① 农产品期货。农产品期货是最早出现的期货种类。标的物主要包括小麦、大豆、玉米等谷物，棉花、咖啡、可可等经济作物和木材、天胶等林产品。② 金属期货。最早出现的是伦敦金属交易所的铜期货，目前已发展为以铜、铝、铅、锌、镍为代表的有色金属期货和黄金、白银等贵金属期货两类。③ 能源期货。20世纪70年代发生的石油危机直接导致了石油等能源期货的产生。目前市场上主要的能源期货品种有原油、汽油、取暖油、丙烷等。

金融期货。以金融工具作为标的物的期货合约，主要包括：① 外汇期货。20世纪70年代布雷顿森林体系解体后，浮动汇率制引发了外汇市场的剧烈波动，在人们规避汇率风险的迫切需求下，外汇期货合约最先于1972年5月在芝加哥诞生。目前在国际外汇市场上，交易量最大的外汇品种主要有美元、欧元、日元、英镑、瑞士法郎、加拿大元等。② 利率期货。最早的利率期货是1975年10月在芝加哥期货交易所上市的政府国民抵押协会债券期货合约。利率期货目前主要有两类，即短期利率期货合约和长期利率期货合约，后者的交易量更大。③ 股指期货。受经济全球化的影响，国际证券市场价格常常有较大的波动，投资者因而迫切需要一种能规避风险、实现保值的工具。在此背景下，美国堪萨斯期货交易所推出价值线综合指数期货。现在全世界交易规模最大的股指期货合约是标准普尔500指数期货合约。

2. 期货合约的特点

① 标准化合约。期货合约的标的商品品种、数量、质量、等级、交货时间、交货地点等条款都是既定的，是标准化的。

② 交易所交易。期货合约是在期货交易所组织下成交的，具有法律效力，而价格又是在交易所的交易厅里通过公开竞价方式产生的；国外有些市场采用公开叫价的方式，而我国均采用电子交易。

③ 保证金交易。期货交易实行保证金交易，即交易者只需按期货合约价格的一定比率（通常为5%~10%）交纳少量资金作为履行期货合约的财力担保，便可参与期货合约的买卖，并视价格变动情况确定是否追加资金。这样的交易具有杠杆效应。

④ 中央化结算。期货交易由交易所实行逐日结算。它是指结算部门在每日闭市后计算、检查保证金账户余额，对所有客户的持仓根据结算价进行结算；有盈利的划入，有亏损的划出。

3. 期货合约的标准化条款

① 合约名称。需注明该合约的品种名称及上市交易所的名称。例如，上海期货交易所的铜期货合约名称为：上海期货交易所阴极铜期货合约。

② 交易代码。为了便于交易，每一期货品种都有交易代码。例如，大豆期货合约的交易代码是 a，豆粕期货合约的交易代码是 m，阴极铜期货合约的交易代码是 cu，电解铝期货合约的交易代码是 al，天然橡胶期货合约的交易代码是 ru，小麦期货合约的交易代码是 wt/ws，棉花期货合约的交易代码是 cf/cs，燃料油期货合约的交易代码是 fu，玉米期货合约的交易代码是 c。

③ 交易数量和单位条款。每种商品的期货合约规定了统一的、标准化的数量和计量单位，统称"交易单位"。例如，美国芝加哥期货交易所规定小麦期货合约的交易单位为 5 000 蒲式耳，每张小麦期货合约都是如此。如果交易者在该交易所买进一张（也称一手）小麦期货合约，就意味着在合约到期日需买进 5 000 蒲式耳小麦。又如，在上海期货交易所交易的期货品种中，铜、铝、天然橡胶的交易单位是 5 吨/手，燃料油的交易单位是 10 吨/手；在大连商品交易所交易的期货品种中，黄大豆、豆粕、玉米的交易单位均是 10 吨/手；而在郑州商品交易所交易的期货品种中，小麦的交易单位是 10 吨/手，棉花的交易单位是 5 吨/手。

④ 质量和等级条款。商品期货合约规定了统一的、标准化的质量等级，一般采用国际上普遍认可的商品质量等级标准。例如，由于我国黄豆在国际贸易中所占的比例较大，所以日本名古屋谷物交易所就以我国所产黄豆为该交易所黄豆质量等级的标准品。

⑤ 交割地点条款。期货合约为期货交易的实物交割指定了标准化的、统一的实物商品的交割仓库，以保证实物交割的正常进行。

⑥ 交割期条款。商品期货合约对进行实物交割的月份作了规定，一般规定几个交割月份，由交易者自行选择。例如，美国芝加哥期货交易所为小麦期货合约规定的交割月份有 7 月、9 月、12 月，以及下一年的 3 月和 5 月，交易者可自行选择交易月份。如果交易买进 7 月份的合约，要么在到期前平仓了结交易，要么在 7 月份进行实物交割。

⑦ 最小变动价位条款。期货交易时规定买卖双方报价所允许的最小变动幅度，每次报价时价格的变动必须是这个最小变动价位的整数倍。例如，在上海期货交易所，阴极铜期货、铝期货的最小变动价位是 10 元/吨，天然橡胶期货的最小变动价位是 5 元/吨，燃料油期货的最小变动价位是 1 元/吨。在大连商品交易所，黄大豆、豆粕、玉米期货的最小变动价位均是 1 元/吨。在郑州商品交易所，小麦期货的最小变动价位是 1 元/吨，棉花期货的最小变动价位是 5 元/吨。

⑧ 每日价格最大波动幅度限制条款，即涨跌停板制度。这一制度是指，每一交易日期货合约的成交价格不能高于或低于该合约上一交易日结算价的一定幅度，达到该幅度则自动限制价格的继续上涨或下跌。例如，芝加哥期货交易所小麦期货合约的每日价格最大波动幅度为每蒲式耳不高于或低于上一交易日结算价 20 美分。

⑨ 最后交易日交款，即期货合约停止买卖的最后截止日期。每种期货合约都有一定的限制，到了合约月份的一定日期，就要停止合约的买卖，准备进行实物交割。例如，芝加哥

期货交易所规定,玉米、大豆、豆粕、豆油、小麦期货的最后交易日均为交割月最后营业日之前的第7个营业日。

⑩ 保证金。交易者只需按期货合约价格的一定比率交纳少量资金作为履行期货合约的财力担保,便可参与期货合约的买卖,并视价格变动情况确定是否需要追加资金。

⑪ 交易手续费。期货交易所按成交合约金额的一定比例或按成交合约手数收取的费用。

4. 期货市场基本制度

保证金制度是期货市场风险管理的重要手段。期货买方和卖方必须按照其所买卖期货合约价值的一定比率缴纳资金,用于结算和保证履约。国际市场上保证金制度实施的一般性特点包括:① 对交易者的保证金要求与其面临的风险相对应。② 交易所根据合约特点设定最低保证金标准,并可根据市场风险状况调节保证金水平。③ 保证金的收取是分级进行的,分为会员保证金和客户保证金。

我国境内期货交易保证金制度的特点包括:① 不同阶段规定不同交易保证金比例。② 随着合约持仓量的增大,逐步提高该合约交易保证金比例。③ 出现连续涨跌停板的情况时,交易保证金比率相应提高。④ 当某品种某月份合约按结算价计算的价格变化,连续若干个交易日的累计涨跌幅达到一定程度时,交易所有权根据市场情况,对部分或全部会员的单边或双边、同比例或不同比例提高交易保证金,限制部分会员或全部会员出金,暂停部分会员或全部会员开新仓,调整涨跌停板幅度,以控制风险。⑤ 当某期货合约交易出现异常情况时,交易所可按规定的程序调整交易保证金的比例。

当日无负债结算制度是指每个交易日结束后,由期货结算机构对期货交易保证金账户当天的盈亏状况进行结算,并根据结算结果进行资金划转。当交易发生亏损,进而导致保证金账户资金不足时,则要求必须在结算机构规定的时间内向账户中追加保证金,以做到"当日无负债"。当日无负债结算制度的特点包括:① 对所有账户的交易及头寸按不同品种、不同月份的合约分别进行结算,在此基础上汇总,使每一交易账户的盈亏都能得到及时的、具体的、真实的反映。② 在对交易盈亏进行结算时,不仅对平仓头寸的盈亏进行结算,而且对未平仓合约产生的浮动盈亏进行结算。③ 对交易头寸所占用的保证金进行逐日结算。④ 通过期货交易分级结算体系实施,由交易所(结算所)对会员进行结算,期货公司根据期交所(结算所)的结算结果对客户进行结算;期交所会员(客户)的保证金不足时,会被要求及时追加保证金或自行平仓,否则,合约将会被强行平仓。

涨跌停板制度为保证金制度和当日无负债结算提供了条件,又称每日价格最大波动限制制度,指期货合约在1个交易日内交易价格波动不得高于或低于规定的涨跌幅度,超过该涨跌幅度的报价将被视为无效报价,不能成交。我国期货市场每日价格波动限制设定为上一交易日结算价的一定百分比:① 新上市的品种和新上市的期货合约,其涨跌停板幅度一般为合约规定涨跌停板幅度的2倍或3倍,如合约有成交则于下一交易日恢复到合约规定的涨跌停板幅度,如合约无成交则下一交易日继续执行前一交易日涨跌停板幅度。② 在某一期货合约的交易过程中,当合约价格同方向连续涨跌停板、遇国家法定长假,或交易所认为市场风险明显变化时,交易所可根据市场风险调整其涨跌停板幅度。③ 对同时使用交易所规定的两种或两种以上涨跌停板情形的,其涨跌停板按规定涨跌停板中的最高值确定。

持仓限额制度指交易所规定会员或客户可持有的、按单边计算的某一合约头寸的最大数额。大户报告制度指当交易所会员或客户的某品种某合约持仓达到交易所规定的持仓报告标准时,会员或客户应向交易所报告。持仓限额制度可使交易所对持仓量较大的会员或客户进行重点监控,了解其持仓动向、意图,有效防范操纵市场价格的行为;防范期货市场风险过度集中于少数投资者。

强行平仓制度是指按有关规定对会员或客户的持仓实行平仓的一种强制措施,目的是控制期货交易风险,分为两种情况:交易所对会员持仓实行强行平仓和期货公司对其客户持仓实行强行平仓。适用的情形包括因账户交易保证金不足而实行强行平仓;因会员(客户)违反持仓限额制度而实行强行平仓,即超过了规定的持仓限额,且并未在期交所(期货公司)规定的期限自行减仓,其超过持仓限额的部分头寸将会被强制平仓。我国境内期货强行平仓制度规定,当会员、客户出现下列情形之一时,交易所有权对其进行强行平仓:① 会员结算准备金余额小于零,并未能在规定时限内补足的;② 客户、从事自营业务的交易会员持仓量超出其限仓规定;③ 因违规受到交易所强行平仓处罚的;④ 根据交易所的紧急措施应予强行平仓的;⑤ 其他应予强行平仓的。

信息披露制度是指期货交易所应以适当方式发布下列信息:① 即时行情;② 持仓量、成交量排名情况;③ 期货交易所交易规则及其实施细则规定的其他信息;④ 涉及商品实物交割的,期货交易所还应当发布标准仓单数量和可用库存情况。期货交易所应编制交易情况周报表、月报表和年报表并及时公布,对期货交易、结算、交割资料的保存期限应不少于 20 年。

5. 期货交易信息

① 头寸:是指已经持有还未进行对冲处理的买入或卖出的期货合约的数量。敞口头寸等于多头头寸或空头头寸的数目。

② 交易价格:是指该期货合约的交割标准品在基准交割仓库交货的含增值税价格。

③ 开盘价:是指某一期货合约开市前 5 分钟内经集合竞价产生的成交价格。集合竞价未产生成交价格的,以集合竞价后第一笔成交价为开盘价。

④ 收盘价:是指某一期货合约当日交易的最后一笔成交价格。当日结算价是指某一期货合约当日成交价格按照成交量加权平均后的价格。当日无成交价格的,以上一交易日的结算价作为当日结算价。

⑤ 涨跌停板:是指某一期货合约在某一交易日收盘前 5 分钟内出现只有停板价位的买入(卖出)申报、没有停板价位的卖出(买入)申报,或者一有卖出(买入)申报就成交、

但未打开停板价位的情况。只有买入申报的情形为涨停板，只有卖出申报的情形为跌停板。

⑥ 最高价与最低价：最高价是指一定时间内某一期货合约成交价中的最高成交价格；最低价是指一定时间内某一期货合约成交价中的最低成交价格。

⑦ 最新价：是指某交易日某一期货合约交易期间的即时成交价格。

⑧ 涨跌幅：是指某交易日某一期货合约交易期间的最新价与上一交易日结算价之差。

⑨ 最高买价与最低卖价：最高买价是指某一期货合约当日买方申请买入的即时最高价格；最低卖价是指某一期货合约当日卖方申请卖出的即时最低价格。

⑩ 申买量与申卖量：申买量是指某一期货合约当日交易所交易系统中未成交的最高价位申请买入的下单数量；申卖量是指某一期货合约当日交易所交易系统中未成交的最低价位申请卖出的下单数量。

⑪ 成交量：是指某一合约在当日交易期间所有成交合约的双边数量。

⑫ 持仓量：也称空盘量，是指期货交易者所持有的未平仓合约的双边数量。

⑬ 持仓限额：是指期货交易所对期货交易者的持仓量规定的最高数额。不同类型的期货交易者，其持仓限额有所不同，且随距离交割月时间也会有变化。

6. 交割方式

商品期货交易的了结（平仓）一般有两种方式：一是对冲；二是实物交割。实物交割就是用实物交收的方式履行期货交易的责任。因此，期货交割是指期货交易的买卖双方于合约到期时，对各自持有的到期未平仓合约按交易所的规定履行实物交割、了结其期货交易的行为。商品期货交易一般采用实物交割制度。虽然最终进行实物交割的期货合约的比例非常小，但正是这极少量的实物交割将期货市场与现货市场联系起来，为期货市场功能的发挥提供了重要的前提条件。根据交割的具体时间不同，可以将期货交割方式分为以下两类：① 集中性交割，即所有到期合约在交割月份最后一个交易日过后一次性集中交割的方式。② 分散性交割，即除了在交割月份的最后一个交易日过后所有到期合约全部配对交割外，在交割月第一个交易日至最后一个交易日之间的规定时间也可进行交割的交割方式。我国期货合约的交割结算价通常为该合约交割配对日的结算价或该期货合约最后交易日的结算价。

12.3.2　期权

期权的基本类型可分为看涨期权和看跌期权。看涨期权（call option），又称买权，是一种赋予期权持有者（option holder）在未来某个时点，按照合约规定的价格，购买一定数量标的资产的权利的合约。持有者购买标的资产的价格称为期权的执行价格（exercise price）。期权购买者事先需要支付一笔期权费（option premium），当标的资产价格运动到大于执行价格时，持有者执行看涨期权是有利可图的。但是这个购买的权利只有在某段时期内有效，称为有效期。与看涨期权相反，看跌期权（put option），又称卖权，它赋予期权持有者在未来某个时点，按照合约规定的价格，卖出一定数量标的资产的权利，但不是义务。当标的资产价格运动到小于执行价格时，持有者执行看跌期权是有利可图的。看跌期权的执行同样具有有效期。

按照执行时期可将期权分为两种类型：欧式期权和美式期权。欧式期权规定期权所有者只能在接近期权寿命期末的一个非常短暂的有效时期内执行。美式期权却赋予持有者很大的自由度，从合约签订时刻到合约中止时刻，期权持有者都有权执行其权利。但是不管是何种期权，一旦过了有效期，即便没有被执行也没有任何价值可言了。

场内期权与场外期权交易所上市交易的期权被统称为场内期权。金融机构和大公司双方或多方直接进行期权交易的市场被称为场外期权市场。场外期权交易的优点在于其灵活性，金融机构可以根据客户的实际情况量体裁衣，因此期权合约的设计有许多非标准化的特征。场外期权的执行价格和到期日不必与场内交易的期权相一致。与场外期权市场相比，交易所期权交易成本低，可以使交易双方的福利得到改善。交易成本的降低使得即便是很小的交易量都成为可能，从而鼓励投资者的交易热情，加大了市场的流动性。

12.3.3 套期保值

1. 套期保值的定义

套期保值又称避险、对冲等。广义的套期保值是指企业在一个或一个以上的工具上进行交易，预期全部或部分对冲其生产经营中所面临的价格风险的方式，所使用的工具包括期货、期权、远期、互换等衍生工具。

期货的套期保值是指企业通过持有与其现货市场头寸相反的期货合约，或将期货合约作为其现货市场未来要进行交易的替代物，以期对冲价格风险的方式。

套期保值本质上是转移风险的方式，由企业通过买卖衍生工具将风险转移给其他交易者，主要转移的是价格风险（包括商品价格风险、利率风险、汇率风险、股票价格风险等）和信用风险。套期保值的实质是用较小的基差风险代替较大的现货价格风险。

2. 套期保值的原理

套期保值的核心是"风险对冲"，将期货工具的盈亏与被套期保值项目的盈亏形成一个相互冲抵的关系，从而规避因价格变动带来的风险。

其实现条件有：

① 期货品种及合约数量的确定应保证期货与现货头寸的价值变动大体相当。

② 期货头寸应与现货头寸相反，或作为现货市场未来要进行交易的替代物。

③ 期货头寸持有的时间要与现货市场承担风险的时间对应起来。

交叉套期保值是指选择与被套期保值商品或资产不相同但相关的期货合约进行套期保值。

第12章 金融衍生品投资

3. 套期保值的动因

企业的套期保值策略从理论上并不能够创造价值，但是现实中有很多企业在运用套期保值策略，主要原因如下。

① 融资成本论。制造类企业在运营过程中经常会有大量的存货，企业的规模也会受限于其所能承受的存货投资的水平。为了扩大生产规模，企业常常将存货作为抵押进行贷款。如果企业的存货经过对冲，意味着银行的抵押资产风险较小，银行会更加随意发放贷款，企业的融资成本也就因此降低。

② 税收负担论。现有的税收体系使得对冲策略能够让公司的处境变得更好，其原因主要在于通过对冲策略公司的收入流更加稳定，不会出现一年盈利很多而另一年亏损很多的局面。现有的税收政策对于盈利年份进行征税，但是并不对亏损年份进行完全的税收返还，因此在相同的平均年收入情况下，收入稳定的企业较收入波动大的企业少纳税。

③ 财务困境论。企业的股东和债权人对于企业的决策有不同的倾向，当企业无法偿债的时候，债权人倾向于变卖企业财产，从而得到补偿。而公司的经营者倾向于等待新的投资机会。这时企业的股东和债权人之间可能产生冲突，银行会向企业收取更高的利息，从而增加了财务困境成本。鉴于以上原因，公司的决策层会尽量采取风险对冲的策略从而降低公司发生财务困境的可能性。

④ 财务杠杆论。通过套期保值策略企业可以在一定程度上解决财务困境，从而减轻因为过高的杠杆带来的财务困境成本，使企业能够在允许的条件下尽量增加杠杆。因为债务利息可以在企业的税前扣除，使企业较少纳税。

4. 基差与套期保值效果

套期保值策略将资产到期的损益锁定，从而完全对冲了风险，而在实际操作中，这种完美的对冲是很难存在的。第一，我们想要进行保值的资产与交易所交易的期货合约中的资产并不一定完全相同，当我们无法在交易所找到与手中资产完全相同的合约时，往往会用价格波动相近的资产合约进行对冲，然而这样会降低套期保值的有效性。第二，资产的到期日与合约的到期日难以精确地匹配。资产的持有者可能不确定套期保值策略的具体时限，从而难以选择合适的期货合约，或者现货资产在现有交易的期货合约到期之前一段时间到期。套期保值只可以大体抵消现货市场中价格波动的风险，但不能使风险完全消失，主要原因是存在"基差"这个因素。要深刻理解并运用套期保值，避免价格风险，就必须掌握基差及其基本原理。

基差是指某一特定商品在某一特定时间和地点的现货价格与该商品在期货市场的期货价格之差。由此可知，基差可以是正数，也可以是负数。这主要取决于现货价格是高于还是低于期货价格。现货价格高于期货价格，则基差为正数，又称为远期贴水或现货升水；现货价格低于期货价格，则基差为负数，又称为远期升水或现货贴水。

图 12-1 和图 12-2 分别为基差为正和基差为负时现货和期货的价格波动情况。当合约到期日逐渐临近时，期货的价格将逐渐趋向现货的价格，到期时期货价格与现货价格相等。也就是说，如果某对冲策略的期限与合约的期限一致，那么该策略的基差风险为零。而基差风险主要来自于提前对冲，即对冲早于期货合约到期，套期保值和期货合约的期限结构并不完全一致。

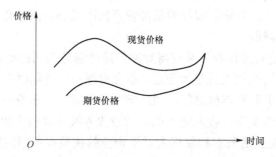

图 12-1　基差为正时现货价格和期货价格的波动情况

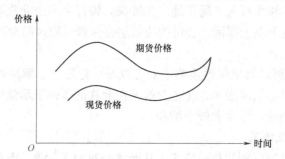

图 12-2　基差为负时现货价格和期货价格的波动情况

12.3.4　期货投机与套利交易

1. 期货投机交易

期货投机是指交易者通过预测期货合约未来价格的变化，以在期货市场上获取价差收益为目的的期货交易行为。期货投机与套期保值的区别在于交易方式（前者买空卖空，后者期货现货、市场同时操作）和交易风险（前者期望获得风险收益，后者转移风险）。

2. 期货套利交易

根据套利是否涉及现货市场，期货套利可以分为价差套利和期现套利。价差套利是指利用相关市场或相关合约之间的价差变化，在相关市场或相关合约上进行方向相反的交易，以期价差发生有利变化时将持有头寸平仓而获利的交易行为。期现套利是指交易者利用期货市场与现货市场之间的不合理价差，通过在两个市场上进行反向交易，待价差趋于合理而获利的交易。

3. 期货套利的基本策略

1）跨期套利

跨期套利指在同一市场（交易所）同时买入或卖出同种商品不同交割月份的期货合约，以期在有利时机将这些期货合约对冲平仓获利。跨期套利与现货市场价格无关，只与期货可能发生的升水和贴水有关。

（1）牛市套利

供给不足、需求旺盛，导致较近月份合约价格的上涨幅度大于较远期的上涨幅度，或较近月份合约价格的下降幅度小于较远期的下降幅度。在这种情况下，无论是正向市场还是反向市场，买入较近月份合约的同时卖出远期月份合约的盈利可能性比较大。

在正向市场上，牛市套利的损失相对有限而获利的潜力巨大。因为在正向市场进行牛市套利，实质上是卖出套利，而卖出套利的条件是价差缩小。如果价差扩大该套利可能会亏损，但由于在正向市场上价差变大的幅度要受到持仓费水平的制约，价差如果过大，超过了持仓费，就会产生套利行为，会限制价差扩大的幅度。而价差缩小的幅度则不受限制，在上涨行情中很可能出现近期合约价格大幅度上涨，远远超过远期合约的可能性，使正向市场变为反向市场，价差可能从正值变为负值，价差会大幅度缩小，使牛市套利的获利巨大。

（2）熊市套利

供给过剩、需求相对不足时，较近月份合约价格的下降幅度大于较远期的下降幅度，或较近月份合约价格的上涨幅度小于较远期的上涨幅度。在这种情况下，无论是正向市场还是反向市场，卖出较近月份合约的同时买入远期月份合约的盈利可能性比较大。

（3）蝶式套利

蝶式套利指由居中交割月份一个牛市套利和一个熊市套利的跨期套利组合。操作方法为买入（或卖出）近期月份合约，同时卖出（或买入）居中月份合约，并买入（或卖出）远期月份合约。其中，居中月份合约的数量等于近期月份和远期月份数量之和。相当于在近期与居中月份之间的牛市（或熊市）套利和在居中月份与远期月份之间的熊市（或牛市）套利的一种组合。蝶式套利是两个跨期套利互补平衡的组合，是"套利的套利"。与普通跨期套利相比，从理论上看蝶式套利的风险和利润都较小。

2）跨品种套利

跨品种套利指利用两种或三种不同但相互关联的商品之间的期货合约价格差异进行套利，即同时买入或卖出某一交割月份的相互关联的商品期货合约，以期在有利时机将这些合约对冲平仓，从中获利。

① 相关商品间的套利：通过期货市场卖出被高估的商品合约，买入被低估商品合约进行套利，等有利时间出现后分别平仓，从中获利。

② 原料与成品间的套利：利用原材料商品和它的制成品之间的价格关系进行套利。

3）跨市套利

一般相同品种在各交易所间的价格会有一个稳定的差额，一旦这一差额发生短期的变化，交易者就可以在这两个市场间进行套利，购买价格相对较低的合约，卖出价格相对较高的合约。

跨市套利是指在某个交易所买入（或卖出）某一交割月份的某种商品合约的同时，在另一个交易所卖出（或买入）同一交割月份的同种商品合约，以期在有利时机分别在两个交易所对冲在手的合约获利。

4）期现套利

期现套利是指交易者利用期货市场与现货市场之间的不合理价差，通过在两个市场上进行反向交易，待价差趋于合理而获利的交易。

12.3.5 利率期货及衍生品

美国政府中长期债券是美国政府的一项债务。由于该项债券可以由债券持有者在市场上转让，因此中长期债券的二级流通市场很大，而且流动性很强。中长期国债期货是建立在中长期债券基础上的利率衍生产品，其标的资产为中期国债或者长期国债，芝加哥交易所交易的长期国债期货、芝加哥期货交易所交易的中期国债期货，以及伦敦期权期货交易所交易的金边债券期货都属于这种类型。美国政府中长期债券期货合约的规格包括以下几个方面：① 交易单位。美国芝加哥期货交易所的每个中长期债券期货的合约金额为 10 万美元。② 交割方式。中长期债券期货的交割涉及 3 天。第一天是期货合约交割月份的第一个营业日前的两天；第二天，清算所从众多未平仓的多头之中选择买方。一旦选定，卖方就会对某特定的交割债券开出发票，买方则准备支付款项；第三天为实际交割和付款日。③ 标价方式。行情表上的期货报价是标准交割国债的价格（quoted price），标准交割国债的价格是选用某种标准的虚拟债券为交割标的计算得出的，一般选择期限为 15 年、息票率为 6%的国债作为标准债券。价格是以合约金额的一定百分比标出的。④ 交割债券价格的折算。为了防止流动性不足和价格操纵，美国市场规定，除了标准交割国债以外，也可以选择期限长于 15 年且在 15 年内不可赎回的其他国债用于交割。由于各种债券息票率不同，期限也不同，因此其他债券的价格都需要折算成标准国债价格的一定比例。这个比例称为转换因子（conversion factor）。转换因子是中长期国债期货的一个非常重要的概念，是确定各种不同可交割债券价格的不可缺少的系数，通过转换因子的调整，各种不同剩余期限、不同票面利率的可交割债券的价格均可折算成期货合约里的标准交割国债价格的一定倍数。由此可见，对于有效期限相同的债券，息票率越高，转换因子就越大。对于息票率相同的债券，若息票率高于 6%，则到期日越远转换因子越大；若息票率低于 6%，则到期日越远转换因子越小。转换因子通常由交易所计算并公布。在实际交割时，卖方给买方开出的发票金额是由下式决定的：

发票金额=10万美元×标准交割国债价格×转换系数+应计利息

这里对应计利息做一说明。由于中长期债券持有者是按一定的期限取得利息收入，在交割时，债券的持有者或空头要向买入债券的人收取从上次息票支付后到交割日的持有债券的利息收入。

应计利息=（n×息票年利率×债券票面额）/365

其中，n是从上次票息支付之日到交割日的天数。

12.4 金融衍生品投资分析

12.4.1 基本分析法

1. 经济周期分析法

经济周期也称商业周期、景气循环，经济周期一般是指经济活动沿着经济发展的总体趋势所经历的有规律的扩张和收缩，是国民总产出、总收入和总就业的波动，也是国民收入或总体经济活动扩张与紧缩的交替或周期性波动变化。经济周期分析法有着长期性、趋势性较好的特点，对于国债、股市及金融属性强的大宗商品长期趋势分析比较有帮助。

2. 平衡表法

平衡表法也称平衡表分析法，是用合计数相等的两组互有联系的项目（或指标）所组成的平衡表反映各种经济现象间平衡关系和比例关系的方法。单项平衡表用于表明或安排个别产品或个别生产要素的平衡关系，如煤炭平衡表、粮食平衡表、人口平衡表、劳动力平衡表和资金收支平衡表等。单项平衡表采用"T"形格式，将资源与需要、收入与支出分列平衡表的两边，便于平衡表两边的总量与各个构成项目进行比较。

3. 季节性分析法

所有的商品期货市场都在一定程度上受到长度为1年的季节性周期的影响。所谓季节性周期或形态，是指市场在每年的一定时候朝一定方向运动的倾向。谷物市场的季节性周期最为明显。每年收获的时候，新谷物大量涌入市场，常常造成季节性的低价格。举例来说，在大豆市场上，70%的季节性波峰出现在4月到7月，而75%的季节性低谷发生在8月到11月。一旦市场完成了季节性的顶部或底部形态后，通常在随后的几个月中，价格将持续下降或上升。因此，了解一点季节性倾向，对于我们应用其他交易方法来说是极有意义的。就原因来看，在农产品市场上发生季节性变化是显而易见的。但是，实际上所有的市场都存在季节性形态。在所有的市场上，如果1月份的高点被向上穿越了，则是看涨信号。这是一个普遍性的季节性形态。

4. 成本利润分析法

期货产品的生产成本线或对应企业的盈亏线是确定价格运行区间底部或顶部的重要参

考标准。进行成本利润分析要充分考虑产业链的上下游、副产品价格、替代品价格和时间等一系列因素。

5. 持仓分析法

在美国商品交易委员会的持仓报告中，交易商持仓被分为商业持仓和非商业持仓。其中商业持仓代表生产商、贸易商、加工企业、用户这一类。非商业持仓（投机商）包括互换交易商、资管机构和其他投资者。非商业持仓是报告中最核心的内容，被市场视作影响行情的重要因素。

6. 事件驱动分析法

事件驱动交易策略是在提前挖掘和深入分析可能造成股价异常波动的事件基础上，通过充分把握交易时机获取超额投资回报的交易策略。事件驱动交易策略的"事件"是指具有较为明确的时间和内容，能够对部分投资者的投资行为产生一定影响从而决定股价短期波动的因素。例如，系统性风险主要是指宏观经济政策，包括货币政策、财政政策或者其他突发性政策等事件。非系统性风险主要是指微观层面的事件，只影响具体某个期货品种。对于金融衍生品来说，系统性因素事件是影响其价格变动的主要原因。

12.4.2 计量分析法

1. 相关关系分析法

相关关系分析是研究两个或两个以上处于同等地位的随机变量间的相关关系的统计分析方法。例如，人的身高和体重之间、空气中的相对湿度与降雨量之间的相关关系都是相关关系分析研究的问题。

2. 回归分析法

回归分析法是确定两种或两种以上变量间相互依赖的定量关系的一种统计分析方法。回归分析法按照涉及变量的多少，分为一元回归分析法和多元回归分析法；按照因变量的多少，可分为简单回归分析法和多重回归分析法；按照自变量和因变量之间的关系类型，可分为线性回归分析法和非线性回归分析法。如果在回归分析中只包括一个自变量和一个因变量，且二者的关系可用一条直线近似表示，这种回归分析法称为一元线性回归分析法。如果回归分析法中包括两个或两个以上的自变量，且自变量之间存在线性相关，则称为多重线性回归分析法。

3. 时间序列预测法

时间序列预测法是一种回归预测方法，属于定量预测。其基本原理是一方面承认事物发展的延续性，运用过去时间序列的数据进行统计分析，推测出事物的发展趋势；另一方面充分考虑偶然因素产生的随机性，为了消除随机波动的影响，利用历史数据进行统计分析，并对数据进行适当处理和趋势预测。

第13章 互联网金融投资

 理财小故事

余林在淘宝经营着一家专营汽车机油和润滑油的店铺。从4年前的一家实体店开始做起，如今余林每月的销售额高达200万元，其中网络销售占比超过90%。

"我们这个行业利润不高，之前完全靠自有资金，发展比较慢。我也曾向银行贷过款，但是因为没有抵押就没贷成。后来能够申请到阿里贷款，真是挺惊喜的。"余林说，这两年他一直在使用阿里小微贷款，从申请到获得贷款只要几秒钟，不用抵押担保，可以随借随还。

阿里小微贷款是阿里巴巴面向淘宝、天猫小微电商提供的小额贷款服务。贷款分为订单贷款和信用贷款两种，订单贷款最高额度为 100 万元，周期为 30 天；信用贷款最高额度为 100 万元，贷款周期为 6 个月。

"我们做的都是不起眼的小业务，而网络金融做这些小业务有着先天的优势。"阿里小微金融服务集团相关负责人介绍，淘宝、天猫有成千上万家小网店，这些网店的注册信息、历史交易记录、销售额等信息，在阿里巴巴的数据库里可以看得一清二楚。只要网店有真实订单，阿里就可以给它放贷；经营状况好的网店，还可以凭借自己的信用获得贷款。比起传统银行一家一家地调查企业、一笔一笔地进行审核，效率明显大大提高了。

13.1 互联网金融发展概述

13.1.1 互联网金融的发展历程

1. 20 世纪 90 年代：前互联网金融时代

进入 20 世纪 90 年代，伴随着电子商务的蓬勃发展和网络信息技术的高速发展，尤其是网络支付的发展，以及国际金融法规和国际金融组织的建立和完善，网络金融逐渐进入人们的视野，这是互联网与金融真正结合的开始。1995 年，全球第一家网络银行"安全第一网络银行"在美国诞生，标志着银行网络金融业务的诞生。此后，发达国家和地区的网络金融发展迅猛，出现了从网络银行到网络保险、从网络个人理财到网络企业理财、从网络证券交易到网络金融信息服务的全方位、多元化的网络金融服务。

我国网络金融的发展相较于发达国家起步稍晚。在网络银行方面，2000年6月，由中国人民银行牵头、国内12家商业银行联合共建的中国金融认证中心全面开通，开始正式对外提供发证服务；在网络保险方面，2000年8月，太平洋保险公司和平安保险公司几乎同时开通了自己的全国性网站，自此专业保险电子商务网站纷纷涌现；在网络证券方面，1997年3月，中国华融信托投资公司湛江营业部推出多媒体公众信息网上交易系统，揭开了我国网络证券的帷幕。但这一时期，网络金融仅是传统的金融机构或传统的金融服务向互联网的延伸，作为传统的金融媒介功能并未受到实质性的冲击，只是在互联网的平台上降低了交易的成本，增进了金融服务的可达性。

2. 21世纪：互联网金融时代的到来

虽然世纪之交"新经济"泡沫的破灭给全球宏观经济运行造成震荡，但互联网发展的脚步并未停歇，互联网经济也逐渐展露出其独特的技术特点和运行模式，它不甘于仅作为传统金融机构降低运营成本的工具，而是逐渐将其"开放、平等、协作、分享"的精神向传统金融业态渗透，特别是移动支付、社交网络、搜索引擎和云计算等技术对全球金融模式的创新产生了根本的影响。此时，以P2P网络借贷、第三方支付、众筹融资、移动金融等为代表的互联网金融业态成为学界和业界关注的焦点。

近年来，以互联网为代表的新技术已经开始对既有金融模式产生巨大冲击，2013年阿里巴巴联合天弘基金推出"余额宝"业务，5个月内规模突破1 000亿元，成为国内首只达到千亿规模的基金，互联网金融实现爆发，2013年也被人们誉为"互联网元年"。但值得注意的是，现如今种类繁多、令人眼花缭乱的所谓互联网金融创新，部分实质上仅是给线下传统金融模式披上"互联网外衣"，因此需要在理解互联网金融概念、内涵及特征的基础上加以甄别。

13.1.2 互联网金融的概念内涵

2012年以来，持续升温的互联网金融热浪引起国内学界的广泛关注，"互联网金融"作为一种学术概念开始频繁出现在各种中文研究文献中。

在新的技术条件下，各类传统金融机构、新兴金融机构和电商企业依托其海量的数据积累及强大的数据处理能力，通过互联网渠道和技术提供信贷、融资、理财、支付等一系列金融中介服务。它的基本特征是基于大数据的、以互联网平台为载体的金融服务。

基于该定义，我们认为通常所讨论的互联网金融形态或要素可以分为两大类：基于互联网的金融创新，以及互联网金融的产业与政策效应。互联网金融形态与要素如表13-1所示。

第13章 互联网金融投资

表 13-1 互联网金融形态与要素

基于互联网的金融创新	新的货币或金融资产形式	互联网货币
	新的金融中介/机构	P2P网络借贷、众筹融资
	新的运营方式/产品	传统存款货币类机构与产品+互联网 传统保险机构或产品+互联网 传统证券类机构或产品+互联网
	新的支付手段/模式	基于互联网的支付创新
	与商业实体或流程的更紧密结合	互联网企业（或电商企业）设立金融机构或开展金融业务 基于互联网的多层次金融信用体系建设、信用数据的积累、基于大数据的金融信息企业发展与信息服务创新
互联网金融的产业与政策效应	对市场结构的影响	对于市场交易与组织形态的影响
	对市场制度的影响	对于金融制度的影响
	对金融监管的影响	政府的新监管措施
	对宏观经济政策的影响	对货币政策的冲击

13.1.3 互联网创新发展趋势

1. 互联网金融模式呈现"中介替代"趋势

第一，2008年全球金融危机后，欧美大型商业银行加强对中小企业融资的限制，在此背景下，网络融资凭借其融资方式多元化、定价方式与期限选择更灵活、风险控制机制不断完善、信用体系日趋完备等经营特点，迅速占领欧美部分信贷市场，并对传统融资方式形成补充；第二，P2P网络借贷在小微金融领域部分替代传统贷款业务，其实质是一种"自金融"的借贷模式；第三，众筹融资部分替代传统证券业务和线下风险投资。

2. 以网络银行为代表呈现多元化转型趋势

① 直销银行是国外成熟的一种网络银行模式，即没有线下营业网点、完全通过互联网技术向客户提供服务的银行。② 全能化转型。通过致力于开发新的电子金融服务，美国的网络银行以满足客户的多样化需要而吸引更多个人客户和中小企业。在亚洲，较为典型的是日本的住信SBI银行，它依托主要股东三井住友银行和SBI金融集团，在全国范围内建立了可提供集团内各项金融服务的"一站式"资讯平台。③ 特色化发展模式。网络银行相较于传统银行，其局限性在于不能提供传统银行所提供的部分服务，譬如不能为客户提供安全保管箱，也不适合销售过于复杂的金融产品，因此欲参与竞争必须提供特色化服务。譬如日本的索尼银行定位为资产管理专业银行，主要以专业化的金融服务、低成本、低费用吸引特定的客户群。

3. 非银行机构推动的网络支付创新日益重要

非传统金融机构从事的互联网支付，即第三方电子支付或第三方互联网支付，实际上是第三

方支付与互联网支付的交叉点,在美国属于货币服务机构,在欧洲则被称为电子货币机构。

从欧美国家的情况来看,在零售支付领域,非银行支付已经逐渐与银行间支付的交易量比肩。在我国,第三方支付是指具备一定实力和信誉保障的非银行机构,借助通信、计算机和信息安全技术,采用与各银行签约的方式,在银行支付结算系统之间建立连接的电子支付模式。实际上,用户放在第三方支付平台的资金相当于活期存款,但支付平台不属于金融机构,不能为用户提供利息收入,用户缺乏在支付平台留存大额资金的动力。在此情况下,基于第三方支付平台的货币市场基金模式应运而生,这也是支付渠道与互联网财富管理的有效结合。

国外第三方支付市场的发展一方面依托个人电子商务市场的壮大;另一方面向外部的专业化、垂直化电子商务网站深入拓展。其中非银行类第三方支付机构蓬勃发展且近年来引人注目。

随着移动通信设备的渗透率超过正规金融机构的网点或自助设备,以及移动通信、互联网和金融的结合,全球移动支付交易增长迅猛。全球市场调研机构发布的 2018 年全球移动支付平台统计数据披露,微信支付在全球已经拥有 6 亿用户,居世界第一,支付宝以 4 亿用户紧随其后,创立最早的 PayPal 仅以 2.1 亿用户排名第三。中国、挪威、英国是移动支付三大市场,中国约有 47%的用户使用移动支付,而美国仅有 17%。

目前,在一系列互联网金融产品"创造性破坏"式的冲击下,金融市场竞争加剧,银行的负债端资金成本急速攀升,垄断利润开始大幅度缩水,各类既有金融机构的"奶酪"正在被新兴的互联网金融机构蚕食,加速金融脱媒进程。这一进程中,新的货币、新的金融中介、新的金融产品、新的支付手段层出不穷。

13.2 新的货币——互联网货币

在互联网货币概念盛行前,有关"电子货币"的文献已经十分丰富。学界通常认为界定电子货币既要着眼于其"电子化"的特殊性,又不应该脱离其作为货币的本质属性。据此欧洲央行指出:电子货币就是存储于技术设备中的电子化的货币价值,可以广泛地用于向除了发行者之外的其他方进行支付,作为一种预付工具在交易中不必与银行账户相关联。

根据我国学者谢平的定义,以虚拟货币为蓝本发展起来的互联网货币则更是由某个网络社区发行和管理、不受或少受央行监管的、以数字形式存在的、被网络社区成员普遍接受和使用的货币。

由此可见,虚拟货币和互联网货币是包含在电子货币概念范畴内的事物。学者贝多广提出的分类法较为清晰地展示了两者的关系:在电子货币中,银行电子货币(包括电子支票)受到政府监管,属于法定货币范畴;而以互联网货币为主体的虚拟货币不受政府监管,属于补充性货币范畴。补充性货币不再简单是法定货币内部纸币与电子货币的替代品,而是法定货币被补充性货币替代,而中央银行难以监控补充性货币的发行。

2011年6月，比特币中国网站正式成立，这是中国最早的比特币交易平台。比特币中国的建立标志着比特币正式进入中国，从那以后越来越多的中国网民通过网站、微博、QQ群参与制造比特币和从事比特币交易。比特币在中国的影响力逐渐增大，中国比特币活跃节点数目快速飙升，例如，在四川省雅安发生地震后，公募基金壹基金甚至宣布接受比特币作为地震捐款。目前，国内排名前三的比特币交易平台为Okcoin、比特币中国及火币网，事实上这也是全世界排名前三的比特币交易平台。

2013年11月，比特币在中国的日交易量达到3.5亿元人民币，从事二级交易的平台接近30家，总注册用户超过20万，日均交易用户近4万，中国比特币持有量已经稳居世界第二，交易量居世界第一。然而2013年12月，中国人民银行等五部委曾联合发布《关于防范比特币风险的通知》，明确比特币不具有与货币等同的法律地位，不能且不应作为货币在市场上流通使用，普通民众在自担风险的前提下拥有参与的自由，各金融机构和支付机构不得以比特币为产品或服务定价。

目前，以比特币为代表的互联网货币尚未成为真正的货币，更谈不上挑战我国现有的主权货币体系。中国人民银行基于四点原因认为比特币不是真正意义上的货币：第一，比特币没有国家信用支撑，缺乏法偿性和强制性；第二，比特币规模存在上限，难以适应经济发展的需要，若比特币成为货币，会导致通货紧缩，抑制经济发展；第三，比特币缺乏中央调节机制；第四，比特币具有很强的可替代性。

就比特币易诱发的风险而言，中国人民银行将其归结为三点：一是比特币的网络交易平台、过程和规则等都缺乏监管和法律保障，容易产生价格操控和虚假交易等行为，其账户资金安全和清算结算环节也存在风险；二是比特币价格缺少合理的支撑，其涨跌主要取决于参与者的信心和预期，甚至主要依赖比特币未来将成为世界货币这一假想，容易沦为投机炒作的工具，一旦市场或政策出现风吹草动，就有可能出现泡沫破裂；三是比特币交易具有较高的隐蔽性、匿名性和不受地域限制的特点，其资金流向难以监测，为毒品、枪支交易和洗钱等违法犯罪活动提供了便利。

即便今天的比特币更多执行的并不是交易媒介的功能，而是沦为一种投机工具，但是这种尝试或许为将来探索一种个人交易层面的"超主权货币"提供经验，实际上互联网改造货币体系并不一定非要创造出一种新的货币，通过改造支付体系同样可达到目的，比如以支付宝为代表的第三方支付，虽然无法预测未来的互联网金融将通过类似支付宝的形式或类似比特币的形式改变货币体系，但仍然不能以机械的、既定的思维来考虑互联网在改造货币体系方面的创新。

13.3 新的金融中介或机构

13.3.1 P2P 网络借贷

1. P2P 概述

P2P 网络借贷是当前最流行的网络借贷形式，它是指借款人和出借者之间通过网络借贷平台而不是金融机构产生的无抵押小额贷款模式。P2P 网络借贷平台作为一种能为用户提供比传统金融机构更加简单、快速、方便的贷款服务的新兴金融中介，在一定程度上缓解了中低收入人群资金短缺的困境，同时满足大众的理财需求，故而是发展普惠金融的重点之一。

在 P2P 网络借贷运行模式中，存在一个关键的中间服务方——P2P 网络借贷平台。其主要职能是为 P2P 网络借贷双方提供信息流通交互、信息价值认定和其他促进交易完成的服务，但是通常不作为借贷资金的债权债务方。具体的服务形式包括但不限于：借贷信息公布、信用审核、投资咨询、资金中间托管结算、法律手续、逾期贷款追偿及其他增值服务等。从国外的经验来看，P2P 网络借贷在全球发展的类型主要分为三种。

① 直接 P2P 模式。通过让资金的融入方和融出方在一个平台上直接联系，银行和其他金融中介不再参与融资的过程。英国的 Zopa 是历史上第一家提供此类服务的中间机构，作为英国甚至是全球的借贷平台领头羊，自 2005 年推出以来已累计发放贷款超过 37 亿英镑，并在 2017 年实现全年盈利。

② 间接 P2P 模式。这个模式主要是由 P2P 公司股东出资开发市场，并在各地建立分支机构进行调研和贷款审核。这个模式相比第一种的差别在于互联网贷款公司主动介入贷款的过程中，参与风险控制和尽职调查，为贷款提供一定程度的担保。

③ 网络小额贷款模式。网络小额贷款是直接由小额贷款公司作为出资人进行放贷业务。它与普通的小额贷款公司没有实质的差别，不过是从线下转移到线上，风险评估的方式更多集中在真实交易的审查上。

与国外相比，我国 P2P 市场相当分散，可谓为群雄逐鹿的状态。据网贷天眼研究院不完全统计，截至 2018 年 12 月 31 日，我国 P2P 网贷平台数量累计达 6 591 家。P2P 网络借贷运营模式如图 13-1 所示。而且我国 P2P 贷款平台在本土化进程中，很少采取单一模式运营，95%以上的 P2P 贷款平台都是综合型 P2P 贷款平台。

基于上述模式，我国的 P2P 网络借贷行业对借贷涉及的主要环节进行大量细分，这些环节类型的组合可产生上百种业务模式，如表 13-2 所示。

第13章　互联网金融投资

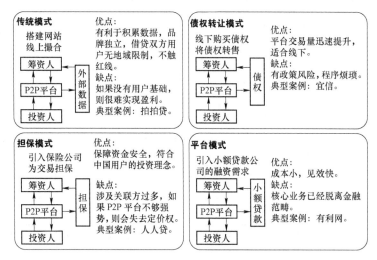

图 13-1　P2P 网贷平台运营模式

表 13-2　P2P 网贷平台运营模式

参与方			内　容	特　点
借款端	获客路径	线上	直接通过网络推广、电话营销等非地面方式寻找借款人，对借款人的征信与审核也大都在线上完成	获客成本相对较低，推广能力经常受限，对信贷技术要求高，在积累一定的经验之后，发展潜力较大
		线下	通过线下门店、地面销售人员寻找借款人	获客成本高，但是只要投入足够的资金，业务推广能力较强
		混合	同时拥有线上获客渠道和线下获客渠道	既可快速推广业务，又可积累数据审贷经验，对平台经营者的要求较高
		第三方	平台自身不直接开发借款人，而是通过第三方合作机构进行	平台与合作机构分工明确，有利于发挥各自的优势，但是业务流程的割裂增加了合作双方的道德风险
	借款人类型	普通个人	借款额低，一般不超过 10 万元，多为信用借款，平台主要审查其个人信用和违约代价	由于金额低，客户开发成本和审贷成本相对较高
		小型工商户	借款额稍高，从几万元到几十万元不等，平台同时审查其个人信用和商铺经营情况	优缺点比较均衡，是 P2P 网络借贷的中坚力量
		中小企业主	借款额较高，从几十万元到上千万元不等，甚至更高，平台主要考察其企业经营状况	要求平台有较强的信用评估和风险控制能力

181

续表

参与方			内容	特点
平台	撮合方式	直接撮合	借贷双方直接进行需求匹配	借款人的需求信息在平台上进行公开展示，与投资人的需求直接匹配，综合成本较低
		债权转让	专业放款人先以自有资金放贷，然后把债权转让给投资人	多用于线下平台，可充分发挥专业放款人的能力优势和灵活性，加快放款速度
	产品类型	信用贷款	额度低，借款人不需要提供任何抵押物，办理较方便	速度快、风险高、利率高
		抵押贷款	需要借款人提供一定的抵押物（多为房产或汽车）	多了抵押环节，额度较高，风险较低，利率较低
		担保贷款	需要借款人寻找愿意为其提供担保的担保机构	多了担保环节，额度较高，借款人需要承担担保费用
	保障机制	风险保障金	由平台从每笔交易中提出一定比例的费用作为风险保障金，一般也匹配平台的部分自有资金，以风险保证金的总额为限，对投资者进行有条件的保障	投资者可获得的保障范围较明确，但应注意风险，以及保障金账号的真实性和透明性
		平台担保	平台承诺以自有资金对投资者因借款人违约造成的损失进行全额本金或本息赔付	平台深度介入风险经营，实质上从事担保业务，有踩线风险
		第三方担保	由担保公司或具备担保资质的小贷公司对借款进行全额担保	风险由平台转移至担保公司或小贷公司，对其担保资质、资金杠杆的审查极其重要
投资端	获客途径	线上	直接通过网络推广、电话营销等非地面方式寻找投资人	获客成本较低，但对策划、宣传、推广能力的要求较高
		线下	通过线下活动、地面销售人员寻找投资人	获客成本较高，但指标易量化，易复制，适用于特定人群
	投标方式	手动投标	投资人必须手动选择每笔投资标的和每笔投资金额	投资人拥有自主选择权，操作较烦琐，不宜抢到优质标的
		自动投标	投资人设定投资总额和投标条件，委托平台自动选择投资标的和每笔投资金额	操作简单，投资人无自主选择权，自动投标算法可能引起争议
		定期理财	对自动投标设置标准化的份额、期限和利率，投资者以购买定期理财产品的形式进行自动投标	操作简便，平台若操作不当，易引发资金池的风险

　　与传统金融机构针对项目本身进行考察相区别，P2P平台通过融合消费者信贷机构提供的数据，以及从之前贷款中收集而来的数据和个人借款者的信用得分，建立了一套自己的风险评分系统，可以根据资金供求调节利率达成投资者与融资者之间的匹配，同时辅以审查借款者的收入信息和雇佣信息，以确保网络借贷的还款履约率。这种通过规范化的个人信息建立风险模型对借款者进行甄别，相比于传统的针对差异化的一个个具体项目进行甄别，大大节约了成本。虽然其风险的评估、控制水平较银行而言有差距，但是成本的节约却使其具有

独特的竞争力，尤其是覆盖银行难以覆盖的小微金融领域。在实践中，影响 P2P 网络借贷行为的因素如下。

① 借款者的借入信用等级、借出信用等级、历史借款成功次数和总的投标笔数与借款者融资成功概率呈正相关关系，而借款金额、借款期限与借款者融资成功概率呈负相关关系。更具体地说，对借贷行为影响较大的是工作认证、收入认证、视频认证和车产、房产等认证指标。另外，相对于单纯的线上信用认证方式，线上和线下相结合的信用认证方式更能提高借款成功率并降低借款成本。

② 借款者选择每月还款时，其借入资金的概率更大，而选择到期还款的方式则会降低成功融资的概率。

③ 友情借贷模式中，"关系"或者说借款人的社会资本能够对借款者的借贷成功率及借款成本产生显著影响，并在一定程度上降低借款者的借款成本。

④ P2P 网络借贷平台投资者表现出明显的羊群行为特征，并且这种羊群行为对借款成功率有着重要的影响。

2. P2P 平台备案

所谓 P2P 平台备案，是指各地方金融监管部门依申请对辖内 P2P 平台的基本信息进行登记、公示并建立相关机构档案以备事后监管的行为。在 2018 年网贷整改合规大限到期后，政府对没有获得备案牌照的网贷平台进行取缔。P2P 平台备案的目的就是通过放宽事前准入，强调信息收集与存档方面的功能，强化事中、事后监管的手段，逐步构建市场主导、政府监管的局面，保护各参与主体的合法权益。备案制的意义在于：一方面以便行政机关进行事中、事后的监管，另一方面就一定的具体行为提供相应的信息，以备第三人查询。

在备案要求下，自 2018 年以来 P2P 网贷行业迎来新的变化：平台数量腰斩、成交量下滑、景气度骤降。P2P 平台数量减少主要基于三方面的原因：首先是备案延期，备案的延期给全行业造成巨大的不确定性，很多平台资质备案无望而选择主动清盘、转型或被劝退；其次是监管趋严，开展新一轮检查，本身经营不善存在自融、资金池等问题的平台出清；最后，唐小僧、投之家等问题平台的不断爆出使投资人对行业失去信心，行业发生挤兑，资金流趋紧，大量综合实力不够的平台无法坚持运营。

然而，备案的成功对于 P2P 平台投资者的影响表现为：首先，问题平台将减少。平台自身的合规难度、业务违规的严重程度和整改成本共同构成平台不得不退出的原因。只有淘汰掉不合规的平台，才能让互联网金融行业更加健康发展；其次，运营平台更加规范。监管部门对 P2P 平台的备案审核涉及平台的组织人事、程序业务、信息披露、技术安全等各个方面，通过备案的平台意味着已经得到监管部门的认可，平台资质相对健全，合规程度更高，信息披露更加全面；最后，加速投资红利减少。P2P 平台的投资收益在逐年下降，当然这是很多因素综合决定的，例如 P2P 行业的竞争越发激烈，合规的成本也是原因之一。P2P 合规备案使得投资者资金安全性提高的同时投资红利却减少了。

13.3.2 众筹融资

1. 众筹融资概述

众筹融资是指利用互联网和社会性网络服务传播的特性，让创业企业、艺术家或个人对公众展示他们的创意及项目，争取大家的关注和支持，进而获得所需要的资金援助。它既是生产者获取资金的渠道，也是评价和预测产品市场前景的网络平台。该模式在国际上尚处于萌芽期，但发展十分迅速。全球互联网众筹起步于2001年，随后呈现爆发式增长，2010年至2016年，全球互联网众筹融资规模保持在80%以上的年复合增长率，并于2016年达到1 989.6亿美元，预计2025年全球众筹市场规模将达到3 000亿美元左右。

众筹的商业模式：项目发起人通过视频、文字、图片介绍把自己希望实现的创意或梦想展示在网站上，并设定需要的目标金额及达成目标的时限。喜欢该项目的人可以承诺捐献一定数量的资金，当项目在目标期限内达到目标金额时，支持者的资金才真正付出，网站会从中抽取一定比例的服务费用，而支持者则会获得发起人一定的非资金类的回报。

众筹的出现为众多的中小微企业及个人创业者进行某项活动提供了必要的资金援助，深刻地影响了资本领域的格局。艾瑞咨询分析认为，未来推动众筹融资交易规模增长的原因有以下两个方面：一方面是投资理念的成熟，经过几年的发展，用户对众筹融资理念的接受度更强，促使更多用户进行众筹融资；另一方面是机构投资者的介入，随着众筹逐步正规化，以及平台内项目质量的提升，一些传统金融机构亦会进入寻找投资机会，这将为未来众筹融资交易规模的提升提供重要助力。世界银行认为众筹最大的潜在市场就在中国，但就目前而言，制约我国众筹发展的因素主要包括以下两方面：一方面，我国还没有出现有重要影响力的众筹平台，因此无法形成规模效应；另一方面，我国大部分用户的投资理念趋于保守，对创新金融方式的接受能力较弱。

2. 中国的众筹平台

众筹正式进入中国是从2011年5月"点名时间"作为国内第一家专门的众筹平台上线起算。2011—2013年是中国众筹萌芽起步阶段，2014—2015年是爆发增长阶段，2016—2017是行业洗牌阶段。行业洗牌阶段有两层含义：股权型众筹融资金额及项目数急剧下滑，行业观望气氛浓重；权益和物权型众筹虽然项目数及融资额仍在大幅上升，但是众筹平台的数量急剧下降，市场集中度开始提高，经营不善的平台退出市场，而少量平台探索出自己的路子，开始大力扩张，市场占有率迅速提高。

目前，国内的众筹融资模式按照投资回报方式的不同主要分为两大类：一是以筹资者的实物产品或服务作为回报，如"点名时间"；二是以筹资者的股权或预期利息收益作为回报，如"天使汇"。

我国众筹行业与国外的区别如下。

① 众筹融资重点不同。从国外经验来看,众筹融资的重点仍然是支持和激励创新性、创造性、创意性的主题行业或主题活动,股权众筹项目仍在整个众筹融资领域处于较边缘的地位。而我国在 2015 年以前股权众筹一直是支撑国内众筹行业的核心力量,满足投融资的需求取代支持主题行业发展成为国内众筹融资的重点。数据显示 2015 年是股权众筹发展的拐点,到了 2017 年全国股权众筹完成的融资总额仅有 33.61 亿元,2015 年以后众筹行业的增长主要来源于权益众筹和物权众筹,而股权众筹的低迷则主要是政策作用的结果。

② 融资模式不同。国内众筹融资逐渐从线上走到线下,以贷帮网为例,股权众筹项目不仅得到第三方公司提供的相关权益的担保,并且项目大部分是通过线下主动挑选的,只有少部分是企业通过线上主动申请的,这主要是源自征信体系的缺失。为保证项目的可行性,国内众筹融资平台不得不做更多的线下工作。

③ 项目选择上的区别。国内众筹平台面临的最大问题是创新项目的缺失,目前国内的众筹融资项目规模非常有限,与国外类似项目还无法相比,因此众筹平台只能寻找更适合于当前运营条件的项目。

④ 盈利模式上的差异。尽管国外的众筹模式也在探索之中,但基本上盈利模式是靠收取 5%~10%的服务费,而国内的众筹网站因为还处于起步阶段,需要建立初期的信任机制以拉动更多的创业者和投资者,所以还是免费的,这也符合国内互联网产品免费的大环境。例如,旨在为大学生实现创业梦想的酷望网不向用户收取任何费用,只作为第三方监管平台通过提供其他增值服务来盈利。

⑤ 资金支付方式上的差异。通常国外众筹平台的操作方式是在项目成功筹资后便会马上将筹措的所有款项支付到项目上,但是在国内出于对出资支持人资金安全的保障,会把筹集到的资金分两个阶段支付给项目的发起人。例如,"点名时间"是在项目筹资成功后,先支付 50%的资金用于项目启动,待项目完成并且所有支持者都已经收到所约定的回报后,才会把剩余的款项交给项目发起人。

13.3.3 互联网理财、互联网保险与互联网证券

1. 互联网理财

互联网理财具有产品种类丰富、门槛低、便捷灵活、覆盖人群广、市场空间较大等特点。2016 年互联网理财市场交易规模已达 78 536 亿元人民币,相比 2014 年增长了 3.7 倍。自 2013 年余额宝上线以来,互联网理财中的货币基金一直备受瞩目,随着近年来市场利率的持续走低,用户在互联网理财方面追求安全、便捷化、高收益的需求也越来越强烈,而近年来互联网理财产品逐渐多样化,也给投资者提供了更多的选择。预计未来银行互联网理财和 P2P 理财两者的市场份额均会有所提升。

着眼不久的将来，依托传统的银行理财产品逐步向线上转移、丰富的基金产品的线上销售，互联网理财市场投资标的将更加丰富；而智能投顾、智能财富管理等人工智能技术的日益成熟为互联网理财带来新的想象空间；网民理财意识逐步觉醒、理财观念逐步开放则为互联网理财市场带来高速发展的契机。

互联网理财机构一般会基于自身资源禀赋分别选择理财产品线上销售、互联网理财服务、互联网理财门户。理财产品线上销售模式适用于具有理财产品设计能力的企业；互联网理财服务则对于经营者的专业能力有一定的要求，主要提供投资者教育，以及更为专业的私人理财服务；互联网理财门户主要通过"搜索＋比价"的方式方便投资者使用，对于渠道建设及互联网技术有一定的要求。

2. 互联网保险

与互联网银行一样，随着世纪之交"新经济"概念在全球的风行，互联网保险也为很多研究者所关注。保险行业在 20 世纪末最早接触互联网，出现了保险公司网络直销和第三方比价等平台，而互联网保险的真正爆发是始于 2014 年 Oscar Health 和 Zenefits 等公司大额融资金额的相继出现。互联网保险作为保险公司运用互联网的一种表现形式，主要通过互联网提供信息，实现网上投保、完成保险产品与服务销售。通常互联网保险可分为 3 种模式：① 保险公司提供网上保险服务；② 专门公司经营的网上保险服务业务；③ 多家保险机构共建的网上保险业务。

目前桎梏互联网保险发展的原因主要在于：首先，保险是一种事件驱动型金融产品，而保险购买者在续保时几乎不会考虑初始保险条款的适用性；其次，网上购买保险需要非常详细地提供购买人的私人信息才可获知保险条款及保费，这无疑将大幅增加购买人的时间成本；最后，保险购买者并不愿意充当自己的保险代理人，当购买者面临多种选择时，选择的结果通常是不购买。

3. 互联网证券

互联网证券业务无法脱离证券业务的根基，如果一家金融服务平台不支持证券业务，便不能称之为互联网证券业务。互联网证券业务是金融科技发展下证券业务的创新，指通过互联网提供证券及其他衍生品交易活动相关的金融服务平台，业务范围涉及股票、期货、外汇、债券、期权等上千个品种。互联网证券业务并不是简单地将线下业务向线上进行平行迁移，也不是对现有平台和信息技术模块做简单整合，而是在"电子化—互联网化—移动化"趋势下，在执行层面对公司传统业务实施从销售渠道、业务功能、客户管理到平台升级的架构重塑及流程优化，架构符合互联网商业惯例和用户体验的综合金融服务体系。

参 考 文 献

[1] 任景萍. 个人投资理财入门［M］. 北京：中国物资出版社，2008.
[2] 罗新宇，明黎. 幸福一生的理财规划：家庭理财指南［M］. 北京：海潮出版社，2007.
[3] 安德利，史冬梅，金融学［M］. 西安：西北大学出版社，2015.
[4] 张炳达，黄侃梅. 新编投资与理财［M］. 上海：上海财经大学出版社，2015.
[5] 西同光，李先龙. 浅谈债券投资风险及其防范措施［J］. 现代经济信息，2015（2）：296-307.
[6] 齐岳，孙信明. 基于投资策略的基金绩效评价：以价值、成长和平衡型基金为例［J］. 管理评论，2016（4）：155-165.
[7] 陈彼得. 债券投资入门到精通［M］. 南京：南京大学出版社，2008.
[8] 贾志，吴祥. 新发基金投资攻略［N］. 中国证券报，2019-08-05（11）.
[9] 付刚. 基金投资的选购与组合技巧［M］. 北京：中国纺织出版社，2015.
[10] 红霞. 基金投资指南［M］. 北京：经济管理出版社，2007.
[11] 巴曙松，牛播坤. 中国货币市场基金发展与利率市场化：基于美国的经验［J］. 湖北经济学院学报，2014（03）：29-34.
[12] 卞志村. 金融学［M］. 2版. 北京：人民出版社，2014.
[13] 邓雄. 美国货币市场基金发展及商业银行应对的经验和启示［J］. 金融发展研究，2014（11）：69-74.
[14] 黄达，张杰. 金融学［M］. 4版. 北京：中国人民大学出版社，2017.
[15] 忻海. 白话金融投资［M］. 北京：机械工业出版社，2009.
[16] 翟立宏，孙从海，李勇，等. 银行理财产品：运作机制与投资选择［M］. 北京：机械工业出版社，2009.
[17] 中国银行业协会. 走进银行理财产品投资人读本［M］. 北京：中国金融出版社，2011.
[18] 李娟. 金融理财方式比较与保险理财优势［J］. 知识经济，2019（4）：40-41.
[19] 张继业. 个人理财中保险理财的分析研究［J］. 中外企业家，2018（36）：17.
[20] 和平. 拒绝短期获利走出保险理财的误区［N］. 中国保险报，2012-08-29（6）.
[21] 高恩辉. 资产选择、房地产价格波动与金融稳定［D］. 天津：南开大学，2009.
[22] 刘卿. 房地产投资风险及规避策略的研究［J］. 住宅与房地产，2018（8）：3.
[23] 沈建光. 中国房地产市场处于巨变前夜［N］. 证券日报，2019-08-10（3）.
[24] 吴世亮，黄冬萍. 中国信托业与信托市场［M］. 北京：首都经济贸易大学出版社，2016.

[25] 张中秀. 信托投资理论与实务 [M]. 北京：企业管理出版社，2017.
[26] 何志刚. 黄金投资：入门与提高 [M]. 北京：中国经济出版社，2015.
[27] 汪昌云. 金融衍生工具 [M]. 北京：中国人民大学出版，2009.
[28] 林清泉. 金融工程 [M]. 5 版. 北京：中国人民大学出版社，2018.
[29] 孙怡. 理财规划实务 [M]. 北京：中国人民大学出版社，2017.
[30] 刘永刚. 投资理财概论 [M]. 北京：北京交通大学出版社，2012.
[31] 苏跃辉，徐丹. 投资理财理论与实务 [M]. 北京：经济管理出版社，2017.
[32] 戴志锋，刘瑞，王小松. 解构互联网金融实战 [M]. 北京：经济管理出版社，2014.
[33] 廖理. 全球互联网金融商业模式 [M]. 北京：机械工业出版社，2017.
[34] 杨涛. 互联网金融理论与实践 [M]. 北京：经济管理出版社，2015.